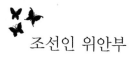

조선인 위안부

조선인 위안부

김일면(金一勉) 저
김종화(金鍾華) 편역

국학자료원

번역에
들어가면서

　재일한국인 평론가로 알려진 김일면(金一勉, 본명 金昌奎) 씨는
1920년 경남 진주에서 태어나 19세의 나이에 일본 도쿄로 유학을 떠났다. 암
울했던 식민지 조선의 한을 달래며 배고픔과 인종차별이 심한 가운데, 독학
으로 주경야독하며 배움의 길에서 숱한 어려움을 물리치고 당당하게 메이지
대학(明治大學) 대학원 석사과정을 마쳤다.

　김일면 씨는 현지에서 일본인 여성과 결혼했지만, 한국인으로서 자긍심을
버리지 않고 한국인 이름으로 살기를 고집하며, 한일 관련 역사 평론가로 활
동하였다. 첫 작품은 『박열(1973)』이란 제목으로 일본에서 항일투쟁한 기록
을 생생하게, 좌고우면하지 않고 기술하였다. 이후 한일관계의 민족적 시각을
바탕으로 『조선인이 왜 '일본 이름'을 써야 하는가(1978)』를 포함하여 14종의
책을 저술하였다.

　여기에 소개하는 김일면의 원작 『천황의 군대와 조선인 위안부(1976)』는 일
본 군대와 그 전쟁의 비사(秘史)를 기술한 것이며, 특히 군대 위안부는 일본
군대가 주둔하는 곳곳에 자연스럽게 설치되어 시행한 것임을 최초로 폭로하
였다. 실로 세계 군대 역사에서도 그 유래를 찾기 힘든 것임을 밝혔다.

그리고 이 책은 일본 군대가 전쟁터에서 20만 명에 달한다고 생각되는 '「위안부」를 껴안고 있었지만, 그 8~9할까지는 16~20세의 조선인 처녀를 속여서 투입한 것이다. 이 씻을 수 없는 죄업은 일본의 매춘 업자, 일본 군부, 조선총독부—그들의 공동 연계와 분업 하에서 실현한 것이다. 죽지 못해 살았던 그 처녀들의 대다수는 일본의 패전 후 현장에서 버려지거나 희생되었다. 하지만 살아남은 소수의 여자들도 다시 고향 땅을 밟기는 매우 어려운 상황'이었다고 기록하고 있다.

그럼에도 불구하고 일본군 수뇌부, 조선총독부가 패전과 동시에 모든 자료를 은폐하거나 폐기한 후 입을 굳게 다물고 있음을 저자는 매우 안타깝게 항변하고 있다.

최근 우리나라에서도 '위안부'에 관한 기사가 세간에 자주 등장하고 있다. 특히 고려대학교 이영호 씨는 그의 논문 『위안부 문제의 등장과 재일조선인 김일면—잡지 계간 '마당'의 기사를 중심으로—』의 초록에서 저자에 관하여 다음과 같이 밝히고 있다.

「1973년 센다 가코(千田夏光)를 통해 위안부 문제가 세상에 처음 알려졌고 이후 재일조선인들은 위안부에 관련된 다양한 활동을 했다. 관심은 1974년 김일면(金一勉)으로부터 시작됐다. 김일면은 위안부를 '조선멸망을 위한 일본의 방책'으로 파악해 가해자 일본과 피해자 조선의 구도를 구축했다.

또한, 재일조선인 잡지 『마당』의 지면을 통해 위안부 문제를 알렸으며 잡지 종간 이후에는 단행본 세 권을 출간하며 1970~80년대 위안부 문제의 실상을 일본에 알렸다.

지금까지 임종국의 저서로 알려져 수많은 연구의 참고문헌으로 활용된 『정신대실록(1981)』은 실은 김일면이 1976년 일본에서 발표한 『천황의 군대와 조선인 위안부』의 번역본이었다. 그리고 1982년 한국 최초로 위안부를 소재로 다룬 『에미 이름은 조센삐였다(윤정모)』라는 소설은 김일면의 자료를 기반으로 탄생한 작품이었다.

이와 같이 김일면은 한국의 위안부 연구에 많은 영향을 끼쳤음에도 불구하고 재일한국인으로 일본에서 활동한 점과 임종국에 가려져 거의 주목받지 못했다. 하지만 김일면은 1970년대부터 일본에서 위안부 논의를 위한 환경을 조성했고 위안부 문제를 공론화하며 거듭 문제를 제기했으며, 그로 인해 1980년대 이후 한국의 위안부 연구에 상당한 영향을 끼쳤다.」(이영호, 일본 학보 제113집, 2017.11)

역자는 어린 시절 대가족으로 시골에서 살았으며, 조부(김수석)로부터 저자에 관한 일본에서의 생활과 저술 활동에 대하여 들은 바 있다. 덧붙이자면 저자는 우리 조부모의 4남매 중 장남이고, 차남이 역자의 부친(김창호)이다.

사실 여러 가지 형편으로 늦었지만, 일찍이 삼촌(김성규)께서 주시어 보관 중이던 저자의 책 2종에서 주소를 알고, 대학 재직 중 도쿄를 방문하여 저자를 처음 만났으며, 친필의 편지를 받기도 하였다. 그로부터 3년 후에 돌아가셨다는 편지를 저자의 딸(아키코)에게서 받았다. 그 이후 산소를 찾았으나 묘비명에는 이름도 없었다. 일본 국적이 아니기 때문일 것이다. 비통한 마음을 금할 수 없었다.

그 짧은 만남 후 바로 역자에게 보낸 편지에서도, "청년의 시대에 가혹한 식민지에서 글을 제대로 배우지 못한 반야만적 존재였다." … (중략). "사람이 80세까지 (일본에서) 살고 책을 쓴다는 것은 너무나 가혹한 시간이었다"라고 고백했다. 그러나 그 숭고한 뜻이 왜곡되어 한국 내 일부 지식인의 그릇된 전달 방법으로 빛을 보지 못하였다.

그때 이후로 세월이 십수 년 더 흘러서 최근에야 역자는 저자의 저서에 관심을 가졌고, 대한민국 국회도서관에 10종이 비치되어 있음을 확인하였다. 그러나 구입이 어려운 4종의 책을 얻기 위해 2년 전 도쿄를 다시 찾아 저자의 딸을 만났고, 이들의 책을 한국어로 번역하여 한국인에게 알리겠다고 설명하니 보관 중이던 저술서(총 14종, 30권)를 아낌없이 바로 건네주었다.

일부의 책 후면에 '당가 보존용(当家 保存用)'이나 '아키코 사용(秋子 私用)'이라고 적혀 있는 것을 볼 때, 미혼의 딸로서 그동안 가지고 있었던 아버지의 책을 역자에게 모두 주었다는 생각을 지울 수 없다.

역자는 비록 저자가 고인이 되었지만, 일본인의 치부를 드러내어 배척 당했을 당시의 안타까움을 인식하고, 이제라도 그 뜻이 한국인에게 바르게 잘 전달되었으면 하는 마음 간절하여 번역을 시작하였고, 『천황의 군대와 조선인 위안부』를 첫 역서로 내놓았다.

이 역서가 나오기까지 적극적으로 후원하고 출판까지 승낙해 주신 이와모토 아키코(岩本秋子, 한국명 金秋子) 씨께 심심한 감사를 드린다. 그리고 처음부터 끝까지 집필을 위해 격려와 원고 수정을 헌신적으로 도와주신 동명이인의 김종화(金鍾和) 시인께 감사드린다.

또한, 일본어 번역 원고를 꼼꼼하게 살펴보고 잘 감수하여 주신 부경대학교 손동주 교수(일본어 전공)와 남송우 명예교수(국문학 전공) 및 장창익 명예교수께도 깊은 감사를 드린다. 그리고 한국어로 출판할 수 있도록 협주해 주신 일본의 삼일서방(三一書房) 관계자와 출판 원고의 정리 등에 애써주신 논문의 집 김광휘 사장께도 무한한 감사를 드린다.

끝으로 이 역서 간행의 의의를 깊이 이해하여 출판에 힘써주신 국학자료원 정찬용 사장님과 편집부 임직원께도 진심으로 감사드린다.

2021년 8월 편역자 김종화(金鍾華)

(부경대학교 명예교수, 재일한국인 평론가 김일면 연구소장)

차례

제1장

군대 위안부의 배경과 정의

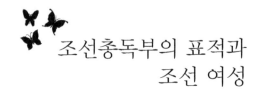

조선총독부의 표적과
조선 여성

　　나의 책상 위에는 전부터 기대하고 있었던 이화여자대학교 편집의 『한국여성사』(전 3권, 1972)가 놓여 있다. 조선 여성의 역사적 줄거리를 서술한 최초의 책이다. 오천년 역사에 비친 한국 여성은 때론 나라의 국운을 움직이기도 하고 때로는 가정을 지키는 역할을 담당하며 남자들의 세계를 비추는 '태양'이었다. 어쩌면 한국의 여성은 세계 어느 여성보다 뛰어난 품위와 덕목을 갖춘 여성들이라고 생각한다.

　　유교를 국교로 삼았던 조선시대의 여성들은 모든 일을 성현의 가르침에서 행실을 배우고 성장하여 정조와 순결을 목숨같이 여겼다. 조선의 여성을 정의하자면 정절과 순결의 상징으로 볼 수도 있다.

　　조선의 남성들은 여성들에게 순결은 고귀한 것으로 여기게 하고, 어떤 사람도 침범할 수 없는 사회적 특권으로 인식하게 하였다. 권력자라 해도 여성들이 주거하는 거실이나 방에 함부로 들어가는 것은 허락되지 않았으며 항상 경어를 쓰고 예절을 갖추어 대하였다. 그리고 여성들에게 길을 먼저 양보하는 것이 남자들의 미덕이며 예법이었다.

　　정치범이나 흉악범인 남성이 부녀자의 방에 숨었들었다 해도 경찰은 결코 강제적으로 수사하거나 체포하는 것도 허락되지 않았으며 어떠한 계층의 여성이라도, 직접 범죄자로 협의가 인정되지 않는 한 법정으로 호출하는 것도 불가능했다.

왕궁 문전을 통과할 때에도 모든 남성들은 의무적으로 하차해야 하지만, 여성들이 탄 마차나 가마는 그렇게 하지 않아도 괜찮았고 어떠한 경우에도 정해진 예법을 제외하고는 권위자 앞에서 무릎을 꿇거나 절을 하지 않았다.

이와 같이 조선 여성의 순결함과 고귀함은 조선의 민족성을 수호하는데 깊은 관련을 가져왔다. '한일합병' 이후, 조선의 남성들 가운데는 민족의 전통을 쉽게 버린 자가 있었지만, 여성들은 치마저고리를 동여 매고 가락지를 팔아가며 나라의 국채를 갚는 운동을 했으며 끝까지 '민족의 전통'을 지켰던 어머니들이었다.

1907년, 초대 통감이었던 이토 히로부미(伊藤博文)는 조선의 완벽한 통치를 위한 계략으로 '조선의 여성들을 붕괴시키는 것'을 고심 했다고 한다. 그의 계략은 조선 민족의 정신을 말살시키기 위해 우선적으로 조선 왕가의 혈통을 붕괴시키는 것이고, 이를 수행하기 위해서는 궁을 지키고 있는 내명부 소속 300여명의 궁녀를 먼저 무너뜨리는 일을 착안했다. 조선왕조의 궁녀는 왕의 심복이자 그들의 충절은 실로 대단한 것이었기 때문이다.

이토 히로부미는 모든 수단을 이용하여 궁녀를 매수하기 위한 회유정책을 도모했다. 우선적으로 궁녀들에게 '도쿄 구경'을 시켜주고 일본의 뇌물을 받게 하는 방법을 썼다[1]. 이후 조선의 민족성을 파괴시킬 근본대책으로 조선 여성을 무너뜨리는 계략은 총독부로 인계되어 더욱 적극적으로 펼쳐졌다. 일본 정부의 법제국 참사관 하라(原)모씨가 조선의 어떤 여자고등학교를 시찰한 감상문에도 다음과 같이 서술하고 있다.

---

1 켄토(權藤四郞介), 『이 왕궁 비사』

생각건대, 조선인 여성 교육은 남성 교육과 비해 훨씬 중요한 의의가 있다. 경제적 융합과 사회적 융합이 식민지 정책의 근본이지만, 특히 후자는 더욱 달성하기 어려운 과제이다. 그러나 성공만하면 조선 사회를 무너트리는 것이 가능해진다. 이것을 위해서는 무엇보다 조선 여성 계층의 감화(感化)[2] 문제를 고려해야 한다. 서양 선진 제국의 식민정책 또는 종교정책이 성공한 것은 식민지 여성 계층을 감화시키는 것에 초점을 맞추었기 때문이다. 따라서 조선의 여성이 감화된다면 남성은 저절로 따라오게 된다.

결론적으로 조선인의 가정을 일본식으로 변화시키는 것이 조선 사회를 모두 교화(教化)[3]시키는 기초가 되므로, 제일 먼저 일본과 조선의 생활방식을 융합시켜 영구히 하여야 한다. 이것은 조선인 깊숙한 구석까지 파고들어 통치의 목적을 달성하는 것이다.

방법으로는 일본 교사를 양성해서 가능한한 많은 숫자를 여성교육에 채용하고, 학교에서 가르치게 한다. 또한 조선인 학생이 졸업한 후에도 그녀들의 가정으로 자유롭게 출입하여 영원히 교화의 원천이 되도록 해야 한다. 이러한 의미로 조선 여성의 교육은 실로 중요하고 심원한 것이다.

— 박상만의 『한국교육사』 중권

위 내용은 '조선통치'의 영구화를 꾸몄던, 조선민족대책의 근본을 조금씩 드러내 보인 것이다.

필자가 소년 시절에 들었던 이야기가 있다. 경찰에게 쫓기는 한 장년이 우리집 거실로 뛰어들어 왔다. 그런데 순간적으로 모든 것을 알아차린 엄마[4]는 이불을 전신에 덮으며 병자로 위장하고 소리쳤다. "한기가 들어 몸이 않좋은데, 누가 방문을 열어놨느냐? 어서 방문을 닫거라!"하며 큰소리를 질러 마당으로 뛰어들어온 경찰을 쫓아내었다.

그토록 엄중한 총독부 아래의 관헌들도 조선 여성의 '전통적 특권'이란 벽에 부딪혀서 애를 먹은적도 있다. 또 한번은 독립지사가 큰 저택의 부인 방에 숨

---

2 어떤 영향을 받아 생각이나 감정이 변화게 됨.
3 가르치고 이끌어서 어떤 방향으로 나아가게 함.
4 송소연(宋小蓮)이며, 역자의 조모임.

었을 때, 일본 관헌은 그의 행적을 추적해 독립지사가 숨어든 것을 알면서도 대가집 규수의 방안으로 들어서지 못해 발을 동동 구를 뿐 그곳으로 들어가는 것이 불가능했다. 만약 이것을 지키지 않으면 조선 민족의 큰 반란이 일어날지도 모른다는 공포가 있었음이 틀림없다. 조선의 남자들을 체포해서 때려눕히는 것은, '아주 쉬운 일'일지도 모른다. 그러나 조선 여성과 관련된 일이면 간단히 손을 쓸 수가 없었다.

총독부는 조선 여성을 무너뜨리는 정책을 궁극적 목표로 삼고, '이것이야말로 조선 민족성을 쇠퇴시킬 요체'라며 비책을 계획한 적도 있었다. 어떤 의미로든 일제는 조선 여성에 대한 대책은 최종적인 전략이었고, 또 '숙원 사업'이기도 했을 것이다.

참고로 임진년 도요토미 히데요시(豊臣秀吉)의 조선 침공(1592~8년)으로 3대 격전지 중의 하나인 진주성 공략에서 무장인 게야무라 로쿠스케(毛谷村六助)는 승전 끝에 한 조선 여성의 계략에 걸려 목숨을 빼앗겼다. 이 이야기는 유명한 사담(私談)으로서 400여 년 동안 전래되어 오늘날도 빠뜨릴 수 없는 사화(史話)로 남아 있다.

이야기의 내용은 이렇다. 사체가 즐비하게 쌓인 치열한 전투 끝에 진주성을 함락시켜 승승장구한 일본군 세력은 남강 강가에 있는 촉석루에서 술에 취해 있었고 게야무라 로쿠스케는 미녀 주논개(朱論介)를 무릎에 올려놓고 즐기고 있었다. 주연이 무르익을 때쯤 그녀는 장수에게 귓속말로 "조용히 둘만 있을 곳으로 가자"고 말하며 강기슭에서 약간 떨어진 강 바위[5] 위로 유인하였다. 그곳에서 몸을 맡기고 있는 사이 갑자기 장수의 목덜미를 끌어안고 푸른 강물에 몸을 던져 함께 죽게 된 것이다. 그녀의 신분은 기생이었지만 위급한 국난에서 '목숨을 버려 적장을 죽이겠다'는 결사 각오를 했던 것이다. 조선을 침공

5　오늘날 '의암(義巖)'이라 불리며, 강가의 바위에서 홀로 떨어져 솟아 있고 사각형의 편평한 바닥으로 그 면적은 12m² 정도이다.

한 일본군은 갑작스러운 대장의 죽음으로 군세가 갑자기 상실되었다고 한다(논개는 그를 가토 키요마사로 착각했다고 한다). 그것은 주논개뿐만이 아니었다. 당시 일본군이 한성(서울)에 장기주둔하는 동안 일본 무장들은 각지에서 붙잡은 여성들을 색녀로 삼았는데 심야에 그녀들이 무장의 목을 잘랐던 사건을 역사는 전하고 있다.

그러한 역사적 사실 때문일까? 총독부는 일본인들에게 '조선의 여자'에 대해 경계심이 강하며 속으로 적개심을 품고 있으니 각별히 조심하라는 지시를 권고했다. 필자는 진주 출생으로서 '주논개'의 이름이 강렬하게 각인되어 있고, 그곳의 일본인 거류민들의 입에서 '조선의 여자'를 비난하는 것을 보고 들은 적이 있다.

1919년 3·1운동 때, 처음으로 조선의 여성들은 도로에 나와 조국의 독립을 외쳤다. 3·1운동은 조선 여성에게 '여성인권'을 높이는 계기를 마련했다. 옛날부터 조선은 '남녀유별' 혹은 '남녀칠세부동석'이라 하여 유교적 관념을 교육시켰다. 하지만 나라가 도탄에 빠지자 유교적 관념은 뒤로하고 나라의 독립을 위해 여성들이 뛰어든 것이다. 특히 여학생들은 연락책을 맡아 독립운동에 가담했다. 또한 각지의 기생들 역시 줄지어 거리를 누비며 염원을 담아 "독립만세!"를 외쳤다. 그리고 무수한 여성들은 일제의 총칼에 쓰러지고 고문을 받으며 피를 흘렸다.

가장 극적인 활동을 하다 비참하게 죽은 사람은 이화여고생 '유관순'이다. 수많은 여자들이 잡혀서 감옥에 갇혀 있었지만, 이 소녀는 감옥 안에서 금지된 "조선 독립 만세"를 외쳤다. 소녀의 외침은 한마디로 곧 죽음을 의미하는 것이었다. 일제의 잔악하고 악랄한 고문관들은 소녀를 때리고 고문하며 침묵시켰다. 모진 고문 속에 정신을 잃었다가 깨어나면 소녀는 다시 "독립 만세"를 외쳤고 그때마다 고문관들은 덤벼들어 곤봉으로 매질을 가했다. 고문은 매일 반복되었다. 소녀는 고통이 심한 와중에도 '악귀와 같은 제국주의'를 원망하며, 반사적으로 몇 번이고 "독립 만세"를 외쳤다. 그리고 목숨이 끊어지는 마지막 순간까지 조국의 독립을 염원하며 실이 끊어지는 듯한 외마디 비명과 함께 절명하고 말았다.

오늘날 우리는 유관순을 조선의 '잔 다르크'라고 부르기도 부족할 만큼 위대한 소녀라 칭송한다. 지금은 서울 장충동 남산공원에 〈유관순 동상〉이 하늘 높이 솟아 있다. 결국, 조선의 여성은 애국의 상징이 되었다.

조선의 '유관순'은 한 사람에 국한되지 않았다. 적어도 수십 명의 유관순이 있었다. 원산의 여교사 '김마리아'도 그중 한 명이었다. 조선 여성의 민족성은 절개로서의 의미성과 고귀성이 표리일체의 관계가 있다고 본다. 그녀들의 민족성은 때로는 기독교 신앙과 결부될 때 그것은 '난공불락의 성채'를 떠올리게 하는 것이다.

조선의 여성들을 두려워한 총독부는 3·1운동에 대한 철저한 피의 탄압으로 예전의 '복수심'을 가지고 전대미문의 악마 같은 고문을 가했던 것이다. 일제의 고문은 '거꾸로 매달아 코에 증기를 통과시키고 혀를 자르며 전기 고문을 가해 음모를 뽑고, 자궁에 증기를 집어넣는 잔임함'도 서슴치 않고 저질렀다. 이것은 일제가 가한 조선 민중에 대한 고문이었지만, 자국 민족의 관련된 여성에 대해서는 스스로 분별하여 행하지 않았다.

하지만 일제의 고문 행각은 조선 민족에게 향한 최악의 짓으로 비참하고 참담한 모습이었다. 이렇게 해서라도 조선 여성에게 내재된 민족성의 뿌리를 제거하려 했다. 3·1운동 후에 일제는 조선 민족에게 노골적으로 민족 말살 주의를 강하게 자행하며 이제는 음흉하고 완곡한 수법을 쓰기 시작했다.

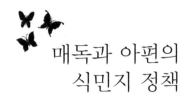

매독과 아편의
식민지 정책

　3·1운동이 일어나기까지의 10년간 데라우치(寺內) 총독에 의
한 조선 민족 말살 정책으로는 어떤 것이 있었을까? 오늘날의 젊은이들은 믿
기 어려울지도 모른다. 일제는 조선통치를 영구무궁하게 하기 위해, 조선 민
족의 조기 멸망을 도모한 매독 정책, 아편 흡수 조장 정책과 유곽[6] 발전 정책(
공인 매음제도)을 시도했다.

　조선총독부는 일본인 민간업자와 연계하여 위 세가지 모두 공동 작전의 저
인망을 펼쳤다. 말하자면 식민지의 토지 수탈과 착취 그리고 탄압과 같은 난
폭한 짓이나 차별정치 같은 평범한 것과는 전혀 차원이 다른 가공할 일을 꾸
민 것이다.

　무시무시한 매독이 널리 퍼지면 민족의 멸망을 재촉하는 것은 말할 것도 없
고 아편이 보편화 되면 인체를 해치고 민족을 뿌리부터 무너뜨린다는 것은 잘
알려진 사실이다. 눈에는 보이지 않지만 단편적 민족 말살 정책이다.

　일제의 탄압 통치가 잔인무도하게 몰아치면서 비탄에 빠진 조선의 청장년
은 퇴폐와 타락에 빠졌고, 고통의 현실에서 벗어나 자신을 잊으려고 순간적인

6　유곽(遊廓)은 창녀들이 몸을 팔던 집 또는 그런 집이 모여 있는 구역.

향락과 도취를 찾게 되므로 마침내 아편 중독자가 급증해 갔다.

일제는 이를 더욱 조장하기 위해 조선의 도시 상점가 노상에 커다란 아편 연기 통을 설치하여 1회, 10전의 대금만 지불하면 누구라도 아편을 흡수할 수 있도록 했다. 서울, 부산, 대구, 평양, 인천 등의 도시에 중국인들은 대낮에 공공연한 장소에 아편 흡수기를 설치해 놓았는데 총독부는 이를 공공연히 인정했다. 게다가 총독부는 조선 각지의 농민들에게 아편 재배를 암묵적으로 장려했다. 화폐에 굶주린 조선의 농민들은 양귀비 재배에 전념하며 자신들의 들판과 집 안마당까지 요화 같은 양귀비가 꽃을 피워서 일본제국의 식민지 정책을 상징하는 풍경을 그렸다고 한다. 당시에는 양귀비 재배로 아편제조만 발달해 경기가 좋았다고 한다. 또한 일본 의사와 약종 무역상이 마약을 대량으로 들여와서 저가에 팔았다고 한다[7].

일제에 의한 조선인 아편 중독자 증가 정책의 결과, 조선인의 아편 중독자는 늘어갔고 고가의 아편을 계속하고자 하는 인간의 욕망은 결국 절도 행위로 이어져 민심은 흉흉해지기 시작했다. 밤엔 도둑이 난무해 집집마다 가축과 철제 식기류가 털리고, 절의 사찰에 비치된 종도 털리며 심지어 철도역에 보관중이던 화물들도 대범하게 훔치는 도적들도 출몰했다. 그 결과로 당시에 부유했던 일본인 가옥을 덮치기에 이르렀다. 무수한 조선의 아편 중독자가 일본인의 생활을 위협하기에 이르자, 총독부는 처음으로 치안상의 문제를 들어 《아편 단속규칙》을 발표했다.

한편으로는 조선의 각 도시에 대규모의 유곽 거리가 조성되면서 인육시장(人肉市場)[8]이 등장했다. 조선의 각 도시에 '유곽'의 인육시장을 대규모로 시설하여 발전시킨 것은 일본인 업자였다. 일제의 민족 말살정책인 인육시장은 '화류계'나 '화류병(성병)'이라는 신조어를 만들어 냈다. 이는 이토 히로부미

---

7 문정창의 『조선강점 36년사』 중권
8 매음부들이 몸을 파는 곳이나 인신매매를 비유적으로 이르는 말.

의 등장과 동시에 이른바《가라유키상》[9]이 수천 명이나 일본에서 건너오기 시작했고 경성[10]에 처음으로 '예기(기생) 조합'을 만든 것도 일본인 업자였다. 조선은 예로부터 가무를 전업으로 한 '기생'은 매음이 그 본업은 아니었다.

참고로 통감부 통계연보를 인용하면, '일본인 창녀 작부의 수'는 1906년 2,947명, 1908년 4,253명, 1910년 4,417명이나 되었고, 이것이 총독부로 이양되면서 더욱 많은 숫자로 대성황을 이루어 공창제도를 급속히 발전시켰다.

당시의 경성의 신촌, 부산의 완월동, 평양의 류성동, 대전의 중동 등 집단 인육시장이 설치되면서 지방 도시에 '청루(기생집)'가 급속도로 생겨났고, 이곳으로 조선의 청춘 남녀가 돈을 벌기위해 드나들면서 성매매가 횡행했다.

총독부는 매춘업을 하나의 정책으로 삼았다. 언뜻 유흥주점으로 보이지만 조선인을 타락으로 유인하고 민족정혼을 빼앗아 '부랑화'[11]시키는 것이 목적이었다.

일제의 이런 정책은 조선의 미래인 청장년들을 보이지 않는 식민지 도구에 휘둘려 아편 중독자로 전락하거나, 또는 성병 환자가 되어 정신을 잃어 갔다. 이것은 조선 민족을 쇠망시키는 정책이었다.

---

9 큐슈의 아사쿠사 섬에서 남방 지역으로 돈을 벌러 나갔던 일본 매춘부.
10 한성이 일제강점기(1910년 8월)부터 경성으로 바뀌었음.
11 부랑화(浮浪化)는 일정하게 사는 곳과 하는 일 없이 떠돌아다니게 함.

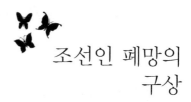

조선인 폐망의 구상

　　　　1937년 7월, 일본군은 본격적으로 중국과 전쟁을 일으켰다는 소식이 전해졌다. 조선의 민중은 '어쩌면 조선 독립의 길이 올지도 모른다'라는 희망을 삼켰다. 중일전쟁에서 중국이 승리한다면 염원하던 조국의 독립은 마침내 이루어질수도 있을거라는 희망이었다. 중일전쟁의 발발 이후 국외에서 활동하던 독립운동 세력들은 항일통일전선의 기운이 성숙되고 일본과의 효과적인 무장투쟁을 전개하기 위하여 《조선민족전선》과 《한국민족전선》이 결성되는 결과를 낳았다.

　이에 대해 총독부는 과거 '3·1만세 운동'이 다시 일어날 수 있다는 우려 때문에 조선인 대책에 급급하였다. 결국 일본 정부, 군부 및 총독부에 의해 비밀리에 〈조선민족대책〉이 수립되었다. 그것은 조선 민족에 대한 전면적 골격의 뿌리 뽑기였으며 민족해체의 플랜이었다.

　우선 일제는 전시체제를 이용해 합병의 숙원이었던 '조선 민족 쇠망책'을 일시에 추진시켰다. 말하자면 전쟁 상태의 광기를 빌려 단숨에 조선 민족을 해체시키고 독립 야망을 사전에 방지하고 뿌리부터 무력화하려는 방안이었다.

　조선 민족해체의 큰 줄기는 어떤 것일까? 한마디로 말하면 조선인 청장년층을 가능한 한 조선반도 밖으로 내보내는 것이었다.

> (1) 조선반도 인구는 적어도 1/3은 장차 일본인으로 채우는 것을 근본 방침으로 한다.
> (2) 조선인에 대해서는 적극 반도 밖으로 분산시키는 조치를 강구할 것.
> — 조선반도에서 조선인을 쫓아내고 가능한 한 많은 일본인을 이주시켜 조선을 차지하게 한다.

이것이 일본인을 반도에 증대시키는 조치였다. 조치에 의하면

> ① 오로지 일본인만 필요로 하는 중화학 공장 등을 계획적으로 설치할 것.
> ② 훈련소, 학교, 기타 일본인의 거주를 촉진시키는 시설을 적극적으로 설치할 것.
> ③ 일본인이 영구 주둔함을 확보하는데 필요한 각종 사회설비, 시설 등에 역점을 둘 것.
> ④ 일정한 연수 이상 조선에 근무한 관리 또는 회사원에 대해서는 영주를 촉진시키기 위해 연금과 조세 부담 등에 따른 특별한 혜택을 줄 것.

이것과 대조되는 것이 조선 민족의 반도 밖으로 분산을 촉진시키는 조치였다. 이 정책은 1930년에 시작한 것으로 종합하면 다음과 같다.

(1) 조선인의 대규모 만주이민을 계획적으로 실시할 것. 이민을 촉진하기 위해서는 조선 전 국토에 만성적으로 화폐 기근 정책을 계속 펼쳐 쌀가격을 낮게 유지시킨다. 병행하여 만주 주변 농경지의 토지를 무상제공을 선전하고, 1~2년의 농경 준비기간 동안 생활비를 주고, 이동 운임을 무상으로 한다.
(2) 일본 국내 또는 만주에서 우수한 조선인 관공서 직원, 철도원 등을 일본인의 눈높이로 대우한다. 따라서 동화와 분산이란 일석이조의 대책을 시도한다.
(3) 조선인 노동자의 일본 국내 이주제도를 완화하여 이주를 계획적으로 실시하고, 풍속 습관을 일본화해서 동화정책을 계획적으로 추진한다.
(4) 조선 민족의 해외 이주를 촉진하기 위해 조선 내의 섬유, 기타 공업을 만주로 이주시키고, 조선 내에는 현 상태 이상 증대시키지 않을 것.
(5) 조선인의 소규모 농가를 최대한 배제하고, 대농원 제도로 전환하는 할것.(이것은

조선 토지 착취의 새로운 방법으로, 일본인에 의한 회사 조직의 농장경영 하에 두어 조선 농민은 모두 노예적 위치에서 일하게 하는 구조이다)

일제는 총체적으로 '조선 민족이 일본인에게 반항할 만한 여지'를 정신적, 물질적으로 절대 없도록 길들이고, 이를 위해 조선인에 대해서는 앞으로의 직업 영역이나 학업에서 최대한 배제한다는 방침을 세워 각 기관에 지시했다.

즉 고등기계공업, 조선공업, 전력 관계, 고등 화학공업, 통신기, 기타 정밀공업의 기술 관계, 특히 무전 및 항공기술부터 조선인을 배제하도록 조치했다. 따라서 조선인의 직업으로는 상대적으로 저임금 비전문 근로자 직업인 상업, 특히 소매업자, 하급 광산노동자, 하급 토건 노동자, 경공업, 잡화공업 노동자, 가사사용인, 접객업자 등 조선 민족의 쇠퇴와 열등화를 도모할 수 있는 직업들을 선별하여 조선인의 직업 영역에 속하도록 할 것을 근본정책으로 삼았다.

조금 더 부언하면 일본인에 대해서는 〈일본민족의 우위성을 천양무궁[12]하게〉, 〈일본인의 긍지를 유지하기 위해서〉 및 〈일본민족의 체위 향상과 인구 증식〉, 즉 일본인의 체질을 약화하고 인구 증식력을 저하시키는 직업에 대해서는 계획적으로 삭감 조치를 강구한다고 되어 있었다. 그 직업으로서 추업부(기생, 창녀 등), 하급노동자와 같은 것이라고 했다.

일제는 내부적으로 방침을 세우고 중일전쟁에 돌입했다. 일제의 대륙침략 이론은 단순했다. 단번에 중국 대륙의 6억 인구를 섬멸하기는 어려우니 조금씩 갉아먹는 누에처럼 '소규모 국지전'을 통해 대륙을 조금씩 물어뜯을 방침이었다. 이미 만주에서 국지전을 치르고 청나라로 부터 영토를 분리해 협정을 맺어 땅을 차지하고 있던 일제는 다음 목표로 소규모 전쟁을 확산 시키는 방법을 택했다. 이른바 일본 정부의 《불확대, 불확대》 방식이었다.

하지만 막상 전쟁에 돌입하자 일제의 뜻대로만 풀려가지 않았다. 이 전쟁은

---

12   천양무궁(天壤無窮)은 천지와 같이 무궁함을 말함.

양국의 존폐가 걸린 중요한 전쟁이었으므로 수비하는 자와 공격하는 자 다시 말해 중국은 대륙의 일부가 잡아먹히거나, 일제는 이빨이 부러질수도 있는 총력전이 걸린 전쟁이었다.

사태의 시급함을 느낀 일제는 내부적으로 조선민족대책과 같은 기본 방침을 더욱 곤고히 하고 가다듬어 마지막 단계에 이르렀다. 그중에서도 기존의 기만책을 노골적으로 밀어붙였는데 이것은 《이중방침》이었다.

그중 하나는 중국과의 전쟁을 수행하기 위해 필요한 수단이며, 조선민족을 외부세력과 결탁하여 반란을 일으키는 위험을 사전에 방지하기 위한 조치였다. 결과적으로 조선인을 전쟁의 전력 증강의 수단으로 희생시키자는 것이다.

두 번째는 '성전[13]' 수행 시 일본 민족만 누리는 특권을 조선인에게 부여한다는 희망을 주어 일본 신민의 일원이 된 것에 자긍심을 느끼고 충성심을 들게 하여 길들이는 것이다. 일제는 다음과 같은 조처를 단행한다.

① 조선의 청소년을 병사로 육성하여 전쟁터로 출병하게 한다.
② 조선의 청장년을 일본 국내로 유인하여 탄광노동 및 군수공장 등에 일하게 한다.
③ 조선의 미혼 여자를 군대의 '특수임무'에 배치한다.

여기에 말하는 군대의 '특수임무'란 무엇인가? 물론 그것은 위장하기 위한 가짜 명칭이다. 실제 역할이 무엇인지는 이를 모의한 가해 측 일본으로서도, 또 피해 측 조선인으로서도 드러내 말하기를 주저할 정도로 치욕스러웠다.

그것은 후에 《군대 위안부》라는 이름을 붙였지만, 이 또한 위장된 명칭이었다. 실체는 수백만 일본 군대의 성욕을 채우는 '군대 전용 여랑[14]'이었다. 그것은 세계 군대의 전쟁 역사상 전대미문이라고 한다. 그리고 조선 여성사에 기록하는 것도 주저할 만큼 비참함을 포함한 죄악과 굴욕이었다.

---

13 성전(聖戰)은 일제가 거룩한 사명을 띤 전쟁이라 자칭하여 붙인 이름이다.
14 여랑(女郎)은 몸을 파는 천한 기생으로 창녀의 한 종류이다.

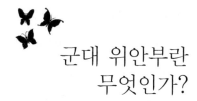

군대 위안부란
무엇인가?

　　　　　군대 위안부는 일제가 전쟁터에서 저지른 잔인한 전쟁범죄로
어느 정도 알고 있겠지만, 여기서 말하는《군대 위안부》에 대해서 일반인들은
거의 모르는 것이 틀림없다. 덧붙여 『고지엔(広辞苑, (일본 국어 대사전)』의
설명에 의하면, '전쟁터 부대를 수행하여 장병을 위안한 여자'라고 아무렇지
도 않게 쓰여 있다.

　이것의 설명만으로는 잘 알 수가 없다. 어떤 식으로 장병을 '위안'했는지 그
리고 그것이 어떤 역할인지 알 리가 없다. 필자는 군대위안부를 한마디 다른
표현으로 말하자면, "지상의 모든 에로소설보다 더 기괴해서 스릴이 넘치고,
잔혹하며 야만적인 섹스처리를 하는 여자들"이었다.

　더구나 여성들은 전쟁 중에 '나라를 위한다'라고 하여《특별지원 간호사》나
《군대 요원》,《여공》이라는 명목으로 강제로 모인 16~20세까지의 처녀들뿐
이었다. 그리고 그것은 일본군 수뇌와 조선총독부 및 일본 매춘업자 사장 간
에 비밀 협정을 맺은 후, '여자징용'의 형태로 대규모적인 국책, 즉 일본제국이
'조선제압'을 위한 국책으로서 감행한 국가적 대사기 행위였다.

　《일본 군대의 위안부》라고 하면 8~9할은 젊은 조선의 여성들이었다. 여기

서 말하는 《위안부》란 일본군 군대 특유의 전속 창녀이다. 저주스러운 전쟁 중 조선 각지에서 16~20세의 처녀만 강제로 모아 '특별지원 간호사가 된다'고 속여서 전쟁터로 끌고 갔다가 갑자기 군대 창녀로 던져넣은 것이다. 그 수를 20만 명으로 추정하고 있다.

1937년 이른바 《북지사변》[15]이라는 이름으로 시작된 노골적인 중국(對中) 침략전쟁 그리고 1941년의 태평양 전쟁 발발로 인해, 일본은 지금까지 유례없는 수백만 규모의 병사가 국외의 전쟁터로 몰려갔다.

일본군은 중국 대륙을 비롯하여 태국, 미얀마, 말레이시아, 필리핀 그리고 태평양의 작은 섬들까지 점령하고 그들이 출전한 전쟁터, 주둔지, 근거지 및 항구와 전선 기지의 분유소(분소보다 더 작은 곳)라는 진지까지 《위안부》라는 여자들을 배치시켰다.

《위안부》는 군의 요청에 따라 여랑집 주인들이 여성들을 데리고 전쟁터로 끌고 들어가 매춘 가게를 열었다. 대부분 그녀들은 열악한 환경속에 몸이 쇠약해져 목숨을 잃었다. 심지어 북부 미얀마 진지에서는 《옥쇄(玉碎)》[16] 전야에 방공호에 갇힌 채 폭사 당하기도 했다.

당시 일본 국민 대다수는 대륙 침략전쟁을 성전(聖戰)이라는 이름으로 포장한 관동군[17]의 거짓 조작과 날조를 무조건 믿고 있었다. 일본 군대가 십 수만의 조선의 여성을 끌고가서 '창녀'로 만든 것도 '군사 기밀'의 이름으로 모르고 있었고 거짓말과 날조는 더욱 거세져 객관적 사실이었던 불리한 전세도 일본이 패망하는 날까지 모르고 있었다.

사실 《일본 군대의 위안부》란 것은 세계 어느 군대에서도 찾아 볼 수 없는

---

15 북지사변(北支事變)은 1937년 7월 7일에 화베이(華北)에서 일어난 중일 전쟁을 이르는 말. 일명 지나사변(支那事變)이라 한다.

16 부서져 구슬이 된다는 뜻으로, 명예나 충절을 위하여 깨끗이 죽는 것. 스스로 목숨을 끊는 자결(自決)과 같은 뜻.

17 일본의 중국침략 첨병으로 제2차 세계대전 말까지 만주에 주둔했던 일본 육군부대의 총칭.

기괴하고 특이한 부끄러운 존재였다. 그렇다면, 어떻게 해서 전쟁터에서 《위안부》가 설치 되었을까? 일본 군대가 전쟁터에서 《위안부》를 갖게 된 이유는 다음 4가지 조건이 있었기에 가능했다고 말할 수 있다.

① 일본 군대는 전쟁터에서 약탈과 강간을 일삼았고 그것이 습성화 되었던 것.
② 아시아 각지에 일본인이 경영하는 유곽이 발전해 있었고 그것은 〈만주사변〉을 계기로 관동군 부대로 모여들면서 번창해졌다는 것.
③ 중일 전쟁의 본격화(1937년)와 동시에 일본군 수뇌가 스스로 〈육군 위안소〉를 개설한 후 현지 매춘 업자와 비밀 협정을 맺고 경영 일체를 위탁한 것.
④ 조선의 독립운동을 좌절시키고 압살시키는 근본책으로 조선의 청장년을 조선반도 밖으로 끌어내는 정책을 수립한 것. 즉 청년은 군대에, 젊은 미혼 여성은 '군대 창녀'로 만들어 '민족의 소멸'을 계획한 것.

'처녀가 애를 낳아도 할말은 있다'라는 속담이 있다. 현지 일본군에게도 그럴듯한 말이 있다. 소위 〈만주사변〉 이후 현지 강간행위는 군대 내에 성병을 만연하게 하였고 이윽고 병력 소모라는 타격이 발생했다. 한편으로는 공중누각과 같은, 오족협화(五族協化)[18]를 선전 문구로 내세워 강간을 조심해야 하는 사정을 숨겼다. 결국 일제는 병사들의 강간을 멈출 수 있는 방편으로 군대 주변에 일본인이 경영하는 유곽을 허용한 것이다.

일제의 주둔 부대 주변에는 요정(장교용)과 유곽(병사용)이 들어서면서 사람이 살지 않던 곳에 거리가 형성되었다. 그곳의 유녀(遊女)[19]는 일본인 업자들이 조선 각지에서 《여공 모집》의 이름으로 여자를 꾀어서 투입했다. 말하자면, 만주의 '여자 타코방(합숙소)'같은 것이었다.

일제는 중일 전쟁에 돌입하자, 대규모 부대의 투입과 함께 대량의 《위안부》가 필요하게 되어 현지 사령부는 각지의 매춘업소를 동원하는 한편, 조선총독

---

18 일본이 만주국을 건국할 때의 건국이념이며, 5족은 일본인·한족·조선인·만주족·몽골인을 가리킴.
19 돈을 받고 외간 남자와 놀아나는 계집으로 창녀의 일종.

부에게 '군이 필요한 여자'의 공출을 지시했다.

결과적으로 크고 작은 매춘 업자들은 군에 협력하는 국책기업을 자칭하며 조선 각지에서 경찰과 순찰을 돌면서 백주대낮에 버젓이 조선 처녀들을 붙잡아 전쟁터로 끌고 가기에 이르렀다. 특히 이것은 조선총독부의 《삼광정책》[20] 과도 합치된 것이다. 그리고 전쟁터의 군 수뇌부는 "위안부는 장병의 사기를 고무시키고 성전완수에 불가결한 무기"라는 주장을 내세웠다.

저주스러운 일제의 잔인한 전쟁이 끝나고 이제 30년이 되려 한다. 그런데 일부 일본 보수진영의 국회의원은 지역 구민 400명이 모인 시국 강연회장에서 《일본 군대의 위안부》에 관해 다음과 같은 망발을 하였다.

> "… 전쟁 중, 조선인들에게 저금을 시켜 천백 억엔이 되었는데 이것이 종전으로 허사가 되었습니다. 징용공으로 데려와서 군대에서 썼는데 이 중 57만 6,000명이 죽었어요. 그리고 조선인 위안부 14만 3천 명이 죽었는데, 일본 군인이 일부러 죽여버린 것입니다. 그래서 총 90만 명이나 희생되었지요…."
> — 필자의 「황선 폭언」, 『현대의 눈』 1972년 4월호

연사인 아라후네 세이주로(荒船清十郎) 국회의원이라고 하면 자민당의 원로이며, 후에 중의원 부의장으로 지명될 만큼의 정치가이다. 그런 인물이 잔인한 과거에 대해서 손톱의 때 만큼의 반성도 없이 자랑스레 모욕 투의 독설을 부렸던 셈이다. 여기에 인용한 것은 그가 거론한 '조선인의 위안부 14만 3천 명'이라는 숫자와 '일본의 군인이 독살했다'고 하는 잔임함을 나타내고 싶었기 때문이다.

또 전자와는 반대로 일본의 진보적 사람들은 '일본 군대 위안부'를 어떻게 보았는가? 한 문장을 인용한다.

---

20 삼광정책(三光政策)은 모두 죽이고 모두 불태우고 모두 빼앗아 가는 정책이다.

그것은 아무리 사실을 사실로써 말하는 것이 역사라고 해도, 말로 나타내는 것만으로도 부끄럽고 사악한 짓입니다. 일본 제국주의자들은 매춘제도의 가장 밑바닥에 조선 여성을 대량으로 던져 넣었습니다. 특히 군대를 상대로 하는 '위안부 제도'야말로 가장 야만과 오욕에 찬 것이었습니다.

그것은 한 사람의 위안부가 열을 지어서 차례차례로 들이닥치는 50명의 '일본 병사'를 하루에 상대하는 책임량으로 배정한 제도였습니다. 만주에서도, 중국 대륙 어디에서도, 또 남방(南方)21에서도 우리 황군(皇軍)22의 모든 전선에 〈위안부 부대〉가 배치되어 있었습니다. 그것의 80%가 강제로 끌려온 조선인 여성들이었습니다.

위안부도 전쟁 마지막 시기에는 '사람 부족'으로 조선의 지주나 '양반집'의 자녀까지 '황군의 극비 사무를 돕는 귀하고 중요한 일'이라고 속여 데려갔습니다. 그런 줄도 모르고 노보리(긴 사각 깃발)나 일장기를 흔들며 온 마을이 총출동하여 환송한 경우도 있습니다.

조선의 처녀들이 투입된 곳은 한 번 같히면 죽어도 부모에게 도움을 요청하는 편지를 보낼 수 없는 남방 전선의 위안부 부대입니다. 일본 군대에 간 경험이 있는 남자로서 이 일을 부정할 수 있는 인간이 한 사람이라도 있다면 만나보시기 바랍니다.

게다가 위안부 부대에 대해서는 한마디 더 해야 할 것이 있습니다. 그것은 천황 군대가 패전하여 퇴각할 때 이들 위안부를 현지에 두고 온 것은 그나마 다행인 편이고, 더한 경우는 한데 묶어서 죽여버린 것이 대부분이라는 겁니다. 이렇게 해서 일본 제국주의의 가장 더러운 측면을 지구상에 '자료'도 '증거'도 남기지 않고 말살시킨 것입니다.

여러분, 이케다(池田) 총리는 "일본이 조선에 대해 저지른 과거의 비행에 대해서는 보고 들은 것이 적어서 알지 못했습니다"라고 교묘하게 발뺌하고 있습니다.

— 데라오 고로 외 『일·조·중 삼국 인민연대의 역사와 이론』

---

21 동남아시아 지역과 인접한 태평양 제도.
22 일제 강점기에, 천황의 군대라는 뜻으로 일본 군대를 이르던 말.

제2장

일본 군대의 위안부 발족

만주사변
발발

메이지(明治) 시대 이후의 일본 경제는 '전쟁'과 함께 발전했다고 해도 과언이 아닐 것이다. 이른바 타이완(臺灣) 출병에 의한 금 1만 냥 배상금 획득, 서남 전쟁[23]으로 대기업 태동, 청일 전쟁으로 타이완 영토 획득, 러일 전쟁으로 남만주 일대의 권익 획득 그리고 조선 합병, 제1차 세계대전 참전국으로 태평양 제도의 조차(영토를 차용) 등이다.

이와같이 눈부신 전쟁의 성과가 보이는 가운데 미쓰이, 미쓰비시, 스미토모, 일본 우정 선박, 야와타 제철 등 무수한 재벌들과 그들의 독과점 기업이 육성되면서 일제의 교만은 하늘 높은줄 몰랐고, 일본 군인들은 더욱 거만해졌다.

일제는 침략으로 막대한 부를 얻게 되자 '전쟁 가업(稼業)[24]'의 맛을 잊을 수 없었다. 하지만 내부적으로 막대한 부가 생긴 지배계급과 노동자의 이분법적 경제적 신분제도가 생겼났다. 이를 이른바 러시아 혁명을 기점으로 하는 세계적 혁명사상인 '다이쇼(大正) 데모크라시'라는 시대적 조류였다.

일본의 노동자는 정치에 눈을 떠 파업이라는 수단을 이용했고, 군대에서는

---

23 서남전쟁(西南 戰爭)은 세이난 전쟁이라 하며, 19세기 일본의 마지막 내전.

24 가업(稼業)이란 광물을 캐는 작업을 진행하는 일이지만, 여기서 전쟁 가업이란 전쟁으로 생긴 소득을 말함.

전쟁을 반대하는 사람이 속출했으며 민중의 선거권 쟁취 운동도 확산되었다. 일제는 갈등이 점차 커지자 국가권력에 의한 계략의 미혹에서 깨어났다.

'다이쇼 데모크라시'라고 하는 사상적 조류가 일본 군벌과 우익 국수주의자에게 있어서는 위협이자 훼방꾼이었다. 일제는 이 조류를 배제하기 위해 경쟁적으로 음모를 꾸몄다. 음모는 재해를 이용한 마녀사냥이었다. 마침 관동대지진 일어나 그야말로 아비규환 속의 광란과 살상극이 되어 나타났다.

음모론은 관동대지진과 대화재의 물결에 공포의 유언비어를 퍼뜨리고 국민들을 광란의 폭도로 만들면서 자신의 적을 민중의 적으로 둔갑시키는 술수를 연출했다. 일제는 적으로 겨냥한 노동 운동자, 사회주의자 및 조선인들을 피의 제단에 올려 단숨에 '군대의 위력'을 보여주려고 하였다. 일제는 또다른 만행을 저지르며 민중도 역사도 감쪽같이 속인 것이다.

관동대지진의 음모론에서 탄생한 광란극 이후 제국주의자들은 군비 확장을 주창하며 영토 확장의 야욕을 드러냈다. 그리고 그것이 경제 불황의 타개책이라고 주장하였다. 그리하여 일본 군벌의 먹이 방향은 조선반도와 육지로 이어지는 중국 동북지방 '만주'였다.

만주 광야의 중앙부에서 남부에 걸쳐 중추신경으로 볼 수 있는 외줄의 철도인 만철(만주 철도 주식회사의 약칭)이 관통하고 있었는데, 그것은 그야말로 만주의 혈관 같은 것이었다.

만철이야말로 러일 전쟁에 대한 승리의 과실이라 불릴 만큼, 말하자면 러일 전쟁(1905년)의 뿌리였다. 그 뿌리가 중국의 피를 빨아먹고 성장해서 중국 침략의 모태가 되어 가고 있었다. 모태의 보호자 혹은 후견인이 이른바 〈관동군〉이었다.

만철 회사는 무순탄광, 안산제철소, 항만에 이르는 부대사업을 포함하는 거대 침략 전초기지가 되었다. 일제는 그곳을 활용하여 중국 진출의 거점으로 삼았다. 만철 회사는 일본 정부와 민간 자본으로 이루어진 철도회사라는 형태를 취하고 있었지만, 부속지인 철도 부근의 벨트 지역에 철도 수비대라는 이름의 일본 군대가 주둔해 일본 정부의 '주권'이 행사되고 있었다.

따라서 중국 영토 속에 '일본 영토'가 존재하고 국가 속의 국가가 끼어들어 있었던 것이다. 그리고 만철 회사의 사업체야말로 만주 백성의 피로 살찌우고 끊임없이 관동군에게 불씨를 공급하고 있었다.

이처럼 관동군과 일본군 참모본부는 만주제압을 기점으로 '사건'을 만드는 데 급급했다. 또한, 만주 탈취의 계략으로 이른바 만주 군벌과 그 요인 또는 두목들의 처첩으로 일본 여성을 앞세웠다. 이렇게 해서 직·간접적으로 회유를 시도하여 굴절된 정신자세를 노리고 정보수집에 힘썼다.

한편으로는 100만이 훨씬 넘는 재만주 조선인들을 이용하기에 열중했다. 조선의 농민들을 만주로 보내어 실질적으로 점유하게 하여 '일본세력'을 심기에 힘썼으며, 중국인들과의 충돌을 유도했다. 결국, 양측을 적대관계로 만들어서 조선인들의 항일 의식을 제거하려고 하였다. 이리하여 양측의 충돌과 분쟁을 계기로 일본군이 뛰어들겠다는 계략까지 세운 것이다. 이것이 유명한 《만보산(萬宝山) 사건》이다.

1931년 7월, 만주 지린성 창춘시(長春市)의 서북방 20km에 있는 만보산 부근에서 조선 농민과 중국 농민 사이에 수로 공사를 둘러싼 분쟁이 일어났다. 이는 일본 간첩에 의해 점화되었지만, 일제의 앞잡이들은 이를 대대적으로 선전하며 조선인들의 중국 적개심을 표출시켰다.

그 결과 조선 각지에서 중국인에 대한 습격과 살상 사건이 빈발했다. 그리하여 중국에 거주하는 조선인에 대한 박해와 보복이 계속되었다. 모두가 일제의 뜻대로 된 것이다.

일본군의 만주 침공 준비는 주도면밀하게 이뤄져 다각도로 모략을 감추고 있었다. 예를 들어, 우치다(內田) 만철 총재의 승용 열차에 대한 위장 습격 사건이 빈번히 발생하였는데, 그것을 〈만주 마적〉의 행위로 위장하였다. 그만

큼 만주에 사는 일본인들 사이에선 끊임없이 '조만간 전쟁이 일어난다'는 풍문이 돌았던 것이다.[25]

그리고 나카무라(中村) 탐정 장교(대위)의 살해사건도 있었다. 1931년 6월 일본참모부에 근무하는 나카무라 진타로 외 1명은 대싱안링(大興安嶺)[26] 방면에 탐정의 밀명을 띠고, 사복 차림으로 일행 4명이 오지를 탐색하고 있었다. 이를 눈치챈 장학양(張學良)의 부하가 나카무라 등을 붙잡아서, 봉천군(奉天郡, 중국 선양)의 대싱안링 둔간 제3사단 제4연대장인 왕병의(王秉義)의 손에 6월 27일 사살되었다. 이 일이 관동군에 보고된 것은 왕병의의 아내였던 일본 여성인 쇼쿠마츠 후데(植松)의 입에서 나왔다.[27]

이 소식이 전해지자 관동군에서는 봉천군 타도라는 목표가 생겼으며 당일 바로 행동을 개시했다. 그리고 덧붙여 또 하나의 사건을 만들어냈다. 그것은 관동군 참모의 지휘로 봉천군 외곽에 있는 류조구 철도를 폭파시켜 놓고, "지나군(중국군) 300명이 우리 만철을 폭파했다"라고 떠들어대며 '만주의 치안유지'를 구실로 일제히 군사 행동을 개시한 것이다. 이것이 〈만주사변〉이라는 이름의 탈취 전쟁이었다(중국에서는 「9.18사변」이라 부른다).

---

25 안도 히코타로 편 『만철』.
26 중국 몽골 고원과 둥베이(東北) 대평원의 경계를 이루는 산맥.
27 키시소일 편 『비록, 일본의 100년』 하권.

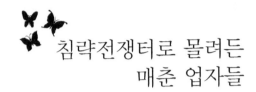

침략전쟁터로 몰려든 매춘 업자들

일본 군대의 만행은 그야말로 '인간이 가진 원시적 잔혹함을 유감없이 발휘했다'라고 할 수 있는데 그것은 이미 세계적으로 정평이 났다. 일제의 전쟁범죄는 수단에 따라 매우 추악한 것이었고 일제가 침공한 만주는 총성과 모략, 아편과 마약, 매춘부 천하가 되어가고 있었다.

〈만주사변〉의 실마리(端初)를 연 일제는 중국 동북 3성[28]을 손에 넣으면서 일본 국내에 침체했던 '죽음의 상인들'[29]과 우익 무리들에게 더욱 활기를 불어 넣었다. 당시의 일본 국내는 경제공황으로 불경기의 늪에 빠져 있었는데 전쟁으로 획득한 만주일대를 점령하게 되면서 일본인들에게 광활한 토지와 기회의 땅을 선물한 꼴이 되었다. 또한 제국주의자들과 죽음의 상인들에게는 크고 작은 다양한 해결책이었으며 자신들의 세력을 더욱 곤고히 하는 밑바탕이 되었다.

일제는 만주 침략으로 호황기를 맞이하면서 일본 내부에서 산업회사들이 생겨나기 시작했고 그로인한 일본인들의 우월감은 다른 민족을 깔보는 자만

---

28 둥베이(東北) 3성 : 중국의 랴오닝성, 지린성, 헤이룽장성을 말함. 우리나라와 접해 있으며, 전에는 만주에 속하였음.

29 무기를 밀매하는 장사치들을 일컫는 말. 그들이 불법적으로 판 무기들로 인해 수많은 사람이 죽거나 다치기 때문에 붙여진 별명.

심으로 더욱 심화되어 갔다.

"만주인은 그런대로 쓸만하다", "만주인은 엉덩이만 걷어차면 얼마든지 일을 잘 한다"하는 인식으로 '이권'을 찾는 무리들이 만주로 몰려들었다. 일본 국내에서는 쓸모없는 인간들이 일확천금의 꿈을 품고 계속해서 만주로 몰려들었고, "나는 일본인"이라며 어깨에 힘을주고 대낮에 당당히 사기행각이나 악행을 저질렀다.

한 예로 관동지진[30] 때, 오스기 에이(大杉榮) 일가를 학살하고 3년의 형을 받은 후 만주로 도망친 칸바쿠(甘粕) 대위의 사례에서도 알 수 있듯이, 만주는 일본의 불량배나 영토 팽창주의자, 일본에서 실직한 사람이 줄지어 모여들었다.

일제의 만주침략은 만주의 석탄, 철광, 철도, 목재 등의 자원을 수탈하는 독점 자본의 진출이었고 그것을 획책하기 위한 군대 파병, 그 뒤에 죽음의 상인들과 일장 깃발이 뒤쫓았다. 더구나 일본 자국에서 멸시받던 형무소를 출옥한 전과자들도 몰려왔고, 광산업자 등 피지배층 계급들의 이주가 속속 이어지고 있었다. 또한 그들의 등꼴을 빼먹으려는 매춘 업자들도 몰려 들었다.

만주는 그야말로 자원수탈과 군대 그리고 인육시장의 '신천지'였던 것이다. 이렇게 일본 국내에서는 만주 진출을 위한 〈만몽(滿蒙, 만주와 몽고) 학교〉가 유행했다.

만주 영토를 점령하고 있던 관동군의 주위에는 속속 밀려든 음습한 '죽음의 상인들'이 있었다. '죽음의 상인'이라고 하면 대게 군수품 관계자를 연상하기 쉬운데, 이들은 일본 군대의 주변에 진드기와 같이 무리 지은 매춘 업자와 일명 '심부름센터'라고 불리는 패거리들이었다. '만주 군대의 호경기' 소식에 이들은 모든 아시아의 여랑(창녀)들을 몰고 너도나도 몰려들었다.

일본 군대 주변에 몰려 있던 '심부름센터'라고 불리는 패거리들을 일본 군대의 현지 약탈품 처분이나 이를 위한 심부름, 군인에게 여성 소개 또는 여자를

---

30 1923년 9월 1일 도쿄를 중심으로 한 관동(간토) 지역에서 일어난 대지진.

유인해서 제공한다든지, 수상한 오락품을 조달하는 개인업자라고 말해도 좋다. 그런 일들은 곧 돈벌이가 된다는 것을 일본 본토와 앞서 말한 범죄자 집단들이 알게 되자 '심부름센터'는 차례차례 생겨나기 시작했다.

또 한편, 군인을 상대로 일본군 부대 주변에 없어서는 안 될 식당들이 들어서기도 했다. 음식점은 일종의 심부름 역할을 하며 일본 병사의 사적인 것들을 조달을 해주는 곳이기도 했다.

일제의 대륙 침략 전쟁 전법은 일종의 〈토벌전(討伐戰)〉이라는 전법이었지만, 그것은 곧 약탈이었다. 전투를 마치고 돌아온 병사들은 제마다 '전리품'을 쟁취해서 돌아왔는데 전리품이란 중국인 저택의 고급용품이나 보석에서부터 농민의 당나귀, 돼지, 말에 이르기까지 손에 잡히는 모든 것들이었다. 역사에서도 말하고 있다시피 약탈에서 돌아온 병사들의 주머니는 늘 불룩하다는 것은 이미 알고 있는 사실이다.

전리품 역시 가치로 환산해주는 역할도 '심부름센터'에서 처리했는데 지불방식도 천차만별이었다. 부대 내에서 숙식하며 장교의 주문대로 술안주를 조달하여 지불하는 사람, 부대 정문 앞에서 작은 음식점을 이용할 수 있게 대기하고 있는 사람 등등 많은 방식이 있었다. 그중에서도 음식점은 반드시 작부(酌婦, 술 따라주는 접대부)를 두고 있었는데 작부는 밤에 병사의 '위안' 역할을 담당해야 했기 때문에 필수로 구비하고 있었다. 일본을 떠난 해외 일본 병사들은 당연히 '여자'에 굶주려 있다. 일본 군대의 야전에서는 여성의 출입은 금물이었지만 〈만주사변〉 이후엔 알고도 넘어가는 비밀로 변질되어 있었다. 즉 전쟁이라기보다 약탈이라서 상층부도 묵인했을 것이다.

한편으로 요정(料亭)도 속속 만주의 주요지역으로 몰려들고 있었다. 요정은 장교들의 잠재적인 '위안소'였는데, 작전회의나 상사와의 밀담도 모두 요정에서 행해졌다. 전쟁중에는 다롄, 여순, 선양, 창춘, 무단장(牧丹江)을 비롯한 주요지역에 요정이란 이름으로 장교들 위안소가 자리 잡고 있었다.

만주사변으로 약탈이 자행되면서 관동군은 무기한 주둔상태가 되었다. 한 곳에 오래 주둔한 부대는 방화, 약탈 또는 강간 등 무수한 문제를 일으키는 것은 역사상 찾아볼 수 있는 전례이다. 따라서 일제의 군 수뇌부는 일반 병사의 섹스처리까지 생각하게 되었다. 군대의 성문제를 오랜 시간 동안 방치하면 현지 강간, 강탈은 물론 빈도수 또한 갈수록 빈번해질것이고, 자칫 성병이라도 돌게 되면 그것은 재앙이었다.

그런 점에서도 관동군의 상층부는 군대 주변의 매춘 업자와 요정, 심부름 센터의 작부들을 은근히 '환영'하면서 묵인했다. 관동군 수뇌부의 묵인은 주둔지와 주변에 군집한 매춘 업자 또는 심부름센터와의 '담합'을 야기시켰고 그 것이 곧 일본 군대가 매춘업을 허가(또는 감찰)하는 형태가 되었다.

만주사변 이후 관동군 주변의 사창가를 영입한 직접적인 동기는 일본 병사의 현지 강간이 성행하면 성병을 통한 병력감소로 이어진다고 계산했기 때문일 것이다. 기록에 따르면, 일본군이 러일전쟁으로 시베리아 출병(1918년) 때 병력 7개 사단 중 1개 사단에 해당하는 병사들이 성병에 걸려 출전하지 못했다고 하는 사례를 교훈 삼았다는 말도 있었다.

어찌됐건 일본 국내는 불경기에 굶주린 자들이 너도나도 '신천지 만주'로 향하고 있었고 만주를 주목하고 있던 일본 각지의 매춘 업자들도 속속 만주로 모여들었다. 매춘 업자들은 일본 국내뿐 아니라 조선, 대만 심지어 상하이와 싱가포르에 있던 일본인 매춘 업자까지 '만주가 호경기'라는 소식을 듣고 몰려들었다.

매춘 업자에게 전쟁터는 평소 수입의 2배 이상 벌수 있는 장사였다. 국내에서 마찬가지로 화대로 지불되는 돈은 단순한 푼돈이었지만, 전쟁터의 병사는 약탈품이란 보너스가 있었기 때문에 전리품을 화대로 받아 일본 국내로 가져가 팔기만 하면 2배가 넘는 이문이 생기는 장사였다.

결국, 아시아 전역에서 '여현(女衒)'[31]들이 몰려들었다. 만주에 몰려든 매춘업자와 여현들은 호경기로 인육 상품인 여체가 부족해지자 '식민지 조선'에서 조선의 여성을 유괴하기로 마음먹고 조선을 그들에게 편한 낚시터로 만들고자 음습한 계략을 만들어 나갔다.

여랑이나 여현은 더할 나위 없이 교활하고 불결한 데다가 위압적인 태도를 보였다고 한다. 그들의 주된 일은 가난한 농촌에 살고 있는 사람들을 꼬드겨 설득하고 거짓말로 농락하여 조선의 여성들을 속여서 끌고 오는 것이었다.

일본에서는 가뭄으로 흉작이 되면 민심이 흉흉한 틈을 타 동북지방(이와테, 아키타, 야마가타)에 쳐들어가 '처녀사냥'을 하는 악습이 있었는데 이를 착안하여 조선의 여성들을 대상으로 같은 방식의 처녀사냥을 생각한 것으로 보인다.

여현들의 행색은 한 눈에 봐도 알 수가 있었다. 큰 허리띠에 지갑을 넣고 혹은 조끼에 쇠사슬이 달린 금시계를 차고, 겉으로는 시계상, 약초상, 담요판매업자로 위장하고 조선과 대륙을 누비며 왕래하였다고 한다. 일본에서는 차마 말하기 힘들 정도의 천한 일본인이 식민지에서는 '나는 일본인이다'라는 허세를 부리면서 인간의 탈을 쓰고 가장 추악한 모습을 드러냈다.

겉으로 장사꾼을 가장한 여현은 "만주에 가면 여관이나 요리집에 일손이 부족해, 일자리 취업은 물론 그곳에서 3년만 일하면 몇백 엔의 큰돈을 만들 수 있다"는 말로 유혹했다. 꿈같은 이야기에 현혹되어 궁핍한 자기 집안의 경제 사정을 살려보고자 수많은 조선의 여성들은 부모님 곁을 떠나갔다.

한편으로는 농촌에 〈여공 모집〉 벽보를 붙여 처녀들을 긁어모아 데려갔다(덧붙이면, 당시 〈여공 모집〉을 한 공장으로는 조선 제사(製絲)회사, 청주의 군제사공장, 평양의 구타(久田) 고무공장, 부산의 태화 고무공장, 일영 고무공장 등이 있었다).

31　유곽에 여자를 유괴하여 조달하는 사람이나 장사꾼. 일본에서는 일반적으로 사용할 정도로 옛날부터 여성유괴의 전통을 갖고 있다.

관동군 위안부가 된
조선 여성들

　　　　　매춘 업자들 중에는 일본 군의 후광을 등에 업고 갖은 악행을 저지르는 자들이 많았는데 이는 군 수뇌부와 매춘 업자의 관계를 더욱 돈독히 하는 일명 성 접대에서 출발했다. 매춘 업자는 수시로 군 부대의 경리 장교를 초청해 술과 여자를 제공했다. 그들은 불결하고 음습하고 교활하며 잔꾀는 상상을 초월했다.

　전쟁초기의 그들은 조선의 여성들을 무단으로 징집이 불가능했기 때문에 관동군의 어용 상인으로 둔갑해 속임수를 쓰며 일본군에 협력하는 국책회사를 운영하는 것처럼 위장했다. 명함에도 《국책기업주식회사》라고 쓰여 있으나 주소나 번지 등 아무런 정보는 없었다. 명함은 어리숙한 사람을 꼬득이는데는 쉬웠지만 지식있는 사람들을 꾀기란 쉽지 않았는데 이들은 자신들이 곤란한 일이 생기면 '군사 기밀'이라고 말하면서 발뺌하였다.

　기록에 의하면, 일제가 운용한 전쟁터에 모이는 매춘 업자라는 것들은 '사람의 속을 갉아 먹는데 관해서는 천재적'이라 평했다. 그들은 여인들에게 대낮에도 공포스런 흉기를 들어 위협하기도 하고 자신들이 노린 사냥감에 대해서는 파렴치한 의식이 전혀 없이 수단을 가리지 않고 자행했다.

이들은 일본군의 위세를 빌려 어디를 가도 "우리는 군인은 아니지만 군인이나 경찰 이상의 힘을 가지고 있다"라고 선전하며 다녔고, 창춘, 선양, 하얼빈, 무단장 등 대도시에 조선 소녀를 끌고가 북만주 수비대에 여자를 제공하는 전진기지를 만들고 있었다.

당시 만주로 끌려간 대부분의 여성들은 거짓말에 속은 조선 소녀였고, 나머지는 일본 큐슈 북서부에 있는 일본인 매춘부(여랑)이었던 것 같다. 일본인 여성은 아마쿠사(天草, 큐슈 서쪽의 섬) 지역 출신이 많았으며 처음부터 매춘부로 고용되어 만주로 건너가는 경우가 많았다. 이것이 조선 여성과 일본 여성의 차이점이었다. 또 일본인 매춘부는 대개 선금(일종의 계약금)을 받고 건너온 경우가 많았다고 한다.

매춘 업자에게 일본 여성은 '선금'이라는 상당한 금액을 지불해야 했고, 설사 몸에 흠이 있는 여성이라도 일정한 비용을 지불해야만 했다. 그러나 조선 여성들은 현혹시켜 유괴만 잘해 데려오면 밑천이 들지 않고 고스란히 돈이 굴러들어오는 셈이 되어 버려 매춘 업자는 더욱 조선 여성들을 노렸다.

한편 전쟁터의 병사들은 "숫처녀를 품으면 총알도 피해간다"는 미신이 만연하고 있어 조선의 소녀들을 좋아했다고 한다. 그리하여 여현, 심부름센터, 매춘 업자들은 암암리에 관동군 상층부의 위세를 빌려 조선 각지를 누비며 많은 조선의 소녀들을 현혹시켜 먼 만주로 데려간 일은 상상하기 어렵지 않다.

아직까지는 위안부를 대대적으로 징발하지 않은 시기이었으므로 매춘 업자들은 대놓고 조선 여성을 데려갈 수 없어 겉으로 여공 또는 여급 모집 혹은 요리집 여점원 모집의 형태를 취하고 있었다. 그러나 만주사변 이후 교활한 매춘 업자들은 관동군 부대에 '일할 수 있는 여자가 필요하다'며 어느 정도 공개적으로 〈모집 벽보〉를 이용해 조선의 여성들을 현혹했다.

당시 '5~10인'의 집단으로 지원한 것을 보면 조선 여성들 대부분은 벽보에 쓰여있는 그대로 믿었다고 한다. 속여서 끌고간 조선 여인들은 만주에 도착하자 자신들이 속았다는 사실을 알게되고 울음을 터트리며 집으로 가겠다고 도망쳐 보지만 부질없는 짓이었다. 여현들은 만주로 오는 동안 이미 많은 빚을 졌다고 내역서를 보여주고 도망가면 고향으로 찾아가 부모님께 대신 빚을 받아 내며 못 갚으면 죽이겠다고 협박을 서슴치 않았다고 한다.

당시 여현들은 조선 여성들을 끌고 갈 때 그들 부모에게 10엔 정도의 선금을 건냈다고 한다. 돈을 받은 부모는 여현들의 시커먼 속내를 모르고 자신의 딸이 좋은 직장에 취직했다고 동네에 자랑하며 좋아했다고 한다.

하지만 그것은 여현들이 조선 여성들을 옭아매기 위한 기만술이다. 그들의 방법은 우선 조선 여성들을 만주로 데려오면서 많은 비용을 빚지게 만드는 방법이다. 기차비, 식비 등 자기들 마음대로 가산하고, 거기에 제멋대로의 금리까지 올려 만주에 도착하면 선금보다 몇배나 불어있는 빚을 지게 만든다.

순진한 조선의 여성들은 만주에 도착했을 무렵, 만주로 오는 경비가 이미 '50엔에서 100엔의 비용이 들었다'고 말하는 여현들을 보며 넋이 나갔을 것이다. 결국 빚을 못 갚게 되었으니 약속했던 일보다 더 힘든 일을 해주거나 매춘업소에 가서 일을 해야된다고 순진한 여성들을 협박한다. 그리고는 여현들은 매춘 업자에게 여성들을 팔아버린다.

매춘 업자는 이미 많은 빚을 지고 낙담하는 순진한 조선 여성들 앞에 나타나 여현들에게 '선금 300엔'이라든가 '선금 500엔'이라는 엄청난 금액이 들었다고 말하는 것이다.

절망에 빠져있던 조선의 여성들은 큰 액수를 듣고 깜짝 놀란다. 이것이 순진한 처녀의 몸을 묶기 위한 매춘 업자의 첫 수단이었다. 놀라는 여성들을 안심시키고자 매춘 업자들은 선수치며 뻔한 말을 한다.

"지금 내 말을 못믿겠다면 관리(공무원)에게 말해 증명서라도 받아다 줄 수 있어. 그리고 돈을 다 갚거나 더이상 몸을 팔고 싶지 않으면, 언제든지 떠날 수 있어. 만약 지금이라도 가고 싶으면 비용을 보내 달라고 고향 부모님께 전보라도 보내"라고 말한다. 관리라고 해도 이미 만주 전역은 '무법천지'로 변해 일본 군대가 지배하는 곳이었고 그녀들의 부모는 그만한 돈이 없다는 것은 이미 그녀들도 알고 있는 사실이었다. 매춘 업자들 말에 주눅이 들수 밖에 없는 가장 큰 이유는 매춘 업자 뒤로 문신을 한 일본 낭인들이 줄지어 서있어 순진한 조선 여성들은 잔뜩 겁을 먹었을 것이다. 풀 죽어 있는 순진한 여성들에게 이번에는 간사한 목소리로 안심시킨다.

"너희들도 잘 생각해봐라. 여기서 일해 빚 갚고, 얼마라도 고향의 부모님께 보내드리면 안심하시고 좋아하실거야. 게다가 이곳은 고향에서 수백 리 떨어진 만주야 너희들이 이곳에서 무슨일을 하는지 아무도 몰라.

게다가 일본 군인들은 돈 벌러온 너희들을 밤마다 마적대로부터 지켜주잖아. 그런 군인들한테 돈을 받으면서 '위안'을 해주는 것이 곧 고향의 부모에게 효도하고 나라에 충성하는 것이지 별거 있어? 좋게 생각해라."

만주사변이라고 하는 침략전쟁 이후, 조선인을 일하게 하는 사업장 등에서는 일본인 관리들이 사사건건 조선인의 효의 정신을 역이용해 부추긴 것으로 알려졌고, 악질적인 매춘 업자도 예외는 아니었다. 동도 서도 분별할 수 없는 순진한 여성들을 현혹시켜 데려가 위협한 후에는 반드시 기묘하고 간사한 목소리로 동조하는 말을 곁들인다.

"자, 이제 무슨 말인지 알아들었지. 우리는 마적대가 출몰하는 지역에 살고 있기 때문에 우리끼리 일본인 친목회를 두고 있다. 서로 협력하여 지키는 모임이야. 여기에 도장을 찍으면 모임에 가입되는 것이니 여기에 도장을 찍어라. 그러면, 나머지는 우리가 모두 처리해서 너희들 신분도 보장하겠다."

조선의 여성들은 얼떨떨한 표정으로 시키는 대로 도장을 찍었다. 이 계약서는 창녀가 되는 계약을 겸하고 있는 것이 된다. 대체로, 이런 계략으로 매춘 업자와 여현들은 거래를 하고 있었다.

매춘 업자와 여현들의 만행을 잠시 독자들께 소개하고자 한다. 일제 치하를 경험한 사람이라면 〈홋카이도의 타코방(탄광지대의 합숙소)〉이란 것을 들어 보셨을 것이다.

이곳은 도시의 노상에서 직장을 잃고 돈에 궁핍한 사람들을 속여 홋카이도 무인지대의 탄광으로 끌고 가 현지에 도착하면 총과 철조망을 둘러친 주택에 가둬두고 법의 손도 닿지 않는 곳에서 죽을 때까지 일하는 곳이다. 그곳을 관장하던 건설회사는 총을 든 경호원을 고용하며 인부들에게 노동을 착취해 왔다.

공포스럽고 잔혹한 노동 지옥인 '타코방'이 남자만의 탄광지대라고 생각하면 큰 오산이다. 오래전부터 매춘 업자가 운영하는 '유곽'이 존재했는데, 바로 '여자의 타코방'이었다. 만주사변 이후 관동군 부대 주변에 몰려든 매춘 업자의 '군대 위안소'가 그런 역할을 했다. 여기에도 속아서 끌려간 조선 여성들은 '군대 여랑'이 되어 다시 돌아오지 못한 자가 많다고 한다.

앞서 잠깐 언급했듯이 "숫처녀를 품으면 총알도 피해간다"라는 미신을 이용해 남자경험이 없는 소녀를 선발해 말할 것도 없이 먼저 장교에게 끌려간다. 이 관습의 악용은 비싼 금액을 받을수 있을 뿐만 아니라 영업상의 편의를 제공받을 수 있는 이익이 있기 때문이었다.

또다른 악행으로는 '여자로 만드는 작업'도 있었다. 조선 소녀들은 처음 끌려온 며칠은 가만히 두고 안심시킨다. 그러나 며칠이 지나면 매일 밤마다 일본인 중년 여자가 침상에 올라와 남자가 여자를 껴안는듯한 성행위를 한다. 그런 행위가 반복 될수록 순진한 소녀들은 호기심과 수치심에 아무말 못하고 참아낸다.

그리고 또 며칠 후 일본인 중년 여성은 소녀의 어깨를 짓누르고 갑자기 모종의 물체(거북 껍데기로 만들었다는 장형)를 소녀의 성기에 끼운다. 그러면 처녀는 가랑이에 심한 통증을 느끼고 비명을 지른다. 이것이 처녀를 여자로 만드는 작업이었다. 흔히 숫처녀를 유괴하여 성의 노예로 만드는 것을 수단으로 하는 매춘 업자는 교육 혹은 전수(傳授)라는 행위를 마치고 소녀를 '상품'으로 만들어 자신들의 사익을 위해 전장으로 끌고 다녔다.

만주국 건국과
위안소의 고정화

　　1932년 1월 28일, 일제는 《상하이사변》을 일으켰다. 만주를 제압한 일본군(관동군)은 《만주국 건국》의 계획을 비밀리에 추진하면서 국제사회의 눈을 교란시키기 위한 양동작전을 추진하였다. 상하이사변은 일본인 승려가 습격당한 것을 빌미로 전쟁의 불씨(戰火)를 지폈고, 그 뒤에서 만주에 공작을 진행하여 1개월 후인 3월 1일 '만주국'이 되는 근거를 만들었다.

　　이 무렵에는 만주를 제압한 관동군의 주변 지역에 대부분 여랑집이 만들어져 실질적인 '군대 위안소'의 역할을 하고 있었다. 매춘 업자들이 그만큼 일본과 조선을 비롯한 아시아 각지에서 '만주'로 몰려와 기다리고 있었던 것이다. 이들에게는 일본군의 전쟁터가 넓어질수록 군인들의 동원이 활발해지는 만큼 장사가 잘 되는 것이다.

　　그곳에서는 한 업체가 여러 개의 '위안소'를 운영할 수도 있었고 관리직으로 오랜 세월 일했던 고참 여랑들이 독립하여 새로운 수비대의 위안소를 만들기도 했다. 또한 군대를 따라 돌아다닌 생쥐와 같은 심부름센터까지 여랑집으로 바꾸는 상황이 벌어졌다.

　　그들이 위안소를 간단하게 만들 수 있는 이유는 전쟁터라 설비가 많이 들지 않는다는 것도 있지만, 군대 측의 요청으로 인해 전면적인 편의를 도모해 주었기 때문이다. 특히 산골의 오지인 경우는 부대 측이 '위안소'를 만들어 주고, 잡혀 온 중국인의 여자를 제공한 것이다. 그 이유는 일본 군대의 요구와 매춘 업자들의 욕망이 완전히 일치했기 때문이다.

일본 군대의 위안소는 장기 군사작전과 주둔을 전제로 한 것이다. 그것은 만주의 완전 장악과 소련에 대항하는 전략기지로 만드는 의도가 있었던 것이다.

러시아 전략기지를 목표로 한 북만주의 '쑨우(孫吳)[32]'라는 곳은 중국인의 작은 농촌이었다가 일본군 부대가 점령하자 금세 번화한 거리로 변하였다. 거리는 군대와 여랑집, 요정과 식당이 즐비하게 차지하고 있었다. 표면적으로는 여랑집, 유곽 또는 요정이라 해도 사실상 군대 위안소의 기능을 하고 있었다.

여랑집이라고 하는 곳은 대개 목조함석 지붕에 천장은 훤히 뚫려 있었고, 방들은 4장 반쯤 넓이에 판자로 칸막이가 전부였다. 이곳을 이용하는 일반 병사들은 쉬는 날인 일요일만 이용하는 것이 원칙이었고 요금도 군대가 결정해 1회에 1엔이었다고 한다. 위안소에 오는 병사들은 여성들을 학대하거나 단검(칼), 물병 등 가방을 몸에 착용한 채 여자를 포옹하거나 성행위를 하는 경우도 종종 있었다.

만주에 몰려든 여랑집들은 조선 여성을 묶어 두고 영구적으로 상품화하기 위해 나라를 위해 헌신하는 일본 신민의 길을 정신적으로 주입시키며 교육시켰다. 이들 매춘 업자는 조선 여성을 군대용 창녀로 집어넣고 한결같이 붉고 긴 유번(속옷)과 유카타(잠옷)를 입히고, 일본식 머리를 땋고, 가명을 쓰게 하여 일본 여인으로 치장하기가 일쑤였다. 그리고 평상시에는 여자들에게 간편복의 양장을 권하고, 손님인 병사의 관심을 얻기 위해 여학생 모습으로 가장시키기도 했다.

일제는 만주국이라는 허수아비를 만들었다지만 그것으로 끝난 것은 아니었

---

32 헤이허시에 속하며, 러시아와 인접한 지역.

다. 오지에서 장학양(張學良)[33] 군의 반격이 빈발하자, 일본군은 '토벌 작전'이라 부르는 약탈전을 반복해, 오지 구석구석까지 수비대가 나아갔다. 그 수비대의 뒤를 여랑집이 뒤따른다. 이 무렵에는 군대와 업자 사이에 정해진 협정이 있는 것으로 보이며, 한 몸으로 떨어질 수 없는 관계가 되어 있었다.

일제는 장학양 군의 지방 군벌을 토벌하기 위해 열하(熱河)[34]작전 후 적봉(赤峰)[35]이라는 오지의 작은 마을에 관동군 기병 제25연대가 주둔을 하고 있었다. 적봉에 와서 여색에 굶주려 있던 병사들은 전 점령지(바이청시)의 위안소를 그리워하며 위안소를 만들어 줄것을 상부에 건의했다고 한다. 그리하여 수비대의 위안부 모집책인 나가야마 중위(경리팀 계장)가 일본 병사에게 여자를 제공하기 위해 금현(錦縣, 판진시 일부)까지 가서 약 20명의 조선인 위안부를 인솔하여 데려 왔다고 한다. 점령후 불과 2주 만의 일이었다.

적봉이란 땅은 주변의 산이 완전 홍색의 붉은 바위산의 오지였고, 적봉의 성 밖에는 몽고인이 거주하는 집이 내려다보일 정도로 두메산골이었다. 어쨌든 금현에서 150km 남짓한 먼 오지에 위안부 20명이 온다고 하니 병사들은 눈을 붉히며 "정말 미인 일색이고 토치카[36]마다 건강한 여자들로 채우겠지, 어쨌든 사막을 넘어오니까"라고 기뻐하며 중얼거렸다고 한다. 그만큼 관동군 각 부대에는 위안부가 있었다. 참고로 금현의 읍에는 위안부가 30명 있었고 그중의 3분의 2는 조선 여성이었다.

변방의 적봉 수비대에 여자들이 도착하기 전날 저녁 점호할 때였다. 수비대 대장이 전 장병을 연병장에 집합시키고, 칙령을 내리듯이 다음과 같이 훈시했다.

"연약한 부녀자들이 광활한 들판의 한구석에 있는 우리 적봉성 부대를 위해 먼지

---

33 1898~2001. 근대 중국 군인. 정치가. 둥베이 랴오닝성 출신.
34 만주국의 다른 말이며 오늘날의 허베이성, 랴오닝성, 내몽골 자치구의 교차 지역.
35 중국 내몽고 자치구의 츠펑시.
36 Tochka : 콘크리트, 강철, 마대 등을 이용하여 공고하게 구축한 진지.

를 뒤집어쓰고 와주는 것이다. 이들 부녀자가 단순한 계집애나 장난하는 여자가 아
님은 새삼스럽게 말할 것도 없이 제군들 스스로가 잘 알 것이다. 남만주의 들판에
피어 있더라도 기품있는 우아한 일본 야마토(大和, 일본의 옛 이름)의 사나이답게
내일 우리들은 성문 밖으로 나가 열성적으로 만세 삼창하면서 그녀들을 맞이하지
않으면 안 될 것이다."
— 이토 케이이치 「전쟁과 여자」, 『주간 산케이』, 1971년 10월 4일

당시 관동군 소대장 후하 히로(不破博) 씨, 현재 육상자위대 전사실 근무자
의 말에 의하면 위안부 여성들은 흔들리는 기차와 트럭에 실려 갔고, 거기다
황토의 광야에서 포장마차에 흔들거리며 온 몸과 얼굴 전체가 흙먼지로 새까
맣게 되었다고 한다. 열하성의 적봉 수비대와 '위안부'에 대하여 이토 케이이
치(伊藤桂一) 씨는 병사들이 술회한 것을 다음과 같이 말하고 있다.

이 근방 동절기의 밤은 영하 30도까지 내려간다. 승마대에서 토벌하러 갔다가 밤
에 돌아오면, 고드름도 얼게 된다. 피로와 추위를 견디고 부대가 심야에 도남의 주
둔지로 돌아와 성문에 오면, 거기에는 언제나(그게 아무리 밤이 깊어도) 여자들이
모두 모여 있고, 여러 곳에서 "어서 오세요", "수고했어요"라고 말하며 손을 흔드며
속 마음에서 나오는 말을 한다. 이는 원초적 감정에 의한 부대와 여자들의 눈물겨
운 연대와 조화를 보여주는 것이다. "성문 앞에서 여자들의 목소리를 들으면, 그것
으로 토벌의 고단함은 완전히 잊었다."

일본군 부대가 〈토벌〉에서 돌아오면, 대장부터 병사까지 술을 퍼마시고 '만
주제압'에 취해 도라지 꽃(조선의 딸)을 즐겼다고 한다. 불행히도 조선의 젊은
처녀들은 속아서 만주로 끌려가 이런 색 지옥에 던져진 것이다.

만주의 일본 관동군과 의기투합한 매춘 업자들은 조선 여성들에게 "나라
를 위하여" 구호를 외치며 여체를 마구 부려먹고 수입액의 6할을 착복하고,
본인은 4할을 받는 구조였다. 업자가 6할을 차지한다는 것은 오랜 관습으로

그것은 의상비와 식사비가 포함되어 있었기 때문이다. 그러나 실제로는 다시 별도의 의상대와 식사비를 받았으므로 이중 착취를 한 것이다.

그래도 의지가 굳은 여자들은 병사의 색 지옥 속에서 마지못해 이 일을 한다. 그렇게 일하면 금세 빚을 갚을 수 있을 것 같지만, 업자들은 상품으로써 쓰러질 때까지 엮어두는 편법으로 이래저래 낡은 계략을 쓰고 있었다.

즉 쉽게 빚을 탕감할 수 없도록 여러 가지로 돈을 떼어 간다. 회비, 국방헌금, 4대 절기의 기부금, 무슨 기념, 추도, 행사개최 비용을 뗀다. 특히 업자들이 구실을 붙인 의상비가 포함되어 있다. 일부러 일본에서 들여온 옷을 고가로 팔아서 빚을 늘린다고 한다.

그것도 모자라 여자들에게 도박을 장려해서 따지 못하면 고리로 돈을 빌려준다. 또 일본군의 승전을 축하하기 위한 모금이라든가, 신사(神社) 조성을 위한 자금, 일본인 묘지 마련을 위한 기부금, 그것을 강요할 때는 '나라를 위한다'거나 '국가를 위한 봉헌금'이라 외치면서 일종의 살벌한 문구의 어조를 휘두르는 것이었다.

그리고 일요일 이외에는 일본 상인 등 민간인도 계속 손님을 받고 있었지만, 조선인 고객은 받지 않았다. 업자의 입장에서 보면, 조선인은 제대로 돈을 가지고 있지 않고 게다가 여자들이 정에 이끌리기 쉽고 때로는 느슨함이 있을 수 있다고 하여 그것을 방지하고 경계하기 때문이었다. 결국 그녀들은 몸을 혹사한 나머지 마약에 취해 중독된 사람도 적지 않았다.

이 점에 대해서도 관동군이 만주제압을 위해, 성욕 위안과 매춘 업자의 조선 여성유괴에 의한 상품화와 조선총독부의 조선 민족 말살 정책이 완전히 일치하는 것이었다. 전쟁터의 전속 여랑집은 '일본 군대가 고안한 발명품'인 것이다. 그것을 〈군대 위안부〉라고 이름 짓고 '일본 장병의 성욕을 처리하고, 군대의 스트레스를 해소시키고, 사기를 고무하는 것을 목적'으로 하였다. 그러나 일본 군대 자체는 매춘 업자의 자유 영업 그늘에 가려진 형태였다.

참고로 당시 조선에서의 일본 관헌에 의한 여성 대책의 일부분은 다음과 같다. 이들은 직간접으로 '관동군의 위안부 공급'에 관련하고 있는 것으로 생각된다.

1931년 11월 총독부는 여급세를 신설
1932년 08월 평안남도 이포경찰서는 '작부, 여급 철폐령'을 발표
1933년 12월 총독부 경무국은 '창기의 금족'을 일제 해제
　　　　　　　총독부령 제24호에 의해 창기 단속규칙의 개정을 포고
1935년 03월 내무성 령에 의한 공창 폐지를 단행
1936년 07월 대전경찰서는 여급 증명제도를 실시
　　　　　　　　　　　　　　　　 — 이화여자대학교 편『한국 여성사』연표에 의함

그런데, 조선총독부 관헌 정치의 법령이나 규칙들은 그 명칭과 목적이 서로 상반되어 있어서 거의 비슷하지 않았다.

제3장

중일 전쟁과 조선인 위안부

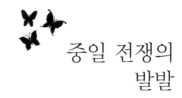

중일 전쟁의
발발

1937년 7월 7일, 일제는 중국과의 전쟁을 일으켰다. 베이징의 서남 교외 노구(蘆溝) 다리 부근에서 일본군이 야간 훈련을 실시했는데, 거기에 원인불명의 총성이 들렸고, 일본군 1명이 행방불명(실제로는 용변 중) 되었다는 이유로 중국군(당시는 중공군)에 공격을 개시한 것이다. 이것이《중일 개전(中日開戰)》의 원인이었다.

일제는 중국의 동북 3성(만주)을 삼키는 것만으로는 만족하지 않았다. 그것을 수중에 넣더니 더욱 식욕이 생겨 중국의 중심부를 찔러 '중국 해체'를 노린 것이다. 일제는 완전히 '승리 근성'이 몸에 배어 상대편이 약해 보이면 무리한 공격을 감행하여 영토를 탈취하는 것이 당연한 권리라고 생각한 것이다. 말하자면, 중일 전쟁은 〈만주사변〉을 시작으로 전투의 연속이었다.

일제는 중국군과 싸우면 반드시 이긴다고 생각했다. 7월 28일 베이징(北京)을 점령하고 30일에 텐진(天津)을 점령하자, 일제는 '중국 국민 정부를 응징한다'는 성명을 발표하고, 해군기가 출격해서 바다를 건너 난징(南京)을 폭격했다. 이로써 단숨에 중국을 제압할 것으로 계산했다.

일제는 국제사회의 눈을 속일 의도로 〈전쟁 불확대〉를 선언하고 있었지만,

이것으로 성공할 수 있다고 생각했는지 이 전쟁을 처음에 〈북지사변〉이라 부르던 것을 〈지나사변〉으로 개칭(9월 2일)하여 병력 동원 방침을 밝히고, '국민정신 총동원계획 실시요강'(9월 13일)을 발표했다. 이윽고 〈지나사변 공채〉를 발행(9월 15일)하고, 공장사업관리령을 공포(9월 25일)하였다.

중국과의 전쟁, 그것은 일제가 중국대륙 중심부를 제패하기 위한 노골적인 전쟁인 만큼 국제연맹도 좌시할 수 없어 반일 결의안을 채택했다(10월 5일).

또 이 전쟁은 처음부터 가공할 만큼 노골적인 약탈과 살상과 파괴의 선제공격으로 중국의 도시는 순식간에 아수라장이 되었다. 반면에 일본 국내의 라디오는 매일 일본군의 진격과 전과를 방송하고, 이것도 모자라 '성전'을 운운하며 긴장감을 북돋아 주는 '군함 행진곡'을 울리고 있었다.

그러나 일본 국민 모두는 침략주의자가 아니라면 호전론자도 아니었을 것이다. 적어도 다이쇼(大正) 민주주의의 세례를 받은 많은 지식인들은 반전론자였고 군국주의에 반대하고 있었지만, 이들에게 '매국노'란 꼬리표를 달아 멸시하며 탄압을 계속하였다. 그리하여 우익 국수주의자와 군벌의 전쟁은 '기정사실화'가 되어서 갈수록 확대되어 점점 전시체제로 돌입하였다.

일본의 많은 국민은 일본 군대의 진상도 모른 채, 아침저녁의 군함 행진곡에 이끌려 '황군의 전과'에 환희의 숨소리를 내 쉬었던 것이다. 이러한 일본 국민의 감정 속 깊은 곳에는 오랫동안 뿌리내려 온 중국인 멸시의 교육과 군국 이데올로기에 휩쓸린 차별 내셔널리즘이 있었다.

이심전심으로 중국대륙은 당연히 일본제국에 의해 지배되어야 할 숙명인 것처럼 여기고 중국인을 〈지나의 엽전〉이라 멸시하며, 국토는 일본제국 신민에게 유린당해야 한다고 생각하기에 이르렀다. 일제 정부는 그것을 '성전(聖戰)'이라 명명했다. 그런데 약탈과 강간이라는 야만 행위로 치닫는 '출정 병사'를 마치 자국의 방위 전쟁터로 향하는 용사처럼 환호성과 깃발로 배웅하였다.

일제는 중국대륙 제패를 오랫동안 호시탐탐 이를 갈고 준비하고 있었다.

베이징, 텐진을 점령하고 남하하는 한편 11월 5일 대륙의 옆구리에 해당하는 항저우만에 상륙한 후, 12월 13일 난징으로 돌입했다.

이때, 일본 국내에서는 〈난징함락〉 봉축의 연등 행렬로 천지를 뒤흔들었고, 온 국민은 전승에 취해 광란했다. 전쟁을 겪은 세대라면 일본 대도시에서의 열광적인 연등 행렬은 환희의 절정을 이루는 광경이 생생히 떠오를 것이다. 이로써 일제는 중국 대륙은 장악된 것이나 다름없다고 생각했다.

난징 입성, 난징함락 봉축의 연등 행렬을 하고 있을 즈음, 일본 군대는 무엇을 하고 있었을까? 어떤 야만 행위로 인류로서 부끄러운 만행을 저질렀을지 상상이나 했을까? 놀랍게도 그 행위 자체는 일본 국민에게는 한 조각도 알려지지 않았을 것이다. 만약 그것을 알고 있었다면 아무리 군국주의로 세뇌된 일본 국민이라고 해도, 상당히 충격을 받아 '반전' 또는 '반군'의 뜻을 품을 것임이 틀림없다.

일본군의 난징 입성은 글로써 표현할 수 없는 처참한 지옥으로 변한 〈난징대학살〉을 일으켰다.

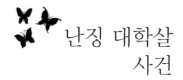

난징 대학살
사건

당시의 수도 난징(南京)에 진입한 일본군은 피로 미쳐 날뛰는 악마였다. 타오르는 불길 속에서 약탈과 강간, 여러 살상이 몇 주간 계속되었다. 일본군은 성내에서 '살인 경쟁'을 하며 즐기고, 난징 성내의 울음소리는 하늘을 진동해서 실로 지옥과 같은 모습이었다고 전해진다. 그야말로 전쟁에 미쳐 살인마가 되어버린 일본 병사의 말처럼, '여자를 해치우는 병사는 강병, 강한 군대이다'. 중대장은 이런 병사를 손에서 놓고자 하지 않는다. 자신의 공로와 관계가 있기 때문이다.

이것은 사리에 맞지 않는 잔인한 일본군 부대의 일그러진 악행이었다. 난징 대학살은 일본군이 항저우만에 상륙해서 난징까지 가는 도중 연일연야 강간과 약탈의 연속이었다. 그야말로 피에 미친 듯이 비참하게 살인하는 것, 장렬하게 여자를 범하는 것이 일본 군대의 관례이며, 일본 병사의 용맹함을 증명하는 것이다.

1937년 12월 12일 밤, 마츠이 이시네(松井石根) 대장 휘하의 일본군은 난징의 성문에 몰려들었다. 이때 중국 병사는 대부분 시에서 철수했기 때문에 중국군과 게릴라의 저항은 전혀 없었다. 시내에 남은 자는 무력한 시민과 난민의 무리였다. 이들에 대해 일본군은 소그룹으로 전 시내를 돌아다니며 무차별로 살인, 약탈, 강간, 방화를 저질렀으며 처음 2~3일 동안에만 적어도 12,000 명이 살해되었다고 한다.

에드거 스노(미국의 신문기자)에 따르면,

"일본군은 난징에서만 42,000명을 학살했다. 더욱이 이들 대부분은 부인과 아이들이었다. 또 상하이와 난징 사이를 진격 중에 30만 명의 시민이 일본군에 살해되었다고 보고 있으며, 이것은 중국군이 입은 사상자와 거의 같은 수였다. 적어도 여자라면 10세에서 70세까지의 사람은 모두 강간당했다. 난민들은 만취한 병사들의 총검에 빈번하게 찔러 죽임을 당했다."

또 "상가 1만 2천여 채와 가옥도 모두 약탈당한 뒤 방화하였다. 일본군 사병과 사관들은 너나없이 자동차나 인력거를 비롯한 운반에 쓸 수 있는 물건이라면 다 훔쳐서 이 약탈품을 상하이로 옮기려 했다."

"수천 명의 중국인을 징용으로 데려가 일렬로 세워서 놓고 기관총으로 일제사격을 가하고, 때로는 총검술 연습대로 사용했으며, 이에 질리면 머리에 석유를 퍼부어 산 채로 태워 죽였다."

— 에드거 스노『아시아의 전쟁』

이 처참하기 짝이 없는 참상은 국제안전지대에 있던 소수 외국 언론인의 목격으로 '난징 어드레스 데이'에 의해 전 세계로 알려졌지만, 그것을 몰랐던 것은 일본 국민뿐이었다.

당시 난징에 있던 '가디언 신문'의 중국 특파원 팀퍼는 말했다.

"강간 사건으로 말하면, 금릉 대학(현, 난징대학)의 예만 보아도 11세의 여자아이부터 53세의 노부인까지 전부 강간당했다. 그리고 대학 교정에서 17명의 병사가 대낮에 한 부인을 윤간했다. 또 길가에 있던 난민 중에는 72세와 76세의 노부인도 무참히 강간당했다. 이처럼 이들 사건의 3분의 1은 낮에 이루어졌다."

그리고 시내의 건물이라고 하는 건물은 다 파괴되고 집은 대사관이나 외국인의 재산을 포함해 모두 약탈당했다고 보고하고 있다. 유럽과 미국이 일본에 대한 증오의 감정을 불사르고 중국 원조의 결의를 다진 것이 〈난징 대학살〉의 파괴와 약탈에 있었다고 해도 과언이 아닐 것이다.

중국 전선…, 일본제국이 말하는 성전은 살인과 강간을 일삼은 전쟁터였다. 일본군이란 살인마 집단이며, 도둑부대이며, 일본군의 대장이란 약탈의 대장이었던 것이다(오늘날 옛 일본군의 고급장교 집에는 중국에서 약탈해 온 미술품이 데굴데굴 굴러다니고 있을 것이다).

일본군은 수도 난징을 함락시키면 중국 측이 평화를 청해 올 것으로 쉽게 생각한 것 같지만, 중국 국민당은 난징을 벗어나 오지인 충칭(重慶)으로 정부 기관을 이동시켜 장기 항전을 펼쳤다. 일본 정부는 화가 난 듯이 "국민당 정부를 상대하지 않는다"는 성명을 발표했고(1938년 1월 16일), 일본군 역시 장기전을 각오하고 중국 측의 괴뢰 정권 출현을 기대했었다.

난징 대학살 직후 상하이의 일본군 사령부에서는 직영 위안소 개설에 나섰다. 지금까지 매춘 업자가 운영하던 여랑집을 군대에서도 설치하겠다는 것이다. 일본군이 중국인에 대한 대량 살상과 강간 지옥을 만든 현실이 과연 놀라운 것이었을까? 그들 자신도 그 두려움을 깨달은 것이 틀림없었다.

일본 군대의 살인과 강간 방지책으로서 그것을 생각한 것일까? 또한, 강간 지옥으로 나타난 성병이 군대 내에 만연했다고 생각되었고, 어쨌든 응급조치로 직속 위안소(여랑집)를 설치하려고 한 것은 확실하다. 물론 군대 주변에 몰려든 매춘업소가 여럿 있었다 하더라도 시기가 맞지 않았을 수도 있고, 또 불충분했을 수도 있을 것이다.

일제의 상하이 주둔군 수뇌들은 '직영 위안소 개설'을 서두르기 위해, 이미 만주에서 실적이 있는 매춘 업자의 주인들에게 대량의 여자 모집을 의뢰했다. 뿐만 아니라 부대 주변에 진드기처럼 몰려 있는 심부름센터에도 여자들을 모아 위안소를 만들어 달라고 부탁하며 자금으로 큰돈을 뿌렸다. 예를 들면 소사(小使)와 같은 심부름꾼의 남자까지 3만 엔 정도의 큰돈을 받았다.

일본 군대에서는 만주사변 이래, 민간인 유곽을 전용으로 이용하고 있었고, 또 주둔 부대나 수비대에서는 버젓한 '위안소'를 비밀스럽게 감싸고 있었다. 그러나 그런 식으로는 부족하다고 본 군부는 이제 공공연히 대대적으로 '위안소 만들기'에 나선 것이다. 난징대학살과 강간 지옥 이후, 병사의 '섹스처리'가 급선무라고 느낀 것은 확실하다.

그리하여 일본 군대에 따라다니는 현지 강간과 살인…, 그것의 한 대책으로써 별도로 많은 여자들을 모아 이를 공공연히 관리할 필요가 있었다. 그리고 이것을 세계에서 유례가 없는 '일본 군대의 발명'이라고 불렀다.

이제 일본군은 일본 정부나 의회의 의향도 무시하고 무슨 일이든지 마음대로 조작했다. 기획원과 육군성이 입안한 〈국가총동원법〉 법안을 의회에서 심의 중(1938년 3월 3일), 법안의 필요성을 설명하는 역할로 출석한 육군성 군무원 사토 겐료(佐藤賢了) 중령이 의원들에게 "입 닥치시오!"라고 일갈하는 사건이 일어났을 정도였다. 이미 헌법도, 의회도 없었으며 이 사건으로 정당은 군부에 굴복해 원안이 수정 없이 통과됐다.

덧붙여서, 이 법률은 인적, 물적 자원의 통제 운용의 발동권이었다. 그리고 일본은 사실상 무법 상태가 되었다고 말할 수 있다. 그 결과 일본 정부는 독재화되어 군부에 끌려다녔고, 국민은 열렬한 전쟁응원단이 되어 군대의 박수부대가 되어갔다.

상하이의 육군 위안소
개설

       1938년 1월 말경, 상하이의 일본군 특무부는 일본인과 조선인을 합하여 100여 명의 여성을 한자리에 모았다. 드디어 육군 직영의 여랑을 만들기 위해서였다. 그리고 상하이의 육군 병참 병원의 군의관 아츠 테츠오(麻生撒男) 등 2명(모두 부인과 전문의)을 불러 다음과 같은 명령서를 전했다.

    "군의관은 근처 개설되는 육군 오락소를 위해 지금 모 초등학교에 대기 중인 부녀자 100여 명의 신체검사를 하시오." 소집되어 얼마 되지 않은 의사들은 〈육군 오락소〉라는 문구를 보고 '일본에서 위문공연으로 악기를 연주하거나 노래를 부르는 연예인이 오는 장소'라고 생각했다고 한다. 혹은 '대형화된 술집이든가, 또는 술집에서 일하는 여자인가'하고 추측했다.

    그런데 '전쟁터에 위문하러 온 연예인이 어떻게 부인과 병에 걸렸는지'하고 생각했을까? 그렇더라도 100여 명은 너무 많다며 고개를 갸웃거렸다는 것이다. 군의관조차도 일본 군대가 여자를 거느리고 있는 줄은 꿈에도 몰랐기 때문이다.

    이렇게 산부인과 출신의 군의관 2명, 위생병 7명, 간호사 2명이 지정된 장소에 나가 보니 100명 정도의 여성이 모여 있었다. 그리고 대부분이 젊은 조선 여성이며, 다섯 명 중 한 명 정도가 나이가 든듯한 일본 여성이었다. 상하이의

1월은 아직 쌀쌀한 계절이었다.

검진에 임했던 군의관 아츠 테츠오의 보고서에는, '피검자는 조선 여인 80명, 일본 여인 20여 명으로 조선 여인들 중에 성병 의심자는 극히 소수이다. 일본 여인의 대부분은 급성 증상은 없지만, 매우 지저분해 보이고 나이도 20세를 지나서 40세가 된 자도 있고 이미 매음업으로 수년 경험자도 있었다. 조선 여인은 어린 나이의 초심자가 많음이 흥미 있는 대조를 보인다(중략)…'라고 쓰여 있다. 그리고 일본 여인에 대해서는 다음과 같이 쓰고 있다.

검사 중 자주 발견되는 양 날개 음부에 횡근(가래톳) 수술의 흔적이 있는 것으로 보아 이미 성병의 치료를 받았고, 굴러먹은 여자라고 감히 말을 하고 싶다. 어차피 황군의 장병에게 주는 선물로는 실로 걸레 같은 존재다. 어쨌든 검사를 하여 일단 전쟁터로 보내는 창녀는 먼저 충분히 이용한 후, 일본의 항만에서 마지막으로 없애 버릴 필요가 있다. 여느 때보다 국내에서 생계가 끊겼던 여자를 전쟁터의 말 안장처럼 중요하게 사용하는 것은 말도 안 되는 것이다.

이때 모은 '위안부' 제1진의 편성은 조선 여인이 80명, 일본 여인이 24명 합계 104명이었는데 검진의 결과를 이렇게 말하고 있다.

"일본 여인 쪽은 양 날개 음부에 성병 수술 자국을 가진 수상한 태물들 뿐이다. 나이도 20세를 넘어서 개중에는 40세가 되는 사람도 있고, 모두 매춘업으로 수년 이상 경험한 '노련한 자'였다. 그에 비하면 조선 여인은 어디서 모았던 것일까? 나이도 어려서 애처롭고 초심자가 많아서 이상한 병을 가진 자가 극히 드물었다…."

군의관은 특히 20여 명의 일본 여인에 대해서

그녀들은 습관적이어서 "검진대에 오르고"라고 말하면 초심자 여인은 부끄러워서 오르지 않는데 태연하게 오르는 걸 보니 베테랑이라고 생각했다. 게다가 방언에서 바로 키타(北) 큐슈에서 온 여인이라는 것을 알았고, 그녀들 거의 전부가 매춘의 경험자라는 것도 얼핏 보아 알 수 있었다. 그중에 음부에 큰 절개 흔적을 가진 사람, 즉 심한 중증의 성병을 이미 경험했던 자도 섞여 있어서 놀랐다. 몸도 너무 혹사당한 여인이 있다는 느낌도 들었다. 그런 그녀들이 일본 국내에서 생계가 끊어지자 전쟁터로 옮겨 다니며 병을 전염시켰다.

이것은 무엇을 말하고 있는가? 결국, 대부분을 차지하는 조선 여인은 거의 처녀였던 반면, 일본 여인은 모두 '성병'을 가진 '장사꾼'이었다고 하는 사실이다. 전자는 모두 거짓말로 속여서 데려온 것이었고, 후자는 키타 큐슈의 유곽에 있던 여자들에게 전쟁터에서 장사하면 수입이 많을 것이라고 매춘 업자가 설득해 본인도 수긍하고, 마음을 먹고 온 사람들이었다.

여기에 덧붙여 말하면, 한두 가지 예외는 있어도 매춘 업자들이 일본 처녀를 속여서 데려오지는 않았다. 이 점도 처음부터 군부와 결탁한 것이라고 해도 무방할 것이다. 아무리 비열한 업자라 해도 일본인 처녀를 속여서 데려가지는 않았던 것이다. 그런 경우에는 엄벌에 처하고 현업에서 배제됨을 의미한다.

그러나 조선인 여인에게는 아무리 속여도 상관없다는 사실을 뒷받침하고 있다. 이는 일본 정부 및 총독부의 조선에 대한 민족대책의 근본 성격을 나타내는 것이었다.

그렇게 해서 군대 직할의 〈육군 오락소〉라는 명칭의 '유곽'을 개설했다. 장소는 상하이에 있는 군 공장의 길 인근 양가댁(楊家宅)이란 집이었다. 그 건물은 10동의 목조 구조로 관리동이 있으며 정원으로 둘러싸여 있었다. 실내에는 침대와 작은 창문이 달려 있었다. 여기에 80여 명의 조선인 딸들이 속아 '군대 여랑'이 된 것이다. 그녀들의 출신지는 조선의 남쪽이었다고 한다. 그런데 육군 오락소의 명칭은 어느새 〈육군 위안소〉로 변해 있었다. 이리하여 전대미문의 일본군 직영의 여랑집이 개설되었다. 이용 규정은 다음과 같았다.

1. 본 위안소에는 육군 군인, 군속 외는 입장을 불허한다. 입장자는 위안소 외출증을 소지할 것.

1. 입장자는 반드시 접수하여 요금을 지불하고 교환 입장권 및 '수표(요금표)' 1개를 받을 것.

1. 입장권의 요금은 다음과 같다. 하사관, 병, 군속은 2엔.

1. 입장권의 효력은 해당 시간에 한하고, 만약 입실하지 않으면 현금과 교환한다. 일단 작부에게 건네준 것은 돌려주지 않는다.

1. 입장권을 구매한 자는 지정된 번호의 방에 입실할 것. 단 시간은 30분 임.

1. 입실과 동시에 입장권을 작부에게 건넴.

1. 실내에서는 음주를 금함.

1. 용무를 마친 자는 바로 퇴실할 것.

1. 규정을 준수하지 않는 자, 군기와 풍기 문란자는 퇴장시킴.

1. 수표를 사용하지 않는 자는 여자를 맞이하지 못함.

1. 입장 시간 : 사병은 오전 10시~오후 5시까지.

　　　　　　하사관 및 군속은 오후 1시~오후 9시까지.

　　　　　　　　　　　　　　— 이토 『병사들의 육군사』에 의함

이 〈규정〉의 글귀에서 해석할 수 없는 점을 지적하면, 위안소의 '위안부'를 '작부'로 표현하고 있는 점이다. 일본 군대에서는 위안부를 갖지 않았다고 하고 싶은 것일까? 이상하게도 종사자를 '작부(酌婦)'로 취급하여 실내에서 음주를 금지하고 있다는 점이다. 이쪽을 속이면 저쪽이 튀어나온다는 모순투성이를 드러내고 있었다.

군이 〈위안소 규정〉을 둔 것은 당연히 병사를 통제하기 위한 것이어서 할당에 고심했던 것으로 생각된다. 몇 만이나 되는 부대에 겨우 104명의 여자를 적당히 할당하기 위해서는 병참사령부에서 각 부대에 날짜와 시간을 할당하고, 각 부대의 부관이 이를 통제하는 시스템으로 만들었으며, 나아가 각 중대가 이를 관리할 필요가 있었기 때문이다. 이런 종류의 역할은 〈만주사변〉 무렵부터 부대 보급 참모들이 맡았고, 군대에서 섹스처리 스케줄을 정하고 있었다.

또한, 위안소 외출증은 각 중대장이 발급하도록 하였다. 따라서 병사들은 중대 사무실로 가서, 당시의 관례였던 것처럼 경례 자세로 소리 높여 "〇〇〇 일병, 지금부터 위안소에 갑니다. 따라서 '위안소 외출증'을 받고 싶습니다" 라고 신청한다. 그렇다고 해도 일반 병사들은 급료가 낮기 때문에 '1회 2엔'은 상당히 비싸다고 하며, 한 달에 한 번 또는 두 번 정도였다고 한다.

군대에서 직영하는 여랑집인 육군 위안소의 여자라면 소위 유곽의 단순한 인육 상품이 아닐 것이다. 일본 여성은 아무래도 '일본에서 1,000엔의 선금으로 모집하여 1,000엔을 갚으면 자유로워지는 계약이었다'고 한다.

게다가 식사는 군대 급여로 군인과 같은 음식을 먹고, 거주시설은 군대의 것으로 엄격한 '이용 규정'까지 두고 있었다. 포주는 유곽 소속이 아니라 당당한 군인으로 공무원 같은 신분이다. 따라서 그녀들도 기분이 나쁠 때는 병사에게 거침없이 말을 할 수도 있었을 것이다.

거리의 여랑집처럼 단순한 장난감이 아니다. 말하자면, 그녀들도 '천황으로부터 하사받은 신성한 병기'라고 말했던 것일까? 그런 점에 있어서 군대 측에서도 약간 격식을 차린 자세를 취하고 있었던 것 같다. 당시엔 지원자가 많았기 때문에 고지식한 인간이 많았다.

그래서 신참 이등병들이 위안소에 가면 이상하게 굳어진 얼굴을 하고 지정된 번호의 방으로 들어서면 예를 갖추어 큰 소리로 "〇〇〇 이등병, 들어 왔습니다" 하고 정중하게 임한다. 또 일이 끝나면 "수고했습니다"라고 말했다고 한다.

일본 군대가 〈육군 위안소〉를 개설하자, 그동안 사창 또는 유곽의 모습을 보이던 상하이 강만진(江灣鎭, 장완전) 주변의 여러 집성 매춘 업자들까지 앞다퉈 '위안소' 간판을 내걸었다. 원래 일본 병사를 목표로 하는 업자들이라서 사실상 '위안소'나 다름없기는 하지만, 빈틈없는 업자들이었다. 그래서 〈육군 위안소〉에 대한 대항의식도 있었다고 보이며, 광범위한 '서비스'를 자랑으로 내세웠다.

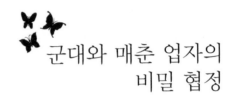

군대와 매춘 업자의
비밀 협정

군대 주변에 붙어 다니는 민간 업자만큼 교활하고 음습한 진드기는 없다. 이들은 '서비스'를 노골적으로 과시하고 그 입구 기둥에 다음과 같은 문구를 내걸거나 현수막을 걸었다.

– 성전 대승의 용사 대환영
– 몸도 마음도 바치는 야마토 나데시코(大和撫子)[37]의 서비스

군 위안소의 서비스가 어찌 되었든 둘째 치고, 군대식 통제형보다 자유 영업형 분위기가 더 좋았을 것이다. 다만 결점은 위생관리와 소독설비가 철저하지 못했다는 점이다. 그러나 장병으로서는 민간위안소에 가면 군대 측의 규정에 있는 30분의 제한이 없고 돈을 더 내면 몇 시간이고 놀 수 있는 분위기라서 그곳으로 군인들이 흘러가기도 했다고 한다.

이로써, 군대 측과 민간 측의 이원화된 〈위안소〉가 한동안 계속되었다. 어쨌든 일본군에게는 〈위안소〉라는 이름의 군대 전용 여랑집이 병참기지 수준

---

37 '대화무자'란 한자로 표기하며, 일본 여성을 칭함.

으로 필요함을 재확인하고, 보다 적극적으로 운영하게 된 것이다.

〈군대 위안소〉와 매춘 업자의 〈위안소〉의 대상이 동일한 것은 말할 필요도 없다. 하지만, 양측 모두 명실상부한 난점을 지니고 있었다. 그것을 들면 군 측에서는 '일본제국 군대가 여랑집을 대동해서 전쟁하고 있다'라는 오명이 있고, 다음으로 규정에 얽매여 인기가 없었다.

또 업자 측에는 위생설비가 불충분하고 관리가 허술하다는 점이었다. 그래서 일본군과 매춘 업자의 사장들 사이에서 타개책을 제시하는 '이상적인 위안소'를 만들기 위해 의견 일치를 본 것이다. 그렇게 비밀 협정 같은 것이 성립되었다. 이들의 경위에 대해서 문서상의 자료는 볼 수 없지만, 이미 '공공연한 비밀'로 되어 있었다. 그래서 필자는 감히 그것을 종합해서 다음과 같이 정리해 보았다.

① 앞으로 군 측이 모든 〈위안소〉의 위생관리 및 규율 등을 감독하고, 업자는 위안소의 경영을 담당한다.

② 업자는 군의 허가를 받아 위안소를 개설한다.

③ 군대 위안소를 확보하기 위하여 먼저 일본군은 조선총독부에 명령 또는 전달 형식에 의해 조선에 있는 미혼녀를 징용하는 시스템으로 한다.

④ 군은 전쟁터에 위안소 건물을 제공하고 요원의 수송을 책임지고 도모한다.

⑤ 업계의 중계자(큰 보스와 중간 보스급)에 대해서는 장교 대우를 한다.

⑥ 업자는 일본인 일반 여성을 유인하지 않는다. 단 창녀에 속하는 여자를 모집할 때는 본인 승낙을 얻을 것이며, 위안부로 견딜 수 있는 건강한 신체일 것. 선금은 1년 근무하여 갚을 수 있는 범위로 하고 빚을 갚은 후에는 자유 의사에 따를 것.

⑦ 일본 군대의 위안을 원활히 하기 위해 〈니쿠 이치(29:1)〉를 목표로 한다. 즉 '장병 29명에 대해 여자 1명'의 배정을 기본으로 할 것.

이것들이 양자 간의 대략적인 '협정'이라고 보면 될 것이다.

①과 ②에 대해서는 '떡은 떡집에서 한다'는 것이다. 그보다는 위안소를 기

능적으로 분담하여 군은 간접적으로 관리권을 손에 쥐고, 실익은 업자가 쥐는 구조이다.

③에 대해서는, 전쟁터의 위안부는 꼭 필요한 '병기'로 취급하여 여자를 군의 이름으로 데리고 오는 것이다. 결국, 업자는 종래와 같이 조선 여성을 속여서 데려오기에는 한계가 있고, 또 사기와 유괴의 오명을 쓸 필요가 없다. 따라서 일본군의 명을 받아 총독부에 전달하고, 업자는 당당하게 조선 여성을 이송하는 역할을 한다는 것이다.

④에 대해서는, 지금까지의 매춘 업자는 자유 영업이어서 자기 부담으로 주거를 마련했다. 때로는 부대 주변에서 멍석을 펴고 말아서 하는 거지 같은 모습으로 영업을 한 적도 있는 만큼 절실한 것이었다. 그런데 위안부는 일본 군대의 '사기를 고무시켜 성전 완수를 위한 필요품'이라서 군이 건물 제공에 책임을 지는 것으로 정하고 있다.

⑤는 업자 자신을 군속의 일원으로 대우하는 것을 요망하고, 또한 거친 병사를 상대하고 난폭한 장교도 잡기 위한 예방 조치일 것이다.

⑥은 일본 여성을 절대로 유인해서는 안 되는 규정이다. 이것은 일본 민족의 후생이란 국가 정책에 배치될 뿐만 아니라, 만일 이를 다루게 되면 일본의 사회문제로서 크게 발전하게 되고, 또 전쟁터 병사들 사이에 동요를 초래할 우려가 있으므로 엄수해야 할 사항으로 여겨진다.

⑦은 군대 내에서의 다툼, 그 외는 병사의 성 처리가 원활하지 않음으로 인해서 이것을 이루기 위해서는 일정한 수의 위안부가 필요하다. 그러나 여자가 병사의 남근 처리를 1일에 29명으로 한정하고 있으므로, 병사 29명당 여자 1명을 타당한 것으로 하고 있다.

그래서 '니쿠 이치(29:1)'라는 은어가 생겼다. 줄잡아 일본군 100만 명에 필요한 여자는 3만 4,500명이고, 300만 명이면 약 10만 3,500명의 위안부가 필요하다는 계산이다.

이 방대한 여성의 충족을 위해서는 전시 강권에 의해서 조선 여자를 취한다는 것이다. 중국 여자는 '스파이로 이용될 우려가 있다'는 이유로 최소한으로 한정한 것이다. 이 모든 것들은 틀림없는 것이라고 봐도 좋다.

이제 일제의 군부는 안하무인으로 날뛰고 춤을 출 시절이 되었다. 지금까지는 중대 범죄였을 여자유괴 및 매춘행위를 공공연히 인정하고 군대의 섹스처리를 위해 적극 권장하며, 다른 한편으로는 매춘 업자들이 군의 위엄을 이용한다면, 조선 여성을 〈여공 모집〉이나 〈요리방 도우미〉라 속여서 몰래 데려갈 필요도 없었다.

공적으로, 정면에서 일본군의 요청에 따라 총독부는 도청, 군청, 면사무소 앞으로 전달하여 무제한으로 '옥 구슬(처녀)'을 데리고 나올 수 있도록 비밀 협정이 된 것이다. 따라서 아시아 전역의 매춘 업자에게 있어서는 일본군의 전쟁 확대야말로 직업번영으로 연결되는 구조이며, 구원의 신이었다.

또 일본군에서는 매춘 업자가 필수불가결한 반려자였다. 또한, 그것은 조선 총독부의 통치 근본인 '민족말살정책'의 수행에도 도움이 되는 것이었다. 그러므로 군, 업자 및 총독부 3자들에겐 더할 나위 없이 '경사스러운 일'이었다.

그 결과, 부대 주변에서부터 전선 기지에 이르기까지 모든 위안소 경영을 업체에 일임하게 되었다. 그래서 상하이의 육군위안소도 폐지되었다. 보기에 따라서는 군대가 스스로 〈위안소〉 설비의 모범을 보였다.

결국, 그전에는 인신매매, 유괴, 매춘이 비인간적인 죄악으로 반사회적인 존재였지만, 졸지에 군속 수준의 '어용 상인'이 되어 서서히 부정한 돈(악전)을 벌어드리게 되었다. 이렇게 되어 급조된 매춘 업자가 구더기처럼 용솟음치기에 이르렀다. 심지어 조선인들까지 부추겨서 동포 처녀들을 대동하고 전쟁터를 뛰어다녔다.

매춘 업소는 천차만별로 나누어졌고 그것을 분류하면 다음과 같이 된다.

① 본래의 매춘 업자(A급 : 보스급 업자, B : 중소 업자)

② 대륙 낭인(大陸 浪人, 다른 말로 경호원)

③ 군소의 심부름센터

④ 위에서 견습을 거친 조선인

　전자의 두 부류는, 지금까지의 실적상 보스의 입장이고, 군과 접촉을 통해 대량의 여자를 주문받아서 군소의 심부름센터를 조종했다. 큰 부대가 주둔하는 도시에서 군이 접수한 호화로운 호텔을 근거지로 수십 명의 위안부를 거느리고, 요정을 겸하며 주로 장교급을 상대로 하고 있었다. 후자의 두 부류는, 몇 사람 정도의 여자를 데리고 먼지가 날리는 황량한 최전선의 병사를 따라 다녔다.

조선에 대한 "삼광정책"과 처녀 사냥

일본제국이 중국 대륙에서 전쟁을 시작하면서 배후에 매복한 존재로서 온 신경을 곤두세운 것은 조선에서의 민족적 반항의 움직임이었다. 즉, '조선 민족이 일체가 되어 일본에 반항하는 틈을 절대로 주지 않을 조치', '조선 민족에게 대일 야망을 일으키는 기초 여지를 없애는 조치'를 급하게 만들어냈다.

당시의 총독 미나미 지로(南次郎)는 차기 총리대신을 마음에 품고 있었던 터에 '조선 통치의 완벽성'을 꾀하는 공적에 급급했다. 미나미가 품은 '공적'이란, 이 전쟁에 편승해서 조선인이 반란을 일으켜 독립을 이룰 수 없도록 약 2,500만 명[38]의 조선 민족을 철저하게 때려눕히는 것이었다.

그것이 '민족 말살'의 구조인 〈황민화 운동〉이었다. 조선인에 대한 민족 말살의 수단으로서 총독부는 '삼광정책(三光政策)'을 폈다. '삼광' 또는 '삼광작전'이란 일본군이 중국과의 전쟁에서 사용한 용어인데, 모든 것을 빼앗아 간다, 모든 것을 불태운다, 모든 것을 죽인다는 전법이었다. 그런 '삼광'이 중

38　조선 민족을 2,500만~3,000만 명으로 여러 곳에서 조금씩 다르게 표기하였으나,『한국민족문화대백과사전－인구(윤종주, 1995)』에서 1944년 조사된 2,587만 명을 근거로 통일하여 수정 표기함.

국 국토에서의 작전뿐만 아니다. 식민지인 조선에서도 '삼광정책'은 펼쳐졌다.

(1) 모든 자원과 산물을 빼앗는 일.
(2) 모든 인간을 빼앗아 가는 일.
(3) 모든 민족주의자를 구속해서 때려눕히거나 죽이는 일.

이것들을 철저히 시행함으로써 조선인의 독립 의지를 막아버린다. 또한, 전쟁 수행상의 전력으로 간주한다. 동시에 조선 민족의 말살이라는 일석삼조(一石三鳥)의 효과를 올린다. 이것이 기본 방침이었다.

① 조선의 농민에 대해서는 전시 공출을 최대한 부과하여 숨돌릴 틈을 주지 말 것.
② 조선의 청소년은 모두 전쟁터의 일본 군대로 분산, 배치하며 미혼여성은 모두 군대 창녀로 만들어 군대의 성 처리에 충당한다. 한창 일할 나이의 장정은 모두 징발해서 한반도 밖으로 끌어내고, 탄광과 군용기지 조성에 일하게 할 것.
③ 민족주의자인 지식분자는 모두 구속해서 총살할 것.

'삼광정책'을 펼친 총독부의 수법은 일본식의 섬세한 잔재주로서 종류도 다양하였다. 그것은 협박, 속임수, 정신 마취, 조선의 얼빼기(정신 제거), 말에 의한 유인책, 감언이설, 보복 조치 등이다. 이것을 순서대로 정리하면, 조선의 얼빼기 → 황민화 운동 → 전력의 희생물 순으로 투입하게 된다.

'협박'을 한 예로 들면, 만약 조선인이 이번 전쟁에 협력하지 않는다면 그런 자는 모두 붙잡아 총살한다는 것이었다. 당시 협박을 받아 도망간 유명인사 이광수의 말에 의하면, "총독부는 지도적 지식인의 명부를 작성해 놓아 그 수는 3만 명에서 3만 8,000명이 되며, 미리 구속하여 계엄령을 포고해서 총살을 계획한다."라고 전해 주었다고 한다.

또한 '말에 의한 유인책'으로는 이번 전쟁을 완수했을 때 조선인에게 지금과 같은 차별을 없애고, 일본인과 같은 대우를 한다고 말하는 것이다.

그리고 총독부 당국은 2,500만의 조선 민족을 의도한 대로 묶기 위해서 멀쩡한 몸에 마취제를 넣었다. 즉, 〈일선동조(日鮮同祖, 일본과 조선은 동포)〉 또는 〈동근동조(同根同祖, 같은 뿌리)〉, 〈내선일체(內鮮一体, 일본과 조선이 한 몸)〉, 〈일시동인(一視同仁, 모두 평등하게 보고 사랑함)〉, 〈일본 천황 아래, 일선인(日鮮人)은 모두 같은 사람이다〉 등의 '황민화 운동'이 조선 전역을 뒤흔들었다. 심지어 미나미 총독이 고안한 소위 〈황국신민의 맹세〉를 암송하도록 의무화했다. 그것을 정리하면 다음과 같다.

1. 우리는 황국신민으로 충성으로써 군국(君國)에 보답하자.
2. 우리 황국신민은 서로 믿고 사랑으로 협력하여 단결을 굳게 하자.
3. 우리 황국신민은 참고 견디며 단련(鍛鍊)을 키워서 황도(皇道)를 선양하자.

틀에 박힌 말을 연중 흥얼거리는 가운데 조선인은 '일본 제국 신민이 된다'라는 식이었다. 그래서 식량 배급소 앞에 줄을 선 사람들에게 이것을 암송시켜 배급품을 받게 하였다.

다음으로, 〈조선의 얼빼기〉로서 창씨개명제도(일본식 이름의 강요), 조선어 금지령, 조선옷 착용 금지, 전통적 민족 색이 강한 학교의 폐교 처분 등이 있었다. 더욱이 〈3세 유아의 조선어 사용에 관한 임시특별법〉을 만드는 것이 어떨까? 하고 말하는 웃지 못할 세상이 되었다.

결국, 태평양 전쟁으로 돌입할 즈음, 조선에서 '삼광 정책'과 '황민화 운동'은 제2기에 들어선다. 그 시기에는 협박, 속임수, 말에 의한 유인책, 마취작업―이들의 효과가 눈에 보이도록 강도 높게 반복되었다. 이미 조선 전역은 일제의 협박, 말에 의한 유인책, 치켜세우는 말, 마취를 걸어 조선인을 활발하게 움직이게 함으로써 황민화 운동에 미쳐있었다. 여기에 조선 여성을 염두에 두면서, 삼광정책과 황민화 운동의 주된 활동을 적어 본다.

1938년 05월 육군 특별지원병제. 애국부인회 조선본부 창립

　　　06월 애국여자회 설립

　　　07월 국민정신총동원 조선연맹. 평양에서 여자 노동군 모집

1939년 08월 각지의 기생이 애국부인회에 가입. 조선학생 애국연맹,

　　　전조선 배영(排英)동지회 연맹

1939년 09월 조선부인문제 연구회

1939년 11월 한일합병 공로자 감사위령제(흑룡회 주최)

1940년 01월 일본적십자 조선본부에서 조선인 간호부 생도 35명 모집

1939년 04월 여급, 기생의 실천조합 결성

1939년 05월 여자를 '직업전사'로 각종 노동장으로 동원

1939년 12월 황도학회 결성(일본 글방에서 황도 강습회 개시)

1941년 08월 흥아보국단 준비위원회 결성. 조선 임전보국단 결성

　조선 각지의 처녀들을 강제로 모아서 전쟁터의 위안부로 투입한 것은 민족 말살의 정책적인 모략성을 띠고 있었다. 처음에는 일본인 매춘 업자들이 주체였으나, 이윽고 상당수의 조선인이 조선 처녀를 속이고 조종하면서 전쟁터 매춘 업자가 되어 버렸다. 그결과, 최전선에 작은 위안소가 만들어지면서 대부분이 조선인 경영자였다고 한다.

　이리하여 시국의 꽁무니에 편승해서 부녀자를 속여 먼 곳으로 데려가는 성 매매업자가 속출했다. 중국의 최전선은 물론, 사할린이나 홋카이도 같은 북쪽 끝의 땅까지 조선인 전문 여랑집, 매춘부, 이상한 음식점이 출현하기에 이르렀다. 이른바 조선인 스스로 조선의 부녀자를 끌고 오게 만들어서 민족 쇠퇴를 유도한 것이다.

　1938년부터 약 1년간 사할린에 체재한 장재술(張在述)은 현지에 조선인 위안부가 약 300명이 있었다고 증언했다. 그에 의하면, 유곽의 주인은 거의 조선인이며 위안부의 대부분은 경남의 진주, 사천, 울산 등지에서 데려온 처녀들(16~18세)이었다. 그가 끌어낸 수법은 〈나고야 방적 공장의 여공 모집〉으로

유인하여 사할린으로 강제로 데려온 것이라고 한다.

그곳의 상대는 탄광부, 벌목부, 기지건설노동자 등이고 작업능률을 올리기 위해서는 '섹스처리가 필요'하다는 것이다. 그러나 소련(러시아)에 대항하기 위해 일본 병력이 증강된 후에는, 사할린에 끌려온 여인들은 일본 병사의 위안부가 되었다. 이런저런 이유로 조선인 여인들은 위안부가 되었다고 한다.

> 사할린의 16개 시읍면의 시가지에는 꽤 많은 조선인 위안부가 유곽에 소속되어 있었다. 레오니도보(가미시키카), 포로나이스크(시키카)는 일본 북방군의 전속 위안소로 지정된 곳으로, 병사는 "조선 삐(P)는 병에 걸리지 않기 때문에 좋고, 장교는 일본 여자, 우리들은 조선 삐입니다. 그런데 장교 몇 놈들은 우리 영역까지 침범하잖아"라고 하는 말을 들었다고 했다.
>
> — 후쿠시마현 거주 장재술에 의함

참고로 사할린에도 〈협화회(協和會)〉가 조직되어 '조선인의 폭동'에 대한 감시와 감옥노동을 독려하는 역할을 하고 있었다. 협화회의 회장은 사할린청의 청장, 지부장은 지역경찰서장 그리고 말단의 분회장은 충견처럼 충성하는 조선인으로 일제와 결탁되어 있었다.

조선에서의 여자 모집은 일본군의 동원과 작전의 정도에 비례했다. 조선에서 여자 모집이 크게 동원되기 시작한 것은 독일군 대군이 소련령으로 진격을 개시한 1941년 7월 경부터이다.

일본군은 중국을 적으로 싸우고 있다고는 해도, 일본 육군의 궁극적 대결 상대는 소련 극동군이라서, 소만(소련과 만주) 국경에는 수십만의 정예부대를 대기시키고 있었다. 2년 전, 참패하고 돌아간 '노몬한(만주와 몽고의 국경지대) 사건'의 응어리도 있었다. 그래서 독일군의 소련(對蘇) 진격을 계기로 단숨에 쳐들어갈 준비를 시작한 것이다.

작전 준비를 위장하기 위해서 일본군은 〈관동군의 특별훈련〉이라고 이름하여, 한꺼번에 30만 명이 넘는 병력을 보충하고, 진지 강화를 위해서 중국 각지에서 '고력(苦力, 중국 노동자) 사냥'을 시작으로 중국인의 말을 닥치는 대로 징발했다. 이른바 〈관특연(관동군 특종연습의 약칭)〉에 동원된 말이 14만 마리라고 하지만, 중국인들은 말을 빼앗기지 않기 위해 기르던 말의 한쪽 눈을 바늘로 일부러 찌그러뜨리기도 했다.

관특연이라는 이름의 소련에 대한 작전 준비는, 히틀러의 독일군이 소련 전쟁을 개시(1941년 6월 22일)한 지 10일째의 일이었다. 일본군은 소련군의 배후를 위협하면서 사할린 전 지역과 소련 영토의 일부를 요구하기 위해 호시탐탐 기회를 노리고 있었다.

소련에 대한 결전의 의지를 다진 관동군은, 관특연의 이름으로 증원된 30만 명 넘는 군대에 걸맞을 만큼의 위안부도 급속히 필요했던 것이다. 그렇지만 종래와 같이 각 매춘 업자에 일임할 수 없다고 보고, 관동군 사령부의 보급담당 참모 하라젠 시로(原善四郎)를 비행기로 경성(서울)에 보내어, 조선총독부 총무부에 처녀 2만 명의 급속모집을 의뢰했다.[39]

당시 총독부는 군이 요구하는 것이라면 무엇이든 마련해야 했다. 또한 미혼여성 '2만 명 공출' 사건은 조선 전체를 놀라게 했다.

조선에서의 여자 모집에는 속임과 협박과 부추김의 3박자가 어우러져 그 진행 과정도 정해져 있었다. 그런데 관동군으로부터 '여자의 공출'을 의뢰받은 조선총독부는 다음과 같이 도지사에게 명령하고, 도지사는 군수에게 전달하고, 군수는 면장에게 할당시켰다. 그리고 명령의 실시상 어려움 없이 진행되도록 각도 경찰부, 각 경찰서와 파출소로 하달되었다.

이렇게 해서 말단의 면장과 파출소장은 지령대로 새빨간 거짓말을 해서 처녀들을 모집한 것이다. 문구도 정해져 있어서 "나라를 위하는 일이다"라며 반은 권유, 반은 강제였다. 만일 처녀들이 달아나듯이 도망하면, 부담할 수 없는

39 센다 가코(千田夏光) 『종군위안부』

가혹한 곡물 공출을 할당해서 보복하였다.

그래서 처녀들은 약간의 불안함을 안고서도 '면장이나 순경이 말하는 것이라서 틀림이 없을 것이다'라고 생각하며, 일할 각오를 하고 모였다. 일이라는 것은 군대의 피복수선이나 간호사 보조 같은 것이라고 생각했다. 정말 군대의 위안부가 된다는 것은 생각지도 못했다.

결국, 1만 명에 가까운 조선의 처녀들이 사냥 당하여 임시열차를 타고 북상하여 소만 국경지대의 각 부대로 배치되었다. 여자들을 의뢰한 하라젠 시로는, "봉천역(중국 선양)으로 조선 여인들을 환영하러 갔을때 환영 인파가 화려한 모습이었다"라고 말해서 그 규모가 큰 숫자임을 짐작할 수 있었다.

이것에서도 알 수 있듯이, 관동군 각 부대 주변에는 비밀리에 배치된 조선 처녀의 수는 방대하였다. 일본군은 섹스 정신대(挺身隊)[40]로 색욕을 채우면서, 독일군의 레닌그라드(소련의 도시) 돌입을 기다리고 있었다.

당시 독일군은 레닌그라드 교외에 도착하고(9월 24일), 한편으로는 수도 모스크바로 총공격을 개시했다(10월 6일). 점점 불리함을 맞게 된 소련이었지만, 소련의 정규군은 조국 방위를 결사항전으로 응전했다. 그 결과 60일의 사투 끝에 독일군을 격파하고 반격으로 전환되었다(1941년 12월 8일).

일제는 이날 태평양 전쟁(하와이 공격)을 개전하였다. 이미 미국은 독일군의 견제, 타도를 목적으로 영·불·소(英仏蘇)의 연합전선에 전폭적으로 관여했다. 그런 미국을 견제하고자 일본군은 미국을 몰래 공습하는 것을 검토했던 것이다. 이처럼 일제의 전쟁 의욕은 거침없이 전쟁터를 확대함으로써 일본 군대는 점점 증강되어 갔다. 이것에 맞춰 위안부도 모두 조선 처녀를 투입할 계획이었다.

---

40 국가를 위해 몸을 바친 부대를 뜻하며, 주로 일본군 위안부로 끌려간 식민지 조선의 여성들을 이르는 말.

제4장

여자 애국봉사대 모집과 특훈

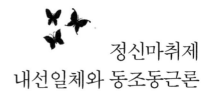

정신마취제
내선일체와 동조동근론

　　일제의 중일전쟁 보급전략은 '식량은 적에게서 찾는다'는 것이었다. 즉, 일본 병사는 철포와 탄약과 총검만을 가지고 시작해서 중국에서 식량과 모든 물자를 탈취하여 사용하면서 싸운다는 방식이었다. 또 중국인을 체포해서 전력(戰力)으로 동원하는 형태였다. 일본군이 '승리'라고 하는 것은 중국인 모두를 노예로 삼는 것을 의미했다. 같은 방식으로 식민지 조선에서도 조선인을 총동원해 중국 정복의 전력으로 한다는 말과 같은 것이다.

　　조선총독부는 중일 전쟁을 계기로 조선 민족에 대해서 속 보이는 정신마취제를 맹렬히 사용했다. 1936년 8월, 조선총독들 가운데서도 가장 악랄했던 데라우치 마사타케 다음으로 포악한 자인 미나미(南次郎) 총독이 취임했다. 그는 조선군 사령관을 경험하고, 만주사변의 직접 책임자인 관동군 사령관을 역임한 노련한 자였다.

　　미나미 총독은 조선 민중에게 내선일체(內鮮一体)론과 동조동근(同祖同根)론을 강요했다. 결국, 조선인은 일본인과 '동조동근'이라서 이것으로 조선인이 아닌 '일본인'이라는 것이다. 따라서 '조선'이나 '조선인'도 존재하지 않으니 결국 반도 또는 반도인이라고 불렀다.

한편으로, 그는 "반도인은 모든 것을 바치지 않으면 안 된다. 또 바칠 각오를 반드시 해야 한다."라고 협박했다. 만일 이것에 따르지 않는 자는 단호하게 처분한다는 것이다. 예를 들면, 조선 사회의 지도적 인물 3만~3만 8,000명을 미리 구속하거나 계엄령을 내려 총살하겠다고 경고했다.[41] 호랑이 얼굴을 한 미나미 총독은 우선 초기에 다음과 같은 제도를 포고했다.

> 1937년 07월 각 읍면에 신사를 건립해서 신사참배 강요. '황국신민의 서사' 제창
> 1938년 02월 육군병 지원제도
>   03월 조선교육령
>   05월 애국부인회 조선본부 설치
> 1939년 01월 창씨개명의 제도
>   07월 국민정신 총동원 조선연맹 창립

더욱이 '일시동인의 큰 이상을 구현한다', '8굉 1우(八紘一宇)[42]의 이념을 실천한다'고 게시하여 총독부 경찰국→13도 경찰부→258의 지방경찰서 →2,943의 경찰관 파출소의 순경을 동원해서 조선 민중의 가슴판에 박아 넣었다.

중국과의 전쟁이 일어나면 '조선인은 모두 일본인이 된다'고 선동해서, 일본어의 상용을 강요하고, 조선인의 조선어 사용을 금하여 엄벌에 처했다. 그리고 각 읍면에 신사를 건립하여 조선인을 참배시켜 "황국신민의 선서 = 우리들은 일본 신민이다"를 염불처럼 부르게 시켰다. 그렇게 하면 '일본인'이 된다고 하는 망상이었다. 또한 조선인 모두가 '일본인이 된다'는 논법으로 일본식의 이름을 강요하는《창씨개명(創氏改名)》이 전 조선에 몰아쳤다. 조선인으로서는 '성씨(姓氏)'를 바꾸는 것은 도저히 생각할 수 없는 것이다. 조선의 속어로 말하면 '동물로 태어난 것이나 다름없는 것'이었다. 이것을 충분히 알면서도

---

41 이광수 전집 제13권, 268쪽.
42 '핫코우이치우'라 하여, 전 세계가 하나의 지붕이란 뜻이며 천황 제국주의의 세계 정복을 합리화하기 위한 구호이다.

강행해서 따르지 않는 자는 모든 배급을 정지시키고 자녀의 학교 등교를 금지시켰다.

어떤 사람은 할 수 없이 "우리들은 개로 태어났다"고 한탄하며 자기의 성씨를 일본식 4문자인 '견자웅손(犬子熊孫)'으로 개명하기도 했다. 또 어떤 사람은 천황폐하의 음을 따서 '전농병하(田農丙下)'로 개명하기도 했다(그는 경찰에 끌려가 가혹한 고문을 받았다). 그리고 양반 일가는 이 굴욕을 참을 수 없다고 목메어 자살하기도 했다.

또한《국민정신 총동원 조선연맹》이란 것을 만들어 조선인의 정신 세포까지 잠들게 했다. 연맹의 총재는 전 조선군 사령관이자 전 육군 장관인 가와시마 요시유끼(川島義之)란 사람이었다. 그 지휘하에 육군 장교가 배치되어 총후보국(銃後報國, 후방에서 나라를 위해 일함), 일본정신 발양(일으킴), 보은 감사, 근로 보국 등의 온갖 마취제와 독려의 채찍을 휘둘렀다.

한편으로는 조선의 모든 지역에서 애국반이 조직되어 '상호 편달', '상호 감시'를 힘써 실행했다. 말하자면, 〈애국반〉이야말로 군국 일본의 세포조직이었다. 각반의 추진자는 헌병과 경찰관 출신이며, 실질적으로 조선인의 생살여탈(生殺与奪)의 권한을 쥐고 있었다.

그들은 각 가정을 돌아다니며 신단(신을 모시는 단) 설치를 강요했다. 결국 천조 대신[43]이라고 쓴 종이와 신단을 고가에 팔아서 거기에 매일 아침 절하는 것을 강요하고, 애국반을 시켜 감시하게 했다. 조선인 모두의 영혼까지 바꿔보겠다는 듯이 감시했던 것이다.

또한《애국부인회》가 설치되어 조선의 구석구석에 분회가 조직되었다. 지도자는 일본인 여성과 경찰이었다. 애국부인회는 조선의 젊은 여성을 모두 가입시켰다. 도시에서는 솔선해서 기생의 가입을 재촉했다. 결국 애국부인회란 젊은 조선 여성을 '등록'시켜 전쟁터로 유도하기 위한 도구이기도 했다.

---

43 天照大神(아마테라스 오미카미)이라 하여, 일본 신화의 태양신으로 천황의 조상신.

그리고 일제는 청소년을 육군지원병에 투입하였다. 〈육군지원병〉이라고 하면 흡사 지원병만 가는 것처럼 착각하지만, 실은 강제 징발이었다. 총독부는 나중에 책임을 회피할 생각으로 명칭을 지원병이라 불렀다.

육군지원병 제도가 포고되자, 일본인 순경들이 온 마을을 돌아다니며 수시로 젊은 사람의 동향을 살폈다. 특히 체격이 좋은 사람의 가정을 방문해서 지원병을 권유했다. 순경은 그 집 처마 끝에 주저앉아서 대개 이런 설명을 한다.

"아, 고마운 일이잖아. 당신들 반도인이 여기 일본의 국내 사람과 똑같게 군인이 되는 명예를 얻을 수 있고, 천황을 위해 일할 수 있는 거야. 물론 공훈을 세우면 훈장도 받고, 장교가 되는 길도 열려 있어요. 한번 마음먹고 지원해 보세요."

이렇게 말하고 그 청년의 아버지가 기꺼이 승낙할 때까지 주저앉은 채 움직이지 않는다. 곧 농가에 엄한 공출제도가 서서히 진행되고 있는 만큼, 이들 순경이 노려보면 엄청난 공출량을 강요당할 염려가 있어 안타까운 심정이었다.

이처럼 마을 사람들의 동향조사에 처음에는 일본인 순경이 본보기를 보였고, 나중에는 조선인 순경이 계승했다. 조선인 순경이란 일본인 순경만큼 악독하지는 않았지만, 자신의 '승진'을 위해서는 일본인 순경 이상으로 힘을 내어 총독부의 충견이 되지 않으면 안 되었다. 그들이 힘을 낸다는 것은 지금보다 더 많은 동포를 괴롭히는 역할을 하는 것이었다.

또한, 조선 각 지역에서는 갑자기 《여자 애국 대원》 모집을 권유하고 있었다. 그것을 아주 활성화하기 위해 먼저 면장(촌장으로 대부분 조선인)에게 호소하고 면장이 동민을 한자리에 모았다. 그러면 순경이 나타나 설명을 담당하는 구조다. 보통의 경우는, 먼저 일본인 순경이 설명을 맡고 다음에 조선인 순경에게 시키는 것으로 정해져 있었다.

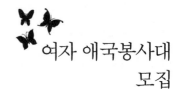

여자 애국봉사대
모집

일제의 군부와 조선총독부는 조선 민중의 '독립 의욕'을 꺾기 위해 눈에 보이지 않는 형태의 '민족쇠퇴'를 노리고 있었다. 우선 젊은 남자를 끌어내고, 다음으로 젊은 미혼 여성을 전쟁터로 보내는 것이었다.

일제는 조선 각지에서 육군지원병의 돌풍과 거의 동시에 여자 애국봉사대원 모집을 시작했다. 그것도 조작된 좋은 조건의 문구로 낚고, 나머지는 반강제적으로 낚아챘다. 일제의 치졸한 만행을 한 예로 경기도 영평군(현재, 포천시 일부 지역)의 마을에서 처녀 5명을 데려가는 수법을 상세하게 차근차근 밝혀둔다.

어느 날 마을로 달려간 조선인 순경은 면 직원의 집 마당에 마을 사람을 모이게 했다. 그러자 순경은 성전을 설명하고 혀짧은 엉터리 일본어로 열심히 연설을 늘어놓았다. 그는 일본어를 전혀 이해하지 못하는 동포 노인들 앞에서도 반드시 일본어로 말하지 않으면 안 되었다. 그런데도 몹시 서툰 일본어를 구사하고, 게다가 연설조로 말해서 그 모습은 실로 볼썽사나웠다. 순경 자신이 자연스럽게 하는 조선말로 말하면 될 것을 일부러 서투른 일본어로 말해놓고 통역을 세워 동포에게 들려주니, 볼썽사나움은 2중으로 더해졌다.

조선인 순경이란 자는 이것저것 생각나는 대로 '명예'다, '영광'이다 라는 '애국'의 어귀를 연발하고 마지막에는 소리를 지르며 다음과 같이 호소했다.

"우리 조선인에게 더욱더 국가를 위해 도움이 되는 방법을 발견하였습니다. 부디 기꺼이 협력하고 싶다는 마음으로…. 이번에 조선의 젊은 사람들 중에 16세 이상의 여자가 지원하면 특별하게 쓰임으로 국가에 봉사하는 길이 열렸습니다. 그 이름은 '여자 애국봉사대'라 하고, 전쟁터의 장병을 위해 일하는 것입니다. 신분도 일도 조금도 병사와 다름없는 충의의 야마토 나데시코(大和撫子)가 되는 것이 가능합니다. 불행하게도 지금까지 조선의 부인은 집안에 틀어박혀 국가에 대한 충성심이 부족한 점이 많았습니다. 우리가 일본인에 대해 열등감을 느끼는 것도 그 이유입니다. 하지만 이번엔 다르지요. 우리들은 크게 어깨를 펴고 그들과 함께 이야기하는 것도 가능한 것입니다."

전쟁발발 이후 총독부는, 조선 민중의 마음을 움직이기 위한 유혹의 말로서 "이번에 조선인이 심기일전해서 전쟁에 적극적으로 협력한다면, 기존의 차별을 철폐하고 일본인이나 다름없는 대우를 할 것이다"하고 매번 치켜세웠다.

그런 유혹의 말을 충실히 전달하며 돌아다니고 호통치는 것이 순경의 역할이었다. 그러면서 조선인 순경은 "밝은 희망이 보인다"며 악을 쓰며 떠들어댔다. 결국, 조선의 젊은 딸도 〈여자 애국봉사대〉에 응모하는 것으로 일본인 수준의 대우를 받을 수 있다고 하는 것이다. 이런 말로 이야기를 꺼낸 후에, 순경은 조용히 점잔을 뺐다.

"명예로운 여자 애국봉사대의 선발은 지원제를 원칙으로 되어있습니다. 이대로 되면, 지원자가 몰릴 것이라 생각합니다. 그렇게 되면 선발하는 쪽에서도 곤란하게 됩니다. 그래서 대충 우리가 인원을 미리 뽑아두었습니다. 만약 이의가 없다면, 1차로 5명을 선발하고 나머지 처녀들은 다음에 꼭 참가해서 받도록…."

그렇게 단숨에 술술 말하고 종이 쪽지에 쓴 5명의 여자(김춘자 외 4명) 이름을 불렀다. 모두 16~18세 사이의 건강한 처녀들뿐이었다. 여자 애국봉사대의 일이 어떤 것인지도 모르면서 예쁜 소녀만 지명하니 마을 사람들은 어쩐지 기분이 나빴다고 한다. 그런데 마을 사람들이 어안이 벙벙한 사이 순경은 스스로 만족한 듯 끝을 맺었다.

"아무도 이의가 없네요. 어쨌든 군대에 가는 것이니 나라를 위한 명예로운 일이니까…. 그러면 이번의 명예로운 여자 애국봉사대원은 모레 아침 9시, 경성(서울)행 기차로 출발합니다. 그때까지 신변 정리를 해 두도록 하세요. 짐은 봇짐 하나만 가지고 오면 됩니다. 2년만 일하면 돌아올 수 있고 그때는 옷이나 돈을 가득 가지고 돌아올 겁니다."

대체로 조선인 순경은 자신의 출세를 위해 일본인 순경 이상으로 분발하고, 강제로 관여하며, 거짓말을 예사로 하여 총독부의 전달 명령에 충실하지 않으면 안 되었다. 그들이 힘있게 밀어붙이는 것은 결국 자기 동포를 더 힘들게 만드는 것이었다.

"말해 두지만, 이 5명의 지원자는 결정된 것이기 때문에 이제는 변경할 수 없어요. 만일 규칙대로 모레 출발하지 못하거나 행방을 알 수 없는 자가 생기면, 헌병이 찾아와서 철저하게 조사할 예정이니 그렇게 알고 사고를 내지 않도록 해 주세요"

다짜고짜 못을 박고 자기 마음대로 결정해 버렸다. 거드름 부리며 지명해 놓고 협박 문구를 덧붙이는 것은 심리조작의 수법이다. 조선의 시골 마을 사람들에게는 여자 애국봉사대라는 직업이 무엇인지 예측하기 힘들었지만, '머지않아 전쟁이 격렬해지면 무엇인가 일을 하게 될 것이고 반드시 간호사 같은 역할이나 군수공장에서 군복 등을 꿰매는 일을 하게 될 것이다'라는 정도로 생각하고 있었다. 식민지의 순사라는 사람은 자신이 총독의 대변자인 것처럼 말하였다. 이때는 지원병과 여자 애국봉사대원을 한 명이라도 더 보내는 것이 공훈이었다. 이런 종류의 '모집'에서는 강제로 결정해 놓고 마지막에는 섬뜩한 협박의 말을 더하여 단숨에 매듭짓는다.

그것은 단순한 협박이 아니었다. 어떤 마을의 젊은이가 육군지원병을 강요당해 지원해 놓고 어딘가로 종적을 감춘 적이 있었다. 그러자 헌병이 달려와 그의 부모를 결박해서 때리고 협박했으며 나중에는 천장에 매달아 놓고 느닷없이 천장과 방바닥에 권총을 쏘는 광란을 일으켰다. 그 이후 마을 사람들은 〈헌병〉이라면 귀신이나 독사처럼 겁을 먹었다. 경찰은 이런 공포심리를 교묘하게 이용하여 마을 사람들이 순경들의 강요에 저항하지 못하고 체념하게 만들었다.

그로부터 이틀 뒤 마을의 처녀 5명은 성전 완수를 위한 여자 애국봉사대원으로 정해진 집합 장소인 역전에 모두 모였다. 그러자 순경이 '요시다(吉田)라고 하는 50세 정도의 남자와 타마코(玉子)라고 하는 40세 정도의 여자'를 인솔자로 소개하고 인계하였다. 남녀 한 조의 일본인이다. 그들의 차림새는 관리처럼 꾸미고 다니는 일이 많았다. 하지만 그들은 피비린내 나는 중국 오지의 전쟁터에 있는 일본 군대에 전속된 매춘 업자였다. 이렇게 남녀 한 조의 일본인이 5명의 처녀를 데리고 경성(서울)행 기차를 탔다.

전쟁터의 군사령부에서 총독부로 그리고 말단 순경의 지시로, 전쟁터의 매춘 업자가 약속한 절차에 따라 조선의 딸들을 낚아채 갔다. 그러나 조선의 딸이야 그것을 눈치챌 리 없다. 전쟁터의 군대 위안부라는 존재조차도 알 수 없었다.

당시의 요시다라는 일본인의 옷차림은 '배를 감고 있는 털실이 바지 위로 빠져나오고, 바지에 지갑을 꽂고 있었다.'라고 하니 영락없는 전형적인 매춘 업자의 모습이었다. 그런 불결한 패거리가 전쟁 경기를 부추겨 전쟁터의 병사에게 여체를 제공하는 미묘한 입장에서, 조선의 소녀를 매우 쉽게 손에 넣었던 것이다. 더구나 경찰의 손에 인도되어 한 푼의 선금과 하등의 수고도 증서도 필요 없는 '옥 구슬'이었다. 이리하여 여자 애국봉사대의 이름으로 모은 조선 처녀를 데려온 업자는 일단 경성역(서울역)에서 하차하여 시내 전철로 갈아 타고 한 여관으로 달려갔다. 그리고 인솔 남자는 귀찮은듯 충고하며 잔소리를 했다.

> "자, 5명이 모여서 지내고 헤어지면 안 된다. 이 거리는 험악한 사내들이 많아서, 일단 끌려가면 다시 돌아올 수 없어."

시골에서 자란 소녀들은 처음 타보는 기차와 시내 전철에 들떠 있었고, 그 것도 동경하던 경성 시가지를 걸었다는 것으로 설레여 있었다. 그래서 상대 일본인이 어떤 남자인지 여자인지 의심해 볼 여유도 없었다. 그 다음으로 인솔한 남자는 뜻밖에 의류점에 들렀다. 그리고는 정말 마음씨 좋은 듯 다섯 딸에게 저고리와 치마를 하나씩 사주고, 또 일본 유카타(浴衣)[44]와 긴 속옷을 하나씩 사서 건네주며 말했다.

> "아직 일은 시작하지 않았지만, 너희들을 친자식처럼 생각하고 있으니까. 사주는 것이다. 그러니 앞으로 잘 부탁한다."

그리고는 화장품점에 들어가 크림, 백분, 립스틱 등을 구입해 소녀들에게 주었다. 소녀들은 그런 것을 가져본 적이 없었기 때문에 꿈같은 기분이 들어 기뻐했다고 한다. 그러나 그녀들은 이해가 되지 않았다. 애국봉사대로 일하러 가는데 인솔자가 화려한 옷을 사주고 화장품을 갖게 하는 것이 좀 의외이고 이상하기도 해서 한 소녀가 남자에게 물었다고 한다.

---

44 목욕한 뒤 또는 여름철에 입는 무명 홑옷.

"전쟁터에서 이런 게 왜 필요합니까?"

"그게 말이야, 너희들의 무기야, 병사들이 가지고 있는 총탄이나 탄환처럼, 아주 소중히 여겨라."

"우린 대체 전쟁터에서 무얼 하는 거예요?"

그러자 이번에는 중년 여인 타마코가 대답했다.

"멋지게 차려입고 병사들을 위로하는 역할이야. 병사들이 장기간 전쟁으로 지쳐 있으니깐 너희들이 예쁜 모습으로 맞아주면 너무 기뻐하겠지? 그것이 애국봉사대의 역할이다."

"그럼, 노래를 부르거나 춤을 추거나 하는 건가요?"

"그래, 그런 일이야."

남녀 한 조의 일본인이 5명의 조선 딸들을 이끌고 종로 거리를 빠져나가 상가 옆 오솔길로 접어들었다.

"배가 고프네, 이 근처에서 밥이나 먹고 가자"라고 하며 '암페라'라는 어떤 식당으로 유인했다. 식사를 하면서 남자는 한 사람씩 딸의 이름을 물었다.

"너희들도 이제 '애국봉사대'에 들어가 나라를 위해 일하는데, 언제까지나 조선인의 이름으로 지낼 거야?"하고 입에서 나오는 대로, 매우 간단하게 일본식 이름을 지어 주었다. 박여남은 기노시타 레이코, 정매화는 이치키 우메코, 김이화는 카네코 하나코 등으로 이름을 만들어 주었다.

이들의 이름은 화류계의 관계자라면 금방 떠올릴 것 같은 이름이다. 남자는 이런 이름에 익숙한 듯 마치 하나의 규칙이 있는 것처럼 바로 지었다고 한다. 그래도 소녀들은 그것이 무엇을 의미하는지도 모르고 별로 신기하게 여기지도 않았다. 식당을 나오자, 일본인들은 소녀들을 데리고 다시 좁은 길을 더듬어 어느 후미진 여관으로 데려갔다. 그곳은 〈일출관〉이라는 일본식 여관이었다. 소녀들은 좀 어리둥절했다. 5명의 처녀는 인도받은 여관의 2층으로 올라가 다다미 8장 정도의 방으로 안내되었다. 그곳의 다다미는 불그스름하고, 군데군데 담뱃불로 동그랗게 그을리고, 토코노마(일본 전통 가옥에서 바닥을 높게 올려 쌓은 선반)에 꽃이 꽂혀 있었다. 누군가 단골들이 자주 다니며 술을 마시고 담배를 피웠던 곳이었다.

시골에서 자라 이제 막 묘령(20세 전후)이 된 인생의 꽃봉오리라 할 이들은 순진 그 자체로 의심할 줄도 몰랐다. "이제 어딘가의 병사(兵舍)로 가서 단체 생활을 하겠지, 아마 침대에 누웠다가 나팔 소리와 함께 벌떡 일어나 다급하게 준비를 하고, 규칙 바른 생활을 하는 것이 틀림없어. 그러다가 익숙해지겠지"하며 중얼거리고 있었다. 그러는 동안 저녁이 되었다. 그러자 나이 든 여자인 타마코가 나타나 한꺼번에 목욕시키려 했고, 그 말투는 굳어 있었다.

"여기는 일본인 전용 여관이야, 보통 조선인은 묵지 않아. 너희들은 내가 데리고 왔으니까 숙박할 수 있고, 목욕탕에 들어갈 수도 있어. 그것도 너희들이 나라가 다름에도 애국봉사대에 들어온 것을 알기 때문이네. 그렇지 않으면 내가 데려와도 거절당하고 만다."

그리고 이들에게 입욕을 종용하고 여관의 유카타만 주고는 지금 입은 옷가지를 한꺼번에 집어가고 바로 자물쇠를 채웠다. 이렇게 함께 벌거벗은 딸들을 타마코는 번갈아 뜨거운 물에 담가 한 사람씩 자신의 손으로 몸을 닦기 시작했다. 자못 엄마가 아이의 몸을 씻기듯 딸들의 엉덩이를 씻고, 마치 소녀의 유방을 어루만지며 주물러주듯 씻고, 특히 아랫배를 비누로 문질러 씻었다. 그러자, 지방이 오른 피부가 풍만하게 반짝이며 젖가슴이 뚜렷이 두 개의 구슬이 되어 튀어나온다. 거기서 타마코는 정매화라는 딸의 몸을 차근차근 둘러보며 말했다.

"너 몸매가 정말 좋구나. 이런 건 굉장히 군인들이 좋아하는 거야. 네 몸은 가장 위대한 대장님에게 바치는 거야. 네 몸에 닿으면 군인은 황홀해 하면서 무척 기뻐하겠지.

너는 정말 부대에서 제일 잘 나갈거야"하고 더욱 세심하게 씻어주었다.

시골에서 갓 올라온 처녀들에게는 그게 무슨 뜻인지 모를 일이었다. 이렇게 해서 타마코는 한 사람 한 사람의 엉덩이와 복부를 닦고, 교대로 욕조를 왔다 갔다 했으니 2시간은 넘게 걸렸다. 이렇게 입욕을 마치고 딸들이 탈의실로 나오니 그곳에는 일본의 의류가 준비되어 있었다. 그것은 흰 천의 허리띠와 거즈 속옷과 새 유카타였다. 그것을 몸에 익히게 했다. 일본 처녀와 흡사한 모습이 된 것이다. 목욕을 끝내고, 일본 처녀의 모습으로 만들어진 5명의 조선 딸들이 강제로 이끌리어 다시 2층으로 올라가 보니 방 입구에 요시다가 기다리고 있었다. 그리고 소녀들이 다다미 8장으로 된 방에 들어서자마자 깜짝 놀라며 멈칫하고 말았다. 거기에는 5명의 건장한 군복 차림의 군인들이 군도를 옆에 두고 술을 마시고 있었다. 군인들은 유카타 차림의 여자들을 보자, 일제히 소리를 질렀다.

"야, 왔어, 어서 들어와. 기다리고 있었지."
"너희들은 소문대로 굉장한 미녀들뿐이네."

5명의 앞에는 각자의 상이 차려지고 이미 술이 여러 병 비워져 있었다. 군인들은 매춘 업자인 요시다 등과 협의한 듯, 목욕탕에서 몸을 씻은 딸들을 기다리고 있었던 것이다. 5명의 남자는 모두 장교이고 팔자 수염을 기르고 뺨에 상처가 있는 무서운 얼굴도 있었고, 그중에는 '카나자와 참모'라고 불리는 군인도 있었기 때문에 부대에서 높은 사람임에 틀림이 없었다. 엉뚱한 모습에 놀란 조선 딸들이 방 출입구에 웅크리고 있는데, 인솔해 온 요시다가 소리쳤다.

"야, 너희들, 뭘 꾸물거리고 있니, 얼른 들어가서 술을 따라라, 이제부터 너희 앞에 있는 분들이 저승사자 같은 부대의 대장님들이다. 말하자면, 너희들의 상관이 되는 사람들이다. 지금부터 이름을 외워두면 귀여움을 받을 거야."

이미 그녀들은 호랑이 굴로 돌진한 어린 양들이었다. 그 순간, 요시다라는 남자는 가면을 벗고 본성을 드러내며 호랑이 굴로 밀어 넣는 역할을 한 것이다. 그곳으로 뒤따라 온 타마코가 욕실 안에서 몸매를 살폈던 정매화를 밀어 정면에 앉은 군인 앞에 앉혔다. 그리고 떨고 있는 손에 잔을 들게 해 억지로 술을 마시게 하면서, 군인에게 아양을 떨었다.

"대장님, 정말 경사스럽지 않습니까? 이 아이는 전혀 한 번도 해보지 않았어요. 이 번에 대장님이 첫 개시를 하면 무운 장구(죽지않음), 무사 개선은 이제 틀림없어요."
"정말이야? 너, 또 그런 말로 날 속이는 것 아니야! 조금 전까지 굴러먹던 애 아니야?"
"각하, 또 그런 흉측한 말씀을…, 요즘 와서 그런 엉터리 장사를 하면 우리는 전선 으로 가서 얼마나 혼이 날지 모른다니까요? 그런 농담하시면 안 됩니다."
"그래, 그래, 그럼 한 가지를 시험해 볼 수 있겠나?"

이런 아슬아슬한 대화를 보더라도 그들이 몇 번이나 이런 종류의 행사를 반 복해 왔는지 짐작할 수 있다. 그들 고급 장교들은 미리 업자와 상의하여 '처녀 의 맛을 보는 즐거움'을 느껴 왔던 것이다.

이것을 '어획물(水揚, 좋은 물건)'이라고 해서, 업자들은 몸에 상처가 없는 새하얀 피부의 딸을 특별히 선택해 대장에게 '상납'하기도 했다. 그들은 처녀 의 몸을 '어획물'로 취급하는 미신을 갖고 있었다. 혹은 그것을 빙자하고 있는 지도 모른다. 이리하여 5명의 딸은 요시다와 타마코에게 호통을 맞고 장교들 앞에 앉아 술 시중을 들었다. 그리고 몇 분 지나지 않아 장교들은 하나씩 자신 의 무릎 위로 끌어안았다.

벌써 방 안에서는 "살려줘요!"라는 비명이 가득했다. 그들은 손으로 딸의 젖 가슴을 눌러서 저항할 수 없도록 하고, 다른 한 손으로 유카타를 벗겨 내렸다.

군인들이 하는 모습은 실수가 없고 익숙한 솜씨였다. 군인들은 소녀들을 이미 창녀 취급했다. 취기가 오른 군인들은 딸들을 하나둘씩 완강하게 손을 잡아끌며 복도를 따라 다른 방으로 끌고갔다. 유카타의 옷자락이 흐트러져 발을 동동 구르는 딸도 있었는데 그것은 독수리의 손톱에 잡힌 참새의 모습이었다.

그리고 복도의 양쪽에는 달방, 물떼새방, 눈방, 솔방과 같은 이름표가 붙어 있으며, 각 방마다 이부자리가 깔려있고 침상 머리에는 행등(이동식 조명등) 모양의 램프와 물병이 놓여 있었다. 그때의 놀란 체험을 김춘자(金春子)씨는 다음과 같이 회상하고 있다.

방에 들어서자, 남자는 머리맡에 선 채로 내게 명령했다.

"이봐, 빨리 옷을 벗겨야지!" 남자의 눈은 취해도 마치 표범처럼 날카로웠다. 나는 그의 앞으로 다가가서 군복을 벗기고, 밴드를 잡아 바지를 내리며 셔츠를 벗겨서 바지 밑을 잡았다. 군인의 바지는 조선의 바지와 흡사해서 금방 풀어 내릴 수 있었다.

카나자와(金澤) 참모는 엣추(지금의 후지야마 현) 훈도시[45](이 이름은 나중에 알았다)를 감고 서 있었다.

"이것도 벗겨라." 그는 선 채로 말했다. 나는 정말 무서워서 손이 떨렸다. "빨리!" 그는 낮으나 힘 있는 목소리로 말했다. 가느다란 끈을 풀자, 그것이 다다미 바닥에 흘러내렸다.

난 그때, 난생처음으로 본 것을 평생 잊을 수 없었다. 그것은 나의 간담을 서늘하게 한 무서운 것이었다. 나는 숨을 죽이고 그저 눈이 휘둥그레졌다. 카나자와 참모는 말했다.

"호오! 귀공녀, 나한테 반한 것 같네. 하지만 이런 것으로 놀라면 안 돼. 부대에는 더 훌륭한 녀석들이 있으니까 말이야. 자, 이제 귀공이 벌거벗을 차례야. 내가 보는 앞에서 하나씩 다 벗어 던지고 보여줘."

카나자와 참모는 책상다리를 하고 바닥에 앉았다. 나는 두려워서 그로부터 눈을 뗄 수가 없었다. 또 "빨리 해!"

나는 그 앞에서 일어나 유카타 띠를 풀었다. 오늘, 헤어질 때 서글픈 표정으로 바

---

45 일본 전통의 남성 속옷으로, 폭이 좁고 긴 천으로 음부를 가리는 형태.

래다주시던 부모님의 얼굴이 반복해서 자꾸 떠올랐다.

〈아버지, 어머니, 이렇게 알몸이 되어 남자의 장난감이 되는 것이 애국봉사대의 역할입니다.〉

그렇게 마음속으로 용서를 구하고 과감히 유카타를 집어 던졌다.

나는 벌거벗고 남자의 앞에 섰다. 한 손은 유방 위로 가고 한 손은 아랫배 위를 가렸다. 그리고 나도 모르게 몸을 조그맣게 구부리고 웅크렸다. 하지만, 카나자와 참모는 나에게 호통쳤다.

"똑바로 서지 못해! 모든 것을 나에게 보여줘야지. 너는 이제 그냥 여자가 아니라 부대의 일원이니까."

나는 일어섰다. 하지만 가슴과 아랫배에 있는 손을 뗄 수는 없었다.

"이봐, 두 손은 머리뒤로, 뒤통수만 잡아라." 그런 말을 듣고 나는 어쩔 수 없이 뒷짐을 져 보였다.

"허리를 꼿꼿이 펴라!" "맞다, 그 자세에서 2~3번 반복해서 돌아봐! 음…, 꽤 좋은 몸이군. 그 정도면 대부분의 부대 장병을 앞으로 충분히 위로할 수 있을 것 같다. 자, 이리 오너라."

카나자와 참모의 거친 털북숭이 손이 내 등을 쓰다듬었다.

"그래, 정말 날씬한 몸매를 가졌군. 이 팽팽하고 단단함은 일본 여자에게서는 맛볼 수 없는걸."

이윽고 수염투성이의 입이 몰려오고, 그 후 내 몸은 짓눌려져 처참히 열려갔다. 그때의 고통을 상세하게 말할 수는 없다. 나의 눈에는 슬픔과 아픔과 굴욕의 눈물이 한없이 솟구쳤다.

모든 것이 끝나니 이미 4시간이나 지났다. 그 사이, 이 남자는 어린아이같이 아무것도 모르는 나에게 여러 모양의 추태를 강요하고, 몇 번이고 반복해서 요구했다.

이것이 〈여자 애국봉사대〉라 해서 순경을 동원해 당당하게 처녀들을 낚아채 군대 전속의 매춘 업자에게 인도하고, 경성에 도착하여 도탄에 빠지게 하는 것이 그 실태였다. 일제는 "나라를 위하여", "성전을 위하여" 애국봉사대의 이름으로 조선 소녀들을 낚아채 일단 데리고 가서 일본 군대의 '창녀'로 투입한 것이다. 결국, 갓 처녀로 자라난 순진무구한 소녀들을 갑자기 '군대 여랑'으로 투입하기 전에 상부의 고급장교들이 먼저 '처녀의 맛을 본다'고 하는 첫날의 관행이었다. 그날 밤, 「일출관」에서 5명의 딸은 갑작스럽게 끔찍한 체험과 그 고통과 굴욕감에 시달리며 밤새도록 계속 울었다. 흐느껴 우는 딸에게 군인들은 오만하게 욕을 하였다.

> "닥치지 못해. 군사를 단련해 양마(良馬)로 만드는 것은 제일 처음 검열 시의 교육이 매우 중요한 법이다. 여자도 마찬가지야. 첫날부터 잘 단련해 둬야 전쟁터에서 도움이 되잖아."

그러자 소녀가 더욱 놀라 울면서, 겁에 질린 상태로 물었다.

> "전쟁터에서 항상 이런 일을 해야 하나요?"
> "맞아, 그게 너희가 할 수 있는 최대의 봉사야. 젊은 몸, 여자의 따뜻한 피부, 너희들 조선의 여자들이 다른 나라에 이바지할 길이라고 생각하면 되지."

그녀들은 이 하룻밤에 다양한 광기의 치태(痴態)를 당해 전혀 다른 여자가 되고 말았다. 또 하룻밤뿐만 아니라 그 여관에서 5명의 장교는 5명의 여자들을 상대로 색 지옥이라 할 만한 행위를 3일 밤낮이나 연속적으로 행해졌다. 그것은 밥먹을 때나 쉴 때 빼고는 거의 끊임없이 하루에 3~4명씩 서로 번갈아 가며 행해졌다. 그런 끝에 딸들의 아랫배는 부어올라 열이 나고, 그 고통 때문에 세면장에 가서 물병 얼음으로 국부를 식히는 것이었다. 심한 아픔을 참다못해 눈물에 젖어 있는 소녀들에게 군인들은 "이게 제일 좋은 교육 방법이야"라고 하며, 냉혹하게 큰소리쳤다. 결국, 3일 밤낮으로 연속해서 남근이 요동쳐 단련되면, 나중에 전쟁터에서 몇백 명, 몇천 명의 남근도 견딜 수 있다는 의미라는 것이다. 이렇게 그녀들은 인생의 꽃봉오리도 피워보지 못한 채, 비틀려 엎드려져 "특훈(特訓)"이라고 하는 구실로 호랑이 입에 삼켜져 버렸다. 너무나 끔찍한 고통과 무서움의 쇼크로, 그녀들은 밤에 너무 울어서 얼굴 전체가 부었다고 한다. 딸들이 얼마나 충격을 받았는지 알려면 당시의 세태를 얘기할 필요가 있다.

당시는 오늘날과 달리 일본, 조선을 막론하고 일반적으로 섹스라는 말도 없었다. 젊은 여자들은 신비로운 베일에 가려져 있는 것으로 가슴을 두근거릴 뿐이었다. 많은 가정에서는 훈육이 엄격해 연애를 불성실한 것으로 배척했다.

고등교육을 받은 젊은 여성들조차 임산부의 생리 정도는 알아도 임산부의 성리(性理)에 대해서는 완전 무지했다. 예를 들어, 여자 의학전문 학생조차 '임산부의 생리는 알고 있어도, 어떻게 여성이 임신하는지 모른다'고 할 정도였다. 교수는 인체의 구조를 가르치더라도 매우 추상적인 설명을 했고 구체적인 것은 '윤리 도덕의 문제' 또는 '신비한 것에 속한다'고 해서 기피했다. 또 학교에서도 교사와 학생을 불문하고 '연애'에 대한 감시가 엄했다.

그런 세상 속에서 많은 여성들은 '여자가 임신하는 것은 서로 사랑하는 남자와 여자의 접촉에 의한 것'으로 이해하고 있었다고 한다. 이것이 당시 여자들이 갖고 있는 특질이었다. 더욱이 조선의 시골에서 태어나 자란 16~7세의 처녀라면 더욱 그렇다. 지금까지 남자의 손에 닿은 적도 없고, 물론 키스 경험조차 없다. 그런 딸이 갑자기 알몸이 되어 가랑이를 벌리고, 그것도 완강한 남근이 3일 밤낮으로 드나들었다고 하니 그 쇼크와 탄식은 말할 수 없었을 것이다.

여기에 중대한 시사점이 있다. 혹시라도 일본 처녀를 이렇게 데려가 〈군대 위안부〉로 그렇게 했다면, 아마도 일본의 사회문제로 즉각 반군 운동이 일어났을 것이 틀림없다. 일본 국내에서는 드물게 예외는 있다고 해도, 일본인의 처녀를 '위안부'로 데려가는 것은 결코 없었다.

당시 일본 국내에서는 '동아시아의 맹주로서 지도적 민족'을 표방해서 '자녀를 많이 낳아야 한다'는 국책 아래 다출산 가정에 보상금을 주고, 미혼의 독신자에 대해서는 깊은 우려를 표시하고 있었다.

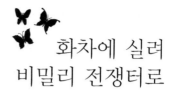

화차에 실려
비밀리 전쟁터로

3일 밤낮을 후미진 여관에서 순진한 처녀에게 색 지옥의 '특훈'을 연출하는 동안, 경성 교외의 용산 연병장에서는 독립여단의 편성이 행해지고 있었다. 이 편성부대가 전쟁터로 향하기 위해 경성발 특별열차에 올라타고, 마지막 칸에 부대의 '색녀'로서 5명의 딸과 업자를 마치 은닉물자를 취급하듯 몰래 밀어 넣었다. 이 편성부대의 출발 일정에 맞춰 딸들을 사냥하여 여관에서 '특훈'을 진행한 것이다.

북상하는 군대 수송 열차에는 당연히 장성과 참모 그리고 부관들이 타고 있었다. 열차는 호화로운 침대칸은 장성과 참모, 장교단은 일등석 칸에 그리고 병사들은 일반 객차에 탔다. 열차의 후미에는 식량, 병기를 실은 화차(貨車)가 이어지고, 최후미의 화차에 징발해 온 여자들을 싣는 것이었다. 말하자면, 조선의 딸들과 업자들은 인원수 외의 군마(軍馬)로 취급되어 편승자에 불과했기 때문이다.

이윽고 어두운 화차에 실려 북상하는 동안, 남녀 한 조의 업자들은 딸들에게 비속한 '매춘 교육'을 가르쳤다. 열차가 압록강을 지나 만주의 들판을 가로질러 산해관(山海關)[46] 부근을 질주할 무렵, 인솔자가 중얼대며 말했다.

"드디어 지나(중국의 옛칭)로 진입했어. 일본 여자가 어디서나 비싸게 팔리는 곳이다. 자네들도 왕창 벌어 모아."

이렇게 해도, 시골에서 자란 조선의 딸들은 그게 무슨 뜻인지 몰랐다. 그녀들은 〈군대 위안부〉의 존재조차 모르고, 그것이 기다리고 있는지조차도 몰랐다. 여관에서 당한 무서운 일은 갑작스럽게 악마가 습격한 것으로 생각했다. 그만큼 의심할 줄 모르는 순진한 시골 처녀였다.

군용 열차가 도착하자 다시 트럭을 갈아타고 어떤 병참기지에 도착했다. 그녀들의 숙소 앞에 줄지어 선 병사 무리를 보고 처음으로 한탄하며 전쟁터 '위안부'가 된 운명을 알게 되었다. 처녀들이 울음을 터뜨리면서, "이것이 여자 애국봉사대란 것인가요?"하고 인솔한 남자에게 대들며 따졌다. 그러자, 남자는 도깨비의 얼굴을 하고 호통을 쳤다.

"너희들 같은 것들이 어디서 나라를 위해 일한다고 생각한 거냐!"

이렇게 조선 각지에서 수만의 처녀들이 여자 애국봉사대라든지 여자정신대라는 명목으로 속아서 전쟁터로 끌려갔다. 당시로는 인텔리에 속했던 고등여학교 출신의 여자들도 다수 포함되어 있었다. 그중에 일본의 나라 여자 고등사범을 졸업한 여자까지 섞여 있었다고 한다.

1942년경이 되면서, 매년 다수의 처녀들은 최전선으로 보내져 각 부대에 '배급'되었다. 그녀들은 군대 위안부가 된 첫날의 현장에서 실신 상태가 되거나 피투성이가 되어 들것에 운반되는 광경이 자주 보였다. 조선 출신의 병사(육군지원병 2기생 김O병)가 목격한 현장은 다음과 같았다.

대부분 조선 처녀인 한 무리의 여자들이 트럭에 실려서 도착했다. '여자 애국봉사대'라고 불리는 위안부들이었다. 막사는 담요 등으로 칸을 나눠 여자들을 배치했고

---

46 허베이성에 속하며, 만리장성의 동쪽 끝에 있는 관문. 발해만에 인접함.

부대의 전 장병들은 광장에 정렬했다. 부대장은 뭔가 한마디 지껄이고 여자가 기다리고 있는 숙소로 사라졌다.

병사들은 칸막이를 사이에 둔 막사 앞에 줄을 지어서 자기 차례를 초조하게 기다리고 있었다. 한 사람이 들어와서 볼일을 끝마치기까지 10분이 채 안 되고, 길어도 10분 정도이다. 15분이 되면 줄 서 있는 병사들의 입에서 마구 떠들어대는 욕설이 튀어나왔다.

여자는 드로즈(drawers, 여성용 팬츠)를 벗거나 입을 겨를도 없었다. 천장을 향해 벌렁 누워 있는 짚신 형태와 같았다. 꼼짝도 하지 않았다. 시간이 지나자 여자의 하반신은 피로 물들어 갔다. 행렬의 3분의 1도 줄어들기 전에 여자들은 의무실로 실려 갔다.

— 임종국 「여자정신대」, 『아시아 공론』 1974년 3월호

주둔지 곳곳에 배치된 몇 명의 여자들에게 수백 수천 명의 남근의 윤간행위가 전개되었다. 아무리 식민지의 조선인이라 해도, 일본제국의 잔인한 전쟁 정책에 대한 부주의한 타협의 결과였다. 그것은 너무나도 비참한 굴욕이었다.

이렇게 해서 끌려간 조선의 부녀자 수는 추정에 의하면 17만~20만 명으로 보고 있다.

제5장

일본 군대와 죽음의 상인 그리고 여자

일본 군대와
죽음의 상인들

　　당시 일본 역 앞이나 거리 곳곳에서는 '출정 병사'를 배웅하는 행렬이 비일비재했다. 백색 깃발(白幟)[47]을 여러 줄 세우고 청년단이나 재향군인회 및 앞치마 차림의 부녀회가 일장기를 흔들며 행진했고, 깃발에는 '축 출정 ○○군'이라고 크게 쓰여 있었으며, "하늘을 대신하여 불의를 무찌르고, 충성과 용기가 무쌍한 우리 병사는…. 환호의 소리를 보내고…"란 노래를 소리 높여 외쳐 불렀다.

　　전쟁터로 향하는 병사들은 하던 일을 그만두고, 처자와 결별하여 죽음의 전쟁터로 나가는 것을 '명예의 출정'이라고 서로 말하고 있었다. 관동군의 극소수 수뇌부가 모략을 걸어 전쟁을 일으켜 놓고 국민에게는 천황을 위해 싸우다 죽는 것을 제도화한 것이다.

　　일본 군대는 '계속된 승리'에 도취되어 '무적황군'으로 자만하고, 이것도 모자라 '성전'이란 말로 위장했다. 예를 들면, 직장이나 길거리에서 누군가가 멍청한 짓을 하면 꾸짖는 말로 "자네, 그러고도 일본인인가? 전선에서의 황군의

47　좁고 긴 천의 한 끝을 장대에 매달아 세우는 깃발로 예전에 군대에서 쓰던 깃발. 일본에서는 '노보리(幟)'라고 함.

노고를 생각하면…" 하거나 "전선의 부대에 부담이 되지 않도록…"하고 설득하는 것이다. 그러나 그 전선의 일본 군대는 어떤 전쟁을 치르고 있었을까?

중국으로 쳐들어간 일본 군대의 전투라는 것은 주로 '토벌'이란 것이었다. '토벌'의 실정은 이권과 물자의 약탈, 민가의 방화, 부녀자를 찾아 강간하는 것이었다. 일본 군대의 '토벌 작전'에 대해 언급하는 것은 '위안부'와도 관련이 있기 때문이다.

당시의 일본 병사는 꼼짝 못하게 억압상태에서 24시간 내내 명령과 복종, 일상적인 구타로 제재를 받고 있었다. 어떤 의미에서는 우리 안에서 사육되는 경찰견 같은 것이었다. 결국 '전쟁 동물'이었다. 말하자면, 존재 가치를 느끼는 유일한 단독 행동은 허용된 '자유의 시간'에 위안부를 품는 것과 토벌 작전으로 나가서 '태우고, 범하고, 죽인다'는 행동이었던 것이다.

이러한 '토벌'의 실태는 무엇이었을까? 일본 군대의 작전이란 것은 미쓰이, 미쓰비시를 선두로 하는 철광, 석탄, 방적, 제분, 유지에 관계한 일본 굴지의 재벌 기업과 군소의 여러 가지 '죽음의 상인'들과 결탁한 약탈 행동이었다.

예를 들어 미쓰이, 미쓰비시 같은 기업은 필요한 중국의 공장이나 광산을 일본 군부에게 말하면, 일본군 간부는 '작전 계획'을 세워 병사의 피의 댓가로 빼앗아 일본의 기업에게 넘겼다. 그때마다 일본 병사는 '명예로운 전사'를 당하고 있었다. 일본의 기업이 노동 인원이 필요하다고 하면, 일본군은 '토끼사냥'이라는 작전을 세워 마치 노예사냥과 같은 일을 하는 것이다.

일제는 정경유착과 같은 대기업들과 밀접한 관련이 있었다. 일본군 간부들은 기업이 요구하는 물적, 인적 등 기업이 필요로 하는 일들을 토벌을 통해 이뤄주면 기업은 일정한 판공비라는 명목으로 일본군 간부에게 거액을 주고 또 의무적으로 돈과 주색을 제공하는 관습이 있었다. 그런 까닭에, 중국에서의 '일본 기업 구성원의 대부분은 군의 간부와 교섭하는 일'이라고 했다.

예를 들면, 산둥성(山東省)의 질 좋은 무연 탄광을 미쓰비시가 경영하고 300

명의 중국인을 노동자로 고용하고 있었지만, 대부분은 일본군이 잡은 포로였다. 기업은 중국 노무자의 '급료'를 항상 수수나 옥수수 같은 현물을 지급했다. 그것은 일본군이 중국 농촌에서 약탈해 온 것들이었다.

결과적으로 일본 군대는 일본 기업의 '급료'를 지탱해 주기 위해 자주 출병하지 않으면 안 되었다. 그것이 바로 '토벌 작전'이었다. 또한 일본군 1개 중대와 기관총 분대가 그들 기업에 광산이나 상사에 파견되어 주야교대로 경비를 서고 있었다. 실로 일본 병사는 일본 재벌의 돈벌이를 위해 존재하는 것처럼 전쟁을 하고 있었다.

화베이 교통이나 미쓰이 공사가 '보리 매입'을 위해 트럭을 가지고 일제의 점령지를 달릴 때, 선두에 경기관총을 매달고 농촌지대를 누볐다. 그리고 중국 농민들과 가격협상을 할 때, 일본 병사들은 총을 메고 입회했다.

혹시나 협상 중에 총성 소리가 한 발이라도 들리면, 미쓰이 상인에게는 큰 행운이라고 한다. 그들이 원하는 교섭 방법이 아니면 일제의 군대를 앞세워 중국 농민들을 약탈해 가는 것이었다.

이처럼 일본 기업과 일본 군대는 항상 손을 잡고 있었다. 비록 매입한다 하더라도 일본 병사와 기관총에 둘러싸인 가운데 싸구려로 낚아채는 것이었다.[48]

또 일본에서 온 방적회사 일당이 목화를 사들일 때 무장한 일본군이 마을을 포위하고 위협하는 가운데 '매입 교섭'을 하였다. 그뿐 아니라 솜의 무게를 재는 눈금을 속였다고 한다. 어떤 경우에는 일본군 부대가 중국 농민으로부터 목화를 약탈해 와서 일본 상인에게 시가의 60%로 팔아 치우고, 부대의 간부와 경리담당자의 배를 채웠다고 한다.

한편 미쓰이물산, 일본면화, 동양면화 등은 '젖은 손에 묻은 좁쌀(손쉽게 얻는 것)'처럼 거의 공짜로 거대한 이익을 챙겼다(그런 끝에 오늘의 도멘이나 이토우 상사가 생겼다고 한다).

---

48 쿠마자와 코지로 『천황의 군대』.

이리하여 일본 기업들은 '젖은 손에 좁쌀'이라는 부를 받쳐주는 일본군 간부에게 거액을 바치며, 정기적으로 요정의 유흥자리를 마련해 주었다.

츠지 마사노부(辻政信, 전 일본군 참모)는 "중국의 사단 본부에서는 주 1회 연회와 기생파티가 행해지고, 청구서는 일본의 독점 기업에 돌리는 것이 계속되었다"고 한다. 츠지의 말에 따르면, "중국 전선에선 빨간색 영관장교 차량과 황색 장군 자동차가 거리를 가득 메웠고, 판공비에 의한 연회가 밤마다 베이징, 텐진, 난징, 상하이의 고급 요정에서 열렸다."고 하였다.[49]

전쟁터에서 일본의 '요정'이라는 곳은 죽음의 상인과 군을 지원해 주는 '2차적인 죽음의 상인'이었다. 특히 대도시의 요정이라는 곳은 중국인으로부터 빼앗은 호화로운 양옥이나 호텔에 자리 잡고, 그것을 일본식으로 개조해서 다다미방을 만들어 모두 일본식으로 운영했다. 그리고 심야에도 번쩍이는 등을 켜고, 문 앞에는 별(장군)과 벚꽃(참모)의 자동차가 빽빽이 줄지어 있는 상태였다. 군과 '죽음의 상인'의 밀월인 셈이다. 요정이야말로 군과 일본 기업의 작전 모의장소였다.

일제는 다른 방면으로도 중국인을 못살게 굴고 말 그대로 노예처럼 부리고 있었다. 예를 들면, 당시 봉천(선양)의 일본인 공장에 '38타 제도'라는 것이 있었는데 중국인이 공장 내에서 '38 종류'의 어느 하나라도 어긋나면 구타를 하는 것이었다. 구타 중에 '못마땅한 표정을 지으면 또 때린다'는 말이 있었다.[50]

또한, 중국 곳곳에서 일본인이 경영하는 상사를 '양행(洋行)'이라 불렸는데, 이들은 모두 부업이 있었다. 그것은 중국인들을 뿌리째 무너뜨릴 수 있는 마약 장사나, 중국 은화 밀수였다. 일제와 일본군은 이를 권장하고 있었다. 오히려 그들의 양행이란 그저 간판에 불과했고, 실제 수입은 일본군 특무기관과 연계하여 아편류를 하청 주고 있었다.

---

49 츠지 마사노부 「상하이요정 소실 사건」, 『문예춘추』1955년 12월호, 특집.
50 쿠마자와 코지로 『천황의 군대』.

헌병 특무기관은 '국책 신문기자'라고 사칭하면서 중국 옷을 입고 권총을 숨기고 다녔다. 곳곳에 헌병 분소가 있었고, 헌병 본부에는 헌병 학교까지 있었다. 이들 특무기관에서는 중국인을 멸망시키는 근본정책으로 '백면 작전(白面作戰)'을 취하고 있었다.

백면 작전은 중국인 중견층을 마약, 아편, 모르핀 종류의 중독자로 만들기 위해 마약류의 물건을 일본 헌병 조직이 독점해서 전매하는 모략이었다. 어느 것이든 마약, 아편류의 금단(禁斷) 증상이 오면 죽을 만큼 괴롭고, 두려움은 지옥과 같은 괴로움이라고 한다. 금단 증상은 '지옥에서 벗어날 수 있다면, 부모도 버리고, 자식도 죽이고, 친구도 팔며, 천주교인이라면 성모상도 걷어찬다고 하는 자포자기에 이른다'고 한다.

백면 작전은 언뜻보면 중국인들을 겨냥한 것처럼 보이지만, 일본인들도 상당수 수렁에 빠졌다고 한다. 확인된 것은 아니지만, 베이징에서만도 환자가 20만 명이나 있었다고 한다. 같은 양귀비가 한 쪽은 아편이 되고, 한 쪽은 백면(흰 얼굴)이 되는 것이다. 헌병 특무기관이 〈베이징 특수양회 고빈공사〉라는 가면을 쓰고, 이를 제조했으며, 기관장은 M 대령이라고 한다.

그들은 말한다. "우리들의 임무는 흰 마약을 가능한 한 많은 중국인들에게 퍼뜨려 항전의욕을 없애는 것이 목적이다. 그리하여 중독률이 빠른 순도가 높은 제품을 보다 저렴하게 유포시킨다. 또한 마약으로 개인적 사리사욕만을 취하는 밀매자들을 없앤다. 이 두 가지가 지금 필요하다. 그런데 우리들이 가장 경계해야 하는 점은, 일본인에게도 마약이 들어가고 있다는 사실을 알게 되었다…."[51]

당시 중국인이 이 말을 들었다면 온몸의 털이 곤두섰을 것이다. 이에 대해서 전 참모인 츠지 마사노부도 이렇게 말하고 있다.

---

51 김왕환 『검은 꽃의 무리』.

"몽강(蒙疆, 몽골족) 지역에서 재배된 아편이 군용기 또는 중국 항공기를 이용해 상하이, 베이징 혹은 남방으로 보내져 수천만 인민을 해치고 있습니다. 몽강 정무 위원회는 일본군의 영도 하에 아편 수입으로 개인의 배를 채웠고, 군 모략가들은 그 일부를 가로채 자신의 주머니를 채웠어요. 도쿄에서는 육군성이 관리해 남방의 여러 국가에 필수물자로 보내고 있었습니다."[52]

일본군은 중국을 멸망시키는 마약류를 한 손에 장악하려는 음모를 꾸몄다. 그것을 노리고 아편류를 단속한 것이다. 그래서 만주, 서북, 남방 각지에서 원재료 아편을 받아, 풍태(豊台, 베이징의 한 지역) 지역에 정제공장을 만들어 이를 유일한 모르핀 공급원으로 만들려는 속셈이었다고 한다. 그것이 풍태의 백면 제조공장 건설이었다. 이로 인해, 얼마나 많은 중국 민중이 일본군의 독약에 걸려 인생을 미쳐 날뛰는 수렁에 빠졌던 것일까? 그 때문에, 중국 측의 라디오는 여성의 목소리로 다음과 같은 방송을 했다고 한다.

"베이징 및 주변에 사는 중국인 여러분, 일본 비밀기관에서 흘러나온 '백면 작전'으로 인해 금년 1년 만에 새롭게 10만 명 이상의 사람들이 폐인의 길을 계속 걸어가고 있습니다. 독가스, 세균 등과 함께 국제법상 비인도적이고 천인공노할 허락지도 않은 '백면 작전'을 직접 지휘하고 있는 원흉이야말로, 동양신문 사원, 스파이 양성기관 N 학교의 전 교관, 예비역 육군 중위 등… (이하 생략)."
— 김왕환 『검은 꽃의 무리』

일본군의 특무기관 아래에 양행이란 간판을 건 군소 일본인 상사의 경거망동이야말로, 소꼬리에 붙은 벌레와 같은 죽음의 상인이었다. 그래서 일본군은 무수히 많은 죽음의 상인 무리를 배양한 것이다.

---

52 『문예춘추』1955년 12월호, 특집.

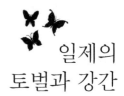

일제의
토벌과 강간

　'토벌(討伐)'이란 이름의 중국인 마을 약탈은 일본군이 가장 자신하는 일이었다. 앞서 언급했듯이, 군의 간부가 일본 기업들과 결탁하여 작전을 수행하고 보수를 받아 비대해져 갔다. 따라서 상부도 상부지만 하부의 병사들도 토벌할 때에 소득이 생기는 것이다.

　토벌작전에 참여했던 일본 병사의 말에 의하면 "사람이 빠져나간 빈 마을을 한 집씩 돌면서, 지팡이 끝으로 마루나 벽을 툭툭 치고 다녔습니다. 소리의 울림에 따라 벽돌 안에 숨겨진 찬장과 바닥에 은닉한 물품의 존재를 찾는 것입니다. 그것은 훌륭한 솜씨로 반드시 찾아냅니다. 벽에는 귀금속이나 아편이 숨겨져 있고, 마루 밑에는 의류가 많아 그것을 약탈해서 주둔지로 가서 팔아먹습니다."

　토벌에서 돌아온 병사들의 주머니나 배낭, 잡낭 속에 있는 잡다한 것 중에는 '전리품(약탈품)'이 불룩하게 늘 있었다. 병사들은 저쪽 마을에서 약탈해온 것을 이쪽 마을로 가져와서 마을 사람을 위협하여 병사가 부르는 값으로 무리하게 강매했다. 어떤 중대장은 승진이 늦으면 토벌을 탈출구 삼아, 부대는 아침이든 저녁이든 중대장의 공적 찾기를 위해 토벌 행에 끌려다니는 것이었다.

토벌하러 가면 약탈, 방화, 강간이란 광란이 보통이지만 그것을 일본 군대에서는 '병사의 스트레스 해소'의 의미로 받아들였다고 한다.

즉 마을의 부녀자들을 강간하고 약탈함으로써 병사들의 울적함을 풀어주고, 병사들이 강간하게 함으로써 '생기'를 불어넣는 역할이라고 간주했다. 아울러 부대장의 '공명심'과 '전과'를 노리는 기회이기도 했다. 이것이 일본군의 전쟁행위이고 토벌이라고 하는 것이다.

일본 군대가 토벌이란 이름의 약탈을 하게 되면 온갖 것을 탈취하여 그것을 큰 화차에 넣고, 잡아 온 중국인 농민을 시켜서 부대로 싣고 왔다. 그래도 다 옮겨오지 못하면 수수나 좁쌀 더미에 똥오줌을 누고, 냄비나 가마솥 등의 생필품을 깨부수고, 마을 전체를 태워버리는 짓 등을 한 후 부대를 철수했다.

따라서 일본 군대가 머문 민가는 마치 야쿠자 등산객이 휩쓸고 간 산장처럼 되는 것이 보통이라고 하며, 약탈하고 떠날 때는 실내에 똥을 누고 간다. 그래서 '일본군이 15분간 휴식을 취했던 민가는 회복에 3년이 걸리며, 1박을 하면 회복 불능'이라고 한다.

일본 군대가 진격한 곳은 지옥과 같은 모습이었다. 전 헌병 미야자키(宮崎 淸隆)에 의하면, "1940년 가을 이창[53] 지역 공략에서는 시가지가 아수라장으로 변하여 밤낮없이 타오르는 참담한 광경 속에서 '무참하게 죽은 사람의 산더미에, 들개 십여 마리가 불에 타 축 늘어진 부녀자의 목을 물어뜯고' 아득아득 깨물고 있는 참상"이 있었다고 했다.

이 참상 속에서 일본 병사는 '여자 찾기'에 혈안이 되어 부녀자들을 닥치는 대로 강간하였다. 여기저기 여자의 비명소리가 들리고, 두 손을 모으고 필사적으로 절하며 도움을 청하는 시어머니를 밀쳐 넘어뜨리고 말 타듯 강간하고 끝나면 쉽게 찔러 죽이는 것이 병사의 일상이었다.

토벌에 나가면, 우선 일본군은 짐승 같은 눈으로 여자를 찾는데 혈안이 된

---

53 宜昌으로 표기하여 '이창'으로 발음하며, 후베이성에 속한 도시임.

다. 구석진 창고에서 처녀를 찾으면 대개 다음과 같은 장면이 일어났다.

우선 여자에게 접근하여 떨고 있는 처녀에게 총을 겨누며 "똑바로 봐"하고 말한다. 이상하게도 어디에서나 통하는 말이다. 처녀는 아래에 입고 있는 것(몸뻬와 같은 바지)을 벗고, 공포스러움 그대로 완전 무표정, 무저항의 무방비 상태가 된다. 어떤 처녀는 공포의 쇼크로 인해 발광했다.

북중국의 산악지대에 일본군이 왔다면 어디라도 도망칠 수 있지만, 중부 곡창지대는 바로 내려다보이는 평야라서 도망갈 곳이 없다. 그래서 여자들은 머리카락을 잘라 남자로 보이게 하고, 고개를 숙여 얼굴을 보이지 않고 곡물을 빻기도 하며, 얼굴을 먹물로 일부러 더럽히거나 해서 누가 젊은 여자인지 모르게 한다. 하지만 성에 굶주린 일본 병사들은 독특한 느낌으로 처녀를 골라서 달려들었다. 살육이나 강간은 중국대륙의 어디서나 행해졌다. 그런 만큼 중국 민중은, 일본군이 습격해 온다는 소문을 들으면 마을을 버리고 멀리 도망가버렸다.

중국인에게 일본군이라고 하면, 인간의 부류라고 생각하지 않고 귀신으로 여기고 있었던 것 같다. 한창 전쟁터였던 중국에서 일본군은 끊임없이 전진 행군을 일과로 삼았는데, 행군 중에도 고참병은 줄에서 이탈하여 강간을 자행하고 있었다. 고참병은 젊은 초년병과 달리 이미 고향에 마누라 또는 자식이 있는 사람이 많았다. 그만큼 행실이 나빠, 행군 중에도 여자를 보면 개구리를 본 뱀이라고 할까, 결코 놓치지 않았다고 한다.

전 헌병 미야자키는 일본군이 행했던 만행을 이렇게 증언했다.

달려가면서 한순간에 중국 여성의 솜바지를 훌렁 벗겨버리는 요령을 알고 있었던 것입니다. 우리 주위에서는 자주 "아이코"하는 비명이 들렸어요. 우리들이 돌아보면, 그들은 하체가 벗겨진 중국 여성의 위에 바지를 걸친 채 말타기를 한 모습으로 이쪽으로 손을 흔들어 보이는 것입니다.

여자 측의 저항이 심할 때는 단검이나 수류탄을 휘두르면서 하는 때도 있었어요.

옅은 눈으로 얼어붙은 밭이나 눈발이 흩날리는 가운데 저는 그때 손을 흔들고 있던 무리의 처참한 광경을 지금도 떠올립니다. 강간을 끝낸 무리들은 부대가 300m 정도 전진했을 때쯤 달려와 부대를 따라왔어요.

또 다른 사람은 강간할 시간이 없을 때는, "여자의 하복부만 벗기고 거기에 당근, 감자, 고구마 등을 쑤셔 넣고 놀았어요. 당근, 고구마는 밭에 널려 있는 진흙 덩어리여서 그런 일을 당하면 정말 괴로운 나머지 죽음을 택한 여성도 점점 늘어났지만, 그것을 나도 양심의 가책 없이 재미있어 했어요. 당근으로 부끄러움을 당한 여자들은 금세 정신을 잃었습니다"라고 전했다.

이것이 일본 병사의 즐거움이었다. 그리고 '토벌'에 나갔다가 마을의 여자를 잡고 윤간할 때에는 우선 대장이 제일 먼저 손을 쓰고, 다음으로 하사관, 다음으로 고참병, 그리고 마지막으로 7~8명의 초년병이 하는 순서였다고 할까. 이렇게 해서 윤간이 마무리되면, 여자를 죽여버리는 것이 '암묵적 동의'로 되어 있었다. 이후 병사들은 귀대하여 "팔로군(중국공산당)의 염탐꾼이 여자를 살해했습니다"라고 보고하면, 상관으로부터 칭찬받고 승진하게 된다.

치안구역에서는 '황군의 선정(善政) 모습을 보여주어야 한다'며 헌병이 순찰하고 있었다. 하지만 많은 병사들은 '주간에 눈에 띄는 여자를 물색해 놓고, 밤이 되면 대개 둘이서 나간다. 그러면 순서를 정해 둔다. 한 사람이 강간하고 있는 동안 다른 한 사람은 망을 보는 것'이다. 이것이 교전지역이라면 인정사정없이 만행을 저질렀음은 말할 것도 없다.

산둥성 지방의 부대에 근무했던 에노키 모토(榎本)라는 전 중사의 말로는, "내 주변에서는 1개 분대에서 하루에 2~3건의 강간과 윤간이 있었다고 생각합니다. 대대 규모는 상상할 수도 없습니다"라고 하며, 또 기쿠타(菊田)라고 하는 전 중사는 "1분대에서 매일 한 건 정도라고 생각합니다. 대대에서는 하루에 60건 정도 될 것입니다"라고 말할 정도이다. 대략 당시 일본군의 규모를 약 100만 명으로 추정하면, 어느 정도의 중국 여성이 당했을까?

또 한편으로는 당시 군인이었던 작가 이토 케이이치는 다음과 같이 말한다.

나는 전쟁의 전반부를 북중국, 후반을 중국 중부에서 보냈는데 북중국에서는 주
둔지에서나 토벌에 나선 곳에서나 이제껏 젊은 여자의 모습을 본 적이 없습니다.
… 오지 마을로 가면 젊은 여자들이 이미 도망가고, 움직일 수 없는 중태인 환자밖
에 남아 있지 않았어요. 산속의 중국 마을은 한 집안에 한 마리 정도 꼭 몽고 개를
키우고 있고, 이 개가 굉장히 민감해서 몇 km 앞의 이상한 것을 탐지해 내고 있었
어요. 개가 짖지 않는다고 생각하면 이미 어디에 가도 젊은 여자의 모습은 없었습
니다.

즉 강간하려 해도 상대가 없는 상태였다. 반면에 혼자서 여자를 찾으러 갔
다가 토착민에게 살해된 사례는 일일이 셀 수도 없다. 그리고 강간한 여자를
발가벗겨 쌓아놓고 죽창으로 찔러 죽였다는 난폭한 짓을 일찍이 전쟁 초기에
한 패거리도 있었다. 중국 민중이 자주 "수염을 기른 군인은 악질이다"라고 한
것은 전쟁 초기 고참병들의 짓거리를 말한 것이다.

이처럼 다수의 일본 병사가 강간 현장에서 중국인에게 살해당했지만, 그들
은 명령에 따라 강간을 하기 위해 출정한 것으로 보인다. 이것이 명예로운 전
사의 실태였다.

"초년병 교육"과
여자

일본군 부대에서 초년병 교육이라는 것은 고참병이 '학살 방법이나 잔인성을 가르치는 일'이었다. 어떤 중대에서는 작전을 나갈 때, 지리를 잘 아는 현지인을 붙잡아 길 안내를 시키지만, 작전이 외부에 노출되지 않도록 하기 위해 목적지가 보이는 지점까지 오면 초년병의 간담 시험이라 하여 총검으로 찔러 죽여버리는 경우가 많았다.

또 어느 중대에서는 초년병을 데리고 가서 마을의 한 농가 집을 파괴하고, '초년병 교육을 철저하게 시킨다'는 이유로 젊은 중국 여자를 잡아 벗기고 방의 천장에 거꾸로 매달아 초년병에게 여자의 국부에 수박조각을 던져서 맞힐 것을 명령했다. 그리고 여자가 의식불명이 될 때까지 그것을 계속 시키며 "이런 일로 놀라면 어떻게 해"하고 호통치기가 일쑤였다.

그것뿐일까? 어떤 고참병은 초년병 교육으로 만기제대하는 병사에게 보여줄 선물이라면서, 건장한 중국인 농부를 붙잡고 야채용 칼로 가슴부터 배까지 갈라 보여준 적도 있었다. 그래서 본인은 그 '용맹함'으로 인해 단번에 중사로 승진했다고 한다. 또 학살이나 잔인성을 발휘한 날에는 소대장으로부터 "오늘 작전이 매우 우수했다"며 칭찬받고 연회를 베풀어 약탈한 소머리를 돌렸다고 한다.

일본군 병사들이 중국 여인을 잡으면 발가벗기고 조롱하고 차례차례로 윤간하는 것은 드문 일이 아니었다. 그것도 단순한 윤간이 아닌 모두의 '즐거움'으로 만드는 것이었다.

또, 연기 나는 큰 나무를 집어서 조금씩 여자의 국부에 가까이 대고 털을 태우며 놀았다. 이럴 때, 처음은 한결같이 꽁무니를 빼던 초년병들도 이제 반 년 이상의 중국 생활에서 그것을 껄껄 웃으면서 구경도 하고, 작은 막대기로 성기를 쿡쿡 찌르는 일에 참여함으로써 무딘 신경으로 단련되어 갔다.

그리고 윤간을 한 후, 바로 죽이는 것이 관례였다. 나이가 어린 초년병이 난생처음 여자의 나체를 보는 것은 중국 전선으로 나갔기 때문일 것이다. 거기서 초년병에 대한 고참병들의 '교육'은 '여자 찾기'와 '여자 나체 갖고 놀기'로 시작한다고 해도 좋을 것이다.

그들은 강간에 싫증나면, 초년병을 앞에 두고 대추 열매를 여자의 국부에 집어넣고 "이제 10개 들어갔다"하며 자랑스럽게 웃었다. 그것을 보고 초년병이 겁을 먹자 고참병들은 "이걸 겁먹으면 군대에서 견디지 못해. 더 좋은 게 있으니까 보여주지. 이쪽으로 와!"하고 초년병을 데리고 농가로 들어갔다.

"잘 봐, 여기 있는 인부와 이 여자를 관계시킬 생각이야"하고, 중국인의 남녀를 위협해 억지로 성관계를 시킨 뒤 그것을 곁에서 바라보고 껄껄 웃으며 즐기는 것이었다.

어느 고참병은 농가에 침입하여 4명의 초년병이 서 있는 앞에서 젊은 아기 엄마를 강간하려고 덤벼들었다. 그런데 자던 아기가 깨어나 펑펑 울기 시작했다. 그러자 고참병은 아기를 안고 헛간에서 온돌용 더운물을 끓이고 있는 큰 가마 속에 넣어 뚜껑을 닫고서 강간을 했다. 거기에 조선 출신의 초년병도 함께 있었다고 한다.

일본 병사가 중국인에 대한 잔인했던 이유는 일본 군대의 군기가 비인간적인 처사였기 때문이다. 그것은 군대에서의 이유 없는 일상적인 구타였다. 즉

복싱에서 말하는 혹으로 주먹을 쥐고 때리든가, 손바닥으로 때리는 것이 보통이었다. 이것은 일종의 고문이라 해도 좋을 것이다. 너무 세게 맞는 바람에 한 병사가 두 눈이 튀어나와 버린 사건도 있었다.

또 안면에 구두 바닥의 징과 같은 흔적의 흉터를 가진 병사들을 많이 볼 수 있는데, 그것은 가죽밴드로 두들겨 맞은 흔적이다. 군대의 고참병이 초년병을 때리는 것으로 '따귀 때리기'라는 벌도 있었다. 병사를 두 줄로 세워놓고 서로 힘껏 때리는 방식이다. 만약 상대에 대한 주먹질에서 적당히 봐주면 추려내어 상관들이 호되게 제재를 가하여 더욱 잔인하게 해 주었다.

또한, 토벌에 나설 때 중국인에게 잔인무도한 짓을 하는 부대에 대해서는 때리는 일도 적지만, 조금이라도 양심적인 데가 있어서 잔학 행위를 할 수 없는 병사에 대해서는 끝까지 린치를 가하는 것이 보통이었다고 전하고 있다. 이것이 천황 군대의 관례였다. 천황체제의 군대는 잔인함과 잔혹성을 크게 드러내는 것이 본질이었다.

이른바 고참 병사 중에서도 말하자면, 군대의 야쿠자(깡패) 같은 병사는 부대의 '살륙마'이기도 했다. 인간이 가진 모든 악독을 들어낸 것이리라. 교활함, 야비한 시기와 질투, 기만, 세력을 불리는 근성, 거짓말, 허세, 아첨 등을 토대로 한 천황의 군대조직은 가공할 폭력과 모략으로 조직된 세계였다.

그것은 군대라는 이름의 야쿠자 세계이고, 국민 모두의 병사라는 이름의 의무적인 감옥의 죄수이며, 전쟁 노예의 무리라고 해도 좋을 정도였다. 그 군 생활을 참고 견디는 것은 비참한 희극(?)의 연속이었다. 만약 일본군이 전쟁에서 이긴다면, 아시아 전체는 노예가 될 것이고 일본의 권력자 외는 살 수 없게 될 것이다.

중국 영토에서 무참한 살육, 방화, 강간을 일삼은 일본군이지만, 중국 측은 일본 병사를 포로로 잡은 경우에도 "당신들은 적이 아니다"라고 설득하면서 죽이지는 않았다. 상처 난 환부에 중국 간호사가 정중하게 치료를 하는 것은 말할 것도 없고, 보양을 시켜 귀환시켰다.

하지만 일본군은 생환한 그에게 린치를 가한 뒤 영창에 넣고, 군법 재판에 넘겨 사형에 처하거나 무기력한 상태로 만들기도 했다. 피해자와 가해자가 완전히 뒤바뀐 것이다. 심지어 전쟁터에서조차 도덕적으로도 서로 하늘과 땅 차이였다.

대본영(大本營, 일본의 최고 통수기관) 발표라고 하면, 사기의 대명사로 변하고 있었다. 발표 그대로라면 싸움은 이기고 있었지만, 실은 모든 것을 거짓으로 꾸민 것이었다.

예를 들어, "적에게 패배를 당한 때에도 농민을 죽여 그것을 적의 손해로 보고한다. 소총 1정을 발견해도 적 시체의 수에 넣는 것은 보통이다. 심할 때는 총과는 전혀 다른 쇠막대기도 시체로 세기도 한다"는 것이다. 상대를 속이고, 일본 국민도 속이고, 모든 것을 속인 것이었다.

말하자면, 천황을 위해 싸우다 죽는 것을 마다하지 않고 온갖 잔인무도한 짓을 배웠던 '천황의 군대'는 인간으로도 통용되지 않는 괴물의 집단이었다. 그래서 중국 측에서는 일본군을 '동양 귀신(괴물)[54]'이라고 말했다.

중국 전투에서 말기 작전에 속하는 소위 경한(京漢, 베이징과 우한) 작전 (1944년 4월 중순, 제12군의 4개 사단 참가) 때, 이나무라(稲村) 대대장은 부하 장교와 하사관들을 모아 놓고 다음과 같은 맹렬한 훈시를 했다.

> "무슨 일이 있어도 낙양(洛陽)[55] 지역에 제일 먼저 들어가야 한다. 낙양에 들어가면 나는 두 손으로 옥수수를 따서 한 번에 처녀를 셋씩 강간할 것이다."

대대장은 자기 부대가 제일 먼저 전공을 세우기 위해, 부하에게 기백을 고취

---

54 東洋鬼 '동양키'라 부르며, 학살로 악명높은 일본 군대를 말함.
55 '뤄양'이라 부르며, 중국 허난성 서부에 있는 도시.

시키고 광기를 부추기어 중국 부녀자 강간을 공공연히 시켰던 것이다.[56]

그러다가 대대, 중대의 병사가 주둔지로 돌아오면 병영의 출입구에 위안부를 줄지어 세워 일장기를 흔들며, "수고했습니다"라고 환영했다. 어떤 사람은 먼지로 뒤덮인 채 위안소로 향하는 것이다. 군대가 '전쟁 노예'라고 한다면, 위안부들은 '병사의 섹스 노예'였다.

---

56 츠야마 쇼사쿠의 『전쟁 노예』.

제6장

위안소와 위안부의 실태

위안부의
차별

     중국인의 마을마다 포학한 짓을 하여 '무적황군'이란 악명을 얻은 일본 군대는 가는 곳, 주둔 부대, 경비대, 분대 그리고 진지의 토치카에 이르기까지 위안소가 설치되어 위안부가 배치되고 병사들의 지루함을 달래는 '위안'이 제공되었다.

  군대 전용의 여랑집이 그림자처럼 따라다니며 엄청난 돈을 벌자, 일본 국내나 조선에서 먹고사는 업자는 말할 것도 없고 메이지(明治) 시대부터 '가라유키상'으로 소문난 남방 방면의 여랑집까지 중국대륙에 몰려들었고, 총성이 울려 퍼지는 점령지로 여자들을 데리고 갔다.

  전 참모였던 오하시 타케오(大橋武夫)는 "어떤 마을을 공격하여 점령하고, 아직 남은 적과 반격하며 싸우고 있는 곳이라도 장사 좀 시켜 달라며 업자가 찾아옵니다. 물론 여자들을 데리고 옵니다. 돈이 된다면 어떤 위험한 곳에도 몰려드는 상태였습니다."

  이것은 군인 측의 주장이다. 그런데 국법에서 금지되어 악한 자로 취급하는 여자 유괴를, 매춘 업자가 전면에 동원해서 '국가를 위한 봉사단'으로 모아 전쟁터에서 운영을 권장하고, 요청하며 이것을 비호한 것은 말할 것도 없는 사실이다. 일본군 자체가 총독부를 통해서 조선의 처녀를 '공출(供出, 할당하여 빼앗는 것)'하도록 지시하고, 위안소의 건물과 식량 모두를 제공하며 감독한 것이니 당연하게 여겼다.

중국 전선에서는 '위안부'의 9할까지가 조선의 젊은 여성이었다. 나머지 1할은 일본인 여성과 극소수의 중국인 처녀였다. 따라서 대다수의 조선 여성과 소수의 일본 및 중국 여성의 경우는 속사정이 서로 완전히 달랐다.

우선 일본 여성의 경우를 보면, 앞에서도 언급했듯이, 일반 부녀자를 절대로 전쟁터로 유인해서는 안 된다는 엄한 지시가 있었다고 본다. 그래서 일본 여성 위안부에 처녀는 없었다. 이미 접대부로서 전부터 창기나 창기 출신, 기생이나 여급들이 대부분이었다.

그러나 이것에도 군 측의 엄격한 조건이 있었고, 전쟁터로 유인할 때는 '선금은 1년간 일해서 갚을 수 있는 한도'로 하고, 본인에게 서약서를 받는 것을 조건으로 하고 있다. 따라서 그녀들은 '전쟁터에서는 돈이 된다'는 것을 계산한 다음에 '군대 위안부'를 자청한 것이다.

이미 일본 국내에서는 전시 분위기가 강해짐에 따라, 윤락업(三業)은 침체하여 생업이 어려웠다. 밥줄이 막힌 상황이라 전쟁터로 온 사람이 대부분이었다. 그런 사정으로 일본 여성 위안부는 25세에서 30세가 대부분이고, 간혹 40세의 나이든 창녀가 섞여 있어서 말하자면 화류계의 베테랑이 많았다.

이에 비해서 조선 여성의 경우는, 일본군의 수뇌와 총독부 관료들과 일본인 매춘 업자와의 결탁·모의 하에 사기에 걸려든 것이었다. 그런 까닭에 그녀들의 나이는 16세에서 19세가량 그것도 처녀뿐이었다. 결국, 전시체제 아래에서 경찰의 그럴듯한 말을 듣고 〈여자 애국봉사단〉이 되는 명목으로 낚여, 전쟁터에 도착하자마자 군대 여랑으로 넘기는 방식을 취한 것이다.

또 소수의 중국인 여성의 경우, 일본군이 '토벌 작전'이라는 이름으로 중국의 촌락을 휩쓸고, 도망가는 처녀와 숨은 여자를 연행하여 억지로 위안부를 시켰다. 침략자에게 유린당하여 국토를 망치고, 갖은 만행을 저지른 일본 군대의 위안부가 되고자 하는 중국 여성은 극히 드물었다.

일본군의 측에서도 부대의 정보가 중국 측에 알려지는 것을 두려해서 '중국인 위안부' 모집에는 적극적이지 않았다고 한다. 그러나 인구비례상 상당수의 중국 여성들이 위안부가 되었던 것은 사실이다. 역시 미인이 있으면, 그녀들을 붙잡아 '위안소'라는 우리에 넣어 창기로 만들어 버린다. 일본인 매춘 업자에게는 '선금'이라는 밑천을 들이지 않고 단시간에 바로 미인을 손에 넣는다는 이점이 있었기 때문이다.

이처럼 일본 여자, 조선 여자 및 중국 여자를 전쟁터의 군대 위안부로 보냈지만, 그것을 다시 한번 요약해 말해 보면 일본 여성의 경우는 화류계 또는 이와 비슷한 곳에 이미 물든 장사꾼으로서 전쟁터에서의 역할을 이해시키고, 타당한 선금을 주어 본인에게 서약을 받은 것이다.

그러나 조선 여성의 경우는 총독부 관리 또는 공무원을 개입시켜 팔팔한 20세 이전의 처녀를 뽑아서 교묘하게 데리고 간 것이다. 그리고 중국 여자의 경우는 '전리품'으로 약탈한 여자들이었다.

결국, 전자는 여자로서 흠이 있는 자만 선택하고, 후의 둘은 신선한 처녀들만을 밑천 없이 끌어오는 구조이다. 그리고 조선인과 중국인의 차이는, 전자는 그럴듯한 전쟁협력 명목으로 속여 유인하는 반면, 후자는 주로 사로잡혀 투입된 것이다.

그런데 현지 위안소 경영자의 위안부 투입은 꽤 흥미롭다. 일본 여자는 '야마토 나데시코(大和撫子, 일본 여성)'라 해서 요금이 비싸다. 그 수가 적은 것을 이유로 해서 주로 고액을 가진 장교만을 상대하고 있었다. 물론 고액의 선금을 받은 탓도 있을 것이다.

어쨌든 '희소가치'가 있는 여자 몸이라서 일반 병사들은 상대하지 않았다. 그런 이유에서 예외는 있다고 해도 절대다수를 점하는 일반 병사를 상대한 것은 조선 여자였다. 이같이 일본 여자, 조선 여자 및 중국 여자에게는 각각 차이가 있었다. 중국 전선에서 식량을 겸해 위안부들을 돌보고 있던 이토 케이이치(작가)는, "내가 있던 난징 가까운 마을에는 일본, 조선, 중국이란 3개의 위안소가 있었습니다. 건물도 화대도 각각 격차가 있었고, 일본 여성이 있는 집은 훌륭하여 일본 내의 유곽처럼 다다미방이 있었습니다. 어떤 곳은 아파트식으로 방이 나뉘어 있었습니다."라고 말했다.

말하자면 창기 출신과 기생 경험이 많은 일본 여자의 몸은 너덜너덜해도 '죽어도 도미는 도미'[57]라고 한 것일까? 그러니까 장교들을 상대로 하는 위안소는 군대의 사단 본부나 대대본부가 소재한 도시나 철도 주변의 거리에 개설되어 보스급이나 중견층 업자가 운영한 것 같다. 텐진, 상하이, 지난(濟南, 중국 산둥성의 도시) 같은 대규모 주둔군 도시라면 요정, 바, 카바레, 카페 같은 유흥가가 생겨나 크게 번창했다.

이를테면 일본 국내의 윤락 업종을 모두 옮긴 것과 같다. 그곳에서는 최전선에서 돌아온 장병들의 휴식처로, 또 전선으로 향하는 무리들의 '자기 이름을 알리는 특별 신고식'이란 것이 반복되었다. 물론 거기에는 죽음의 상인들의 향응이 있었고, 군의 판공비라는 거액이 움직이고 있었다. 또 중국 전역에서 약탈한 고가품이 거래된 것은 말할 것도 없다. 그래서 후방일수록 여자의 역할은 편하고 돈도 되지만, 전선에 가까울수록 여자의 역할은 힘들고 급료도 적었다. 전선의 병사를 상대한 대부분은 속아서 끌려온 젊은 조선의 처녀들이었다. 조선에서 끌려온 처녀들을 전쟁터로 데리고 온 경로는 다음과 같다.

(1) 여자들을 넘겨받은 업자가 전선 부대로 직행하는 것.
(2) 유인한 여자들을 텐진, 지난 또는 상하이 등의 중계소(위안소)로 일단 유치시켜, 현지 부대의 요청에 따라 분송하는 것.

---

57 귀하고 아주 맛있는 생선으로 죽어도(썩어도) 그 가치가 있음을 뜻하며, 우리나라의 '썩어도 준치'라는 속담에 해당함.

조선인 위안부는 예외가 있다 해도 대부분 최전선의 위안소에 가게 된다. 최전선 위안소는 중대 규모(100~200명)의 주둔지라면 대부분 마련되어 있다. 즉 다음의 경위에 의해서 마련되었다.

① 업자 측에서 적극적으로 진출하는 것.
② 현지 부대의 적극적인 요청에 응하는 것.
③ 현지 부대의 요구가 없어도 후방 사령부의 배려와 지시로 위안부를 계획적으로 보내는 것.
④ 최전선 부대가 마음대로 여자를 모집해서 독자적으로 운영하는 것.

결국 작은 부대에도 위안부를 두고 있었던 것이다. 그런데 부대가 주둔하는 마을의 위안소에서도 병사만을 상대로 하고 있었던 것은 아니다(특정한 주둔지나 부대 진영 내의 위안소는 별도이다). 위안소에서는 일반 일본인도 상대를 했다. 그 말은 장소에 따라서 주간은 비교적 시간이 있었던 사정도 있으므로 업자 측이 여자들을 혹사할 욕심이 생겼고, 또 한편으로는 현지에 있는 민간 일본인(소위 죽음의 상인)들의 요청도 있었을 것이다.

예를 들어, 타이안(泰安, 산둥성 중부) 지역이라면 근교의 미쓰비시 탄광에 종사하는 일본인이라든가, 기타 군속, 상사원 등의 성욕처리도 맡고 있었다. 말하자면 현지에 있는 일본인이라면 위안소 이용이 가능한 것이다.

조선 각지의 순경이나 면(마을)장의 부름에 이끌려, 매춘 업자에 유도된 처녀들은 멀리 북상하는 기차에 실려 만주를 거쳐 텐진을 지나, 오지의 한 역에 내려지면 군용트럭으로 옮겨지고 또 하루 밤낮을 걷는 일도 많았다. 그리고 해발 2,000m의 산악지대라든가, 혹은 황토가 나부끼는 평야의 최전선으로 데리고 들어간다.

현지의 병사 주둔지에 도착하면, 그곳의 식량 담당이나 위생담당 중사 또는 경리담당 소위에게 인계된다. 이들 담당자가 먼저 건물을 물색하여 업자에게 제공함으로 위안소가 된다. 오지에서는 보통 중국인의 민가가 이용된다.

군대의 경리 임무는 금전 경리, 식량, 피복, 물품조달 등이지만, 그중에 '위안부의 일'도 포함되어 있었다. 원래 일본 군대에서는 '여성'의 소속 규정이 없기 때문에 여자들은 '물품'으로 취급되고 있다.

따라서 위안부 관리는 주류품(酒類品)으로 취급되어 주류품 전표가 위안소행의 전표가 되었던 것이다. 그래서 위생담당 하사관이 그녀들의 얼굴 사진을 찍어, 한 장은 의무부로 한 장은 헌병대에 보낸다고 한다. 그리고 위안소의 위생을 관리하는 군 의무부에서는 그녀들의 얼굴 사진을 붙인 명단을 만든다. 이것이 소위 위안부의 호적부인 것이다.

그런데 전쟁터의 군대에서는 보통 '위안부'나 '위안소'라고 부르지 않았다. 일반적으로 '삐'나 '삐집'이라고 불러 천시하고 있었다. 예를 들면 각각의 위안부를 '일본 삐', '조선 삐', '중국 삐'라 부른다. 이것도 일종의 군대 용어로 되어 있었다.

헌병 상사 출신의 미야자키 기요타카(宮崎清降)에 의하면 '삐'라는 것은 위안부의 줄인 말인데, "그 삐의 어원은 영어에서 매음부를 Prostitute라고 하는 단어의 첫 자 P를 취한 것으로 생각한다"라고 말한다. 분명 그것임이 틀림없을 것이다.

그래서 군대 위안소(P집)란 일본군 부대의 한 소속으로 만들어진 '여체의 타코방(합숙소)'이었다. 다시 말해 군대라고 하는 집단의 유료 윤간소였다. 이 우리 안으로 유도하기 위해 P집의 남자 주인은 일본군과 협력하여 만든 회사라고 말하며 조선의 경찰 앞잡이로 나서고, 한편으로는 총독부 관리의 '공문 전달'에 의해 순경을 독려하여 처녀들을 긁어모으게 한다. 말하자면 분업적 연계를 통해서 여체를 호랑이 소굴로 밀어 넣는 구조였다.

중국 전선에서는 일본군 부대가 진격하여 새로운 주둔지가 정해지면, 제일 먼저 두 가지 일을 착수한다고 한다. 그중 하나는 군대용 막사의 설치였고, 또 다른 하나는 위안소 설치였다. 때로는 '전쟁터 위안부의 집'이 부대장의 숙소나 병사의 숙소보다 더 빨리 세워졌다고 한다. 사단 단위의 경우라면, 사령부와 함께 행군하는 종군 기자에 이어 거의 동시에 여자 제공업자가 위안부를 데리고 들어온다. 그 뒤로 함께 움직이는 것이 기생을 거느린 요리집 무리였다.

일본 군대의 윤간소라고 할 수 있는 위안소는 그만큼 일본 군대에 있어서 필요한 것이었던 것 같다. 과거 중국 전선의 군인이었던 다무라 타지로(田村泰次郞, 작가)는 "이곳은 군인들에게 영혼의 세탁장입니다. 더러움이 쌓이면 빨래터에서 씻듯이 병사들은 이곳에서 육체를 씻고 영혼을 씻습니다. 아무리 피곤해도 병사들이 이곳에 오면 완전히 기운을 차리고, 또 내일부터의 출격 근무에 환생한 듯한 발랄한 마음으로 임하게 되지요"라고 말했다.

그는 편안한 군대에서 복무한 탓에 표현이 낭만적이고 문학적으로 되어있지만, 사실은 군대의 악랄한 광태의 무시무시한 섹스처리장이었고 그녀들은 섹스의 노예로서 색 지옥 속에서 몸부림치는 신세였다. 군대 위안소야말로 일본 병사의 맹렬한 성욕을 처리하는 '공동변소'이기도 했다. 그것은 만주사변 이후 암묵적인 가운데 행한 것을 이제 공공연하게 각 부대에 제도화한 것이었다.

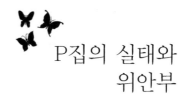

P집의 실태와
위안부

　매춘 업자는 일제의 점령지에 도착하면 P집을 만들어 장사를 개시한다. 여자를 속이고 사는 음습한 자들이지만 그들에게도 우선이라는 것이 존재한다. 그들은 주둔지 중대장의 비위를 맞추기 위해 제일 예쁜 딸의 몸을 헌납해서 서비스한다고 한다. 그런 후 뉴스라고 쓴 포스터를 만들어 '아가씨, 오늘 도착', '살인적 올 서비스'라는 글자를 써서, 병사들의 눈에 잘 띄는 장소에 붙이는 것이다. 그러면서 위안소 여성들에게는 "너희들, 각자의 일이지만 기력을 살리면 몸이 유지되므로, 침상에서는 연출을 하는거야. 성행위 중에 기뻐하면 절대 안 된다. 항상 몸을 평온하게 다스리는 것을 잊지 마라."라고 한다.

　이중적인 매춘 업자들은 딸들에게 자기들을 '아빠'나 '엄마'로 부르라고 하고, 늘 하던 관례의 '교육'을 시키는 것이다. 위안부에게는 성의 환희는 금지되어 있었고, 좋아하는 사람을 만들어서는 안 된다고 하였다. 이것은 일본 여랑집의 전통 같은 대사였다. 분명히 일리는 있지만, 업자로서는 무엇보다 하나의 '상품'으로 그녀들을 확보하는 것이 본심이라고 말해도 좋다.

　또 노련한 업자는 딸들에게 침상의 몸짓과 손님 다루기를 부지런히 가르친다. 그리고는 병사의 기호를 재빨리 알아채고 거기에 맞추라고 입에 신물이

나도록 종용한다.

이를테면, 고참병이라면 침상에서 급하게 하지 말고 천천히 말을 섞는다든 가, 장교라면 성의 기술을 칭찬한다든가, 20세 풋내기의 순정형 병사라면 돈 을 떠나서 서비스를 제공한다든가…. 상대에 따라서 실수 없이 연기하는 것을 가르친다. 그러면 상대방은 마음먹은 대로 돈을 지불하게 된다고 가르치는 것 이었다.

이 지경까지 이르렀을 때, 대부분 조선 처녀들은 자신들이 속았다는 사실을 알게 된다. 그러나 눈치채고 어디든 도망가려고 해도 도망갈 수 없는 상황에 와 있었다. 군 수뇌부도 업자도 처음부터 이를 예상하고 여기까지 끌고 온 것 은 말할 것도 없다. 여기에 끌려왔으면 '내 물건'이라는 태도였다.

무서운 속임수를 눈치챈 한 조선 처녀가 자신을 데리고 온 사내업자에게 격 분하여 항의하자, 그 남자는 도깨비 얼굴을 하며 악을 썼다.

"바보 같은 년, 너희들 어디서 나라를 위해 일하는 줄 생각하느냐? 이 장 사는 여자라면 누구나 할 수 있고 즐기면서 돈을 벌기까지 하는 장사야"라 고 말한 뒤, 물 펌프 같은 것을 보여주며 세척방법을 가르쳤다.

결국, '너희들이 나라를 위해 할 수 있는 일이란 이것밖에 없는 것'이란 의미 일 것이다. 현지에 도착하자마자, 끌려온 딸들과 업자들 사이에 이런 말다툼 이 오갔음은 물론이다. 그러나 그녀들을 옹호해 주는 사람이 있을 리 없다. 이 제 부르짖어 보았자 소용없는 것이었다. 이렇게 그녀들은 놀람과 한탄, 허탈 감 속에서 군대라고 하는 집단의 창녀가 되어버렸다.

대개 그녀들은 현지에 도착한 날부터 장사를 시작하게 된다. 여자가 도착하 면 순식간에 부대로 전해지고, 병사가 계속 줄지어 온다. 주변 마을에 있는 중 국인이 도망쳐 버리면 강간할 상대가 없어 몸이 근질근질한 병사도 많다.

이따금 잡혀 온 부녀자를 발가벗겨서 '새까맣게 산더미같이 몰려든 병사들 에 둘러싸인 가운데 교대로 능욕하는 윤간행위'를 아무렇지도 않게 하던 일본 군대였다. 그렇게 '윤간행위'를 못하게 되면 짜증을 내는 병사들도 있었다고 한다.

중국 전선에서 강간에 맛을 들인 병사들은 한 달 반이나 여자로부터 격리되어 있으면, 눈은 살기가 넘치고 말은 당장 싸울것처럼 거칠어진다고 한다. 심지어 위안부가 없는 부대는 병사들이 짜증이 많고, 사소한 일로 말다툼이 벌어졌다고 한다.

알다시피 약탈과 살인과 강간을 일삼는 병사들의 성욕은 맹렬한 것이라서 강간 상대자가 없으면, 어떤 사람은 밤에 몰래 나가 닭이나 새를 잡아 수간(獸姦)을 하기도 했다고 한다. 또 어떤 부대에서는 위안부 오는 것을 기다리지 못하고 중국인 처녀를 낚아채서, 독자적으로 위안소를 만들기도 했다.

한 예로, 이른바 '난창(南昌) 작전'이 끝나고 안의현(安義縣, 장시성 난창시 서북부의 현) 마을에서 경비를 맡고 있을 때의 일이다. 그 전선까지 위안부가 따라올 수 없는 것에 화가 난 중대장이 마을의 장들을 모아 "여자를 한 사람씩 내놓아라"라고 하여, 8명의 중국 여성을 모아 빈집에 수용하고 임시 위안소를 열었다는 것이다. 그 중대장은 40세 가까운 중위였지만 호색의 남자였다. 그는 8명 중에서 제일 좋아 보이는 여자를 자신의 전용으로 둔 것이었다.[58]

이런 이유로 P집이 현지 부대에 도착했다고 하면 군인들이 금방 몰려온다. 그야말로 첫 일 주일 정도는 맹렬하다. 말하자면 쌓인 성욕이 한꺼번에 폭발하는 것이다. 그 결과, 갑자기 창녀가 되어 버린 딸들 중에는 피투성이가 되어 들것으로 실려 가는 모습을 자주 봤다고 한다. 특히 초반에 이런 처참한 광경이 여기저기서 벌어졌던 것은 분명해 보인다.

그런 사고가 빈발한 탓인지, 군대에서는 업자가 데려온 딸의 수와 동수의 장교들을 조합시켜 '특훈'이라는 것을 연출한다. 앞장에서 썼듯이, 먼저 성욕이 뛰어난 장교들이 '처녀의 맛을 본다'는 즐거움을 겸해서 1조씩 3일 밤낮 계속

---

58 전 제106연대 일등병 오다 아키오의 이야기 『아사히 예능』 1971년 5월 27일

해서 맹렬한 육욕을 채워 농락하여 딸들의 '몸을 유린'한 후, 일반 병사에게 넘기는 것이다. 따라서 현지에서 처음 수일간은 장교만을 상대하게 했다.[59]

일본 군대의 장교들은 처녀의 몸을 정복하면 적의 총알에 맞지 않고 '무운장구(죽지 않음)' 한다는 미신을 갖고 있었다. 그렇다면 그들은 P집에 가는 것이 즐거울 것이고, 고마운 존재였을 것이다.

당시의 매춘 업자들에게 있어서는 본격적으로 창녀가 되게 하는 것이 관건이었는데 P집의 남자 주인과 경험 많은 여자 포주는 그녀들에게 더 기묘한 교육을 전수하고 매일 수욕의 무리로 전락하게 하게 교육시켰다.

예를 들어, 많은 사람의 처리법이나 빨리 끝내기 위한 요령으로서 '엉덩이에 동전을 끼우고, 떨어뜨리지 않게 걷는 훈련' 등 병사를 빨리 처리하기 위한 방법을 가르쳤다. 그렇게 많은 병사 수를 빨리 소화할 수 있도록 하게 하고 일이 끝난뒤 세척시간을 줄이기 위해 작고 둥근 솜을 준비해 이것에 액을 묻혀 누운 채로 사용할 것을 권하는 교육을 시켰다. 여체의 피를 빨고 사는 무리의 조잡한 작은 지혜이다.

"어이, 너희들, 일본 기생한테 지지 마라. 성전완수의 숭고한 봉사로…."

"중국 여자한테 지면 어떻게 해. 지금 자네들은 일본인이잖아…."

남자 주인과 경험 많은 여자 포주는 매일 아침 일어난 여자들을 향해 입버릇처럼, 기합을 넣는다.

여자 포주는 커튼을 젖히며 야단을 치듯 말한다. 이 대사는 어느 P집에서나 공통으로 이뤄졌다. 일본 여자들이 있는 위안소라면 "어이, 간사이(교토, 오사카 지역) 기생한테 지지 마라. 조선 여자한테 지면 어떡하냐?" 등의 대사를 남발한다. 말하자면 여자들에게 대항심리를 부추겨 치켜세우는 것이다. 매춘 업자 본래의 얄팍한 장사 근성의 상술인 것이다.

그들은 반드시라고 해도 좋을 만큼 '나라를 위해', '성전완수를 위해'란 문구

---

59 「조선 위안부 김춘자의 수기」

를 넣는 것을 잊지 않았다. 그런 말들을 앞세워 마음대로 혹사시켰다.

위안부 여성들에게 휴일이란 없었다. 위안소의 여자들은 매일 밤마다 병사들에게 몸을 내맡겼다. 군대에서는 원칙으로 주 1회의 휴일이 있었다. 일반 병사는 휴일을 이용하여 바로 위안소로 달려갔다. 2,000~3,000명이 있는 부대에서는 각 중대마다 휴일을 배정하여 적어도 5~6명의 위안부를 적당히 할당하고 있었다.

예를 들어, A중대의 휴일은 월요일, B중대의 휴일은 화요일, C중대의 휴일은 수요일과 같은 식이다. 위안소 여자들에게는 매일 색 지옥의 연속이었다.

다만 지역에 따라서는 비교적 편한 위안소도 있었다고 한다. 이를테면, 오지의 독립 중대에 속했던 4명의 위안부의 경우는 휴일인 일요일만 근무에서 제외되었기 때문이다.

앞의 3장에서 말했듯이, 중국대륙을 제압하려는 일본 군대는 1939년 당시에 이미 100만이 넘는 병사들에게 주 1회 정도의 성행위를 시킨다는 계산을 세우고 있었다. 그것을 소화하기 위해 어느 정도의 위안부가 필요한 것인가? 대략 일본군을 100만 명으로 가정하고, 군 수뇌부의 계획된 '29:1'로 계산하면 약 3만 5,000명의 여자가 필요하게 된다. 일제는 아무리 조선을 위협하여 '여체의 공출'을 요구해 봤자 한계가 있었다. 더욱이 순진한 처녀만을 모아서 데려와 갑자기 군대의 창녀로 만든다는 중대사는 더욱 그렇다.

그런 이유로 일본 전쟁터에 여자 공급이 줄어, 매일 위안소 앞에는 수많은 병사의 행렬이 만들어졌다. 일반 병사는 주 1회 휴일로 외출하고, 그 날은 무조건 '위안소 행'으로 정해져 있었다. 부대와 지역에 따라서 예외가 있었지만 대략 말하면 병사 1,000명에 대해 위안부 수 명이 맡고 있었기 때문에, 위안소는 색 지옥의 소굴이 되는 것이다. 일반 병사들의 위안소 이용은 휴일 저녁까지였다. 휴일이야말로 굶주리고 있는 병사에게는 '여자의 살갗'에 닿는 날이며, '생명의 세탁'을 하는 날이었다.

여자에 굶주린 병사들은 자기 방 머리맡에 여자 얼굴 사진을 붙여놓고 위안을 삼기도 했다. 일본 국내에서 '전쟁터 위문단'을 파견한 것도 그 때문일 것이다. 중일 전쟁 이후, 위문단이 꾸준히 찾아왔으므로 당시 연예인이라면 중국을 방문하지 않은 사람이 드물 정도였다.

영화배우부터 가수는 물론 만담꾼, 마술사, 코미디언까지 몰려들어 황군의 사기를 진작시키고, 하룻밤 지나면 다른 전선으로 떠나는 것이다. 특히 여배우나 여성 가수일 때는 오랜만에 보는 미모의 일본 여성에 감탄하고 감격한 나머지 한숨을 내쉬는 병사도 많았다고 한다.

최전선의 시체 냄새가 짙은 화염 속에서 포성을 울리며 언제 죽을지 모르는 병사에게 위문단은 그들의 마음속 깊이 스며들었던 것이다. 그렇게 위안의 모든 모임이 끝나면 각자의 막사로 돌아가 이불이나 담요를 덮고 남자들 특유의 고뇌와 혼란이 이어지든가, 아니면 어둠 속에 미모의 얼굴들이 교차하여 끝내는 정욕을 발산할 것이다.

전쟁 당시 많은 병사들은 중국 도시에서 입수한 '에로물 사진'을 몸에 지니고 있었는데 그런 사진을 지니고 있으면, '절대 중국군의 총알은 맞지 않는다'는 전쟁터다운 미신이 풍미한 탓도 있었다. 에로물 사진이 '악귀를 물리친다'는 것이지만, 실상은 각자의 침대 속 '위안부'였다.

어쨌든 전쟁터에서 '여자'의 존재는 광활한 사막 속의 '샘'과도 같은 존재였다. 이들의 전쟁터는 두려움의 연속이며 살아서 돌아올 수 없을 것이라는 막연한 삶 그 자체였다. 그런 들판에 마치 굶주린 이리 떼가 끝없이 모여드는 것과 같은 것이다. 그런 상황에서 병사들의 마음속에 쌓이고 쌓인 정욕을 해소하는 유일한 출구가 휴일의 위안소 행이고, 위안부에게 폭발시키는 것이었다.

드디어 '내일은 자신들의 차례'가 되는 전야라서, 위문주머니 속에 소중히 넣어 둔 양갱을 꺼내어 보기도 하며, 마치 소풍 가듯 들떠 날뛰는 것이다. 물론 양갱은 위안부에게 주는 선물이라고 한다.

성에 굶주린 병사들의 위안소 행은 유일한 즐거움이었을 것이다. 동시에, 병사들에게 있어서는 '자유롭게 해방되었다'는 개인적 행위였을 것이다. 그들의 부대 생활은 미친개와 같은 하사관으로부터 받는 짓궂은 개인적 벌이나, 일상적으로 맞는 따귀로 고막이 울리는 등 감옥이나 다름없었다.

그런 살벌한 부대에서 일시적이지만 '해방시켜 주는 곳'이 위안소였다. 거기에 갈 수 있다면 일시적이지만 '본능의 해방'이 있고, '관능의 날개침'을 느끼기 때문이다.

위안소 행의 군인들은 막사를 나설 때, 반드시 고무제품의 '위생 주머니'를 한 개씩 받게 된다. 위안부의 방에 들어갈 때는 반드시 '위생 주머니를 사용한다는 규정'이 있었다. 말할 것도 없이 성병 예방 조치이다. 고무제품이 들어있는 봉투에는 〈돌격 제일〉이라고 쓰여 있었다. 이 제품도 필수품으로 제조된 군수품이었다. 과연 일본 군대다운 방법이다.

〈돌격 제일〉이라고 적힌 콘돔은 병사의 은어로 '철갑 부츠'라 불렀다. 성행위를 〈돌격 제일〉이라고 말하고, 고무제품을 '철갑 부츠'라고 했던 것은 일본 병사 사이에 성병이 만연했다는 것을 에둘러 나타낸 것이었다. 그들의 강간으로 뒤덮인 도시들이 순식간에 성병 지옥으로 물든 것을 말하는 것이다. 그걸 대비해서 성기에 '철갑 부츠'를 신는다는 의미일 것이다.

위안소는
색 지옥

병사의 외출은 '위안소 행'으로 정해져 있었다. 일주일에 한 번씩 해방된 병사들은 줄지어 일장기의 깃발이 펄럭이는 위안소로 몰려들었다. 수천 명이 주둔하는 대부대에서도 2~3개의 위안소가 있고, 합하여 약 20명 전후의 위안부가 보통이다.

장소에 따라 다르지만, 병사가 2,000명이라면 4~5명의 위안부가 있었고, 줄지은 행렬은 여자방 앞에는 1명의 나머지 4~50명은 순서를 기다리는 것이다.

부대의 휴일은 '생명의 세탁일'이고, 위안부로서는 '색 지옥의 노예일'이며, 매춘 업자로서는 '돈을 버는 날'이었다. P집은 아침부터 의욕적으로 여자를 때려서 깨운다. 병사들의 행렬에는 연차계급은 없고 접수순이다. P집의 남자 주인은 군인을 안뜰에 세워놓고 괜히 으스대는 듯한 소리를 친다.

"자 차례대로 줄서!, 여기서는 연차도 계급도 없어, 쓸데없는 말은 말고. 얌전하게 해 줘. 여자들은 지금 예쁘게 화장을 하고 있으니까."

또 노련한 여자 포주는 입구에 서서 병사의 손에서 전표 또는 돈을 받고 방 번호가 적힌 팻말을 건네주는 역할을 한다. "일병, 너는 2번 방. 상등병, 너는 3번 방…"하며 큰 목소리가 울린다. 또 절박함을 빙자해 거스름돈을 속이는 일도 있는 것 같다. 병사들 가운데는 거스름돈을 못받았다고 소리를 지르는 경우도 있었다.

줄을 서서 자기 차례를 기다리는 시간이 길면 길수록, 성욕이 난폭한 병사일수록 더욱 짜증스럽다. 어떤 사람은 순서를 기다리는 동안 술을 마시며 '만용(蠻勇, 분별없이 함부로 날뜀)'을 부리기도 한다. 몇 날 몇 밤이고 여자 육체를 계속 그리며 맹렬한 성행위를 갈망했던 순서가 다가왔다.

지금 위안부의 방으로 뛰어든다면 맹렬하게 일을 치를 것이므로, 되도록 길고 긴 육욕을 만끽하려고 마른 침을 삼키고 있다. 그런 만큼 앞의 병사가 그일이 15분을 초과하면, 기다리고 있는 행렬 가운데에서 "빨리해!"하며 성화같은 재촉이 날아온다.

그러나 실내에서 성행위를 진행 중인 병사의 행위는, 부대에서의 견딜 수 없는 기분과 상관의 질타로부터 해방되어 잠깐 동안의 위안을 여자와의 접촉으로 자신을 불태우는 관능의 춤이 되었다. 여자의 하얀 피부에 닿고, 머리 냄새에 숨이 막힘으로써 전쟁터에서 지내는 자신의 안타까움과 혼동하게 되는 짧은 시간일 것이다. 그리고 곧 뒷문으로 한 사람씩 토해내어지듯 나간다. 그러면 남자 포주가 "어이, 거기 한 사람 오세요. 자아, 다음, 이쪽 방이 비었네, 들어가요"라는 소리가 높아지면서 긴 행렬이 느릿느릿 진행하고 있다. 욕정의 '배급'을 기다리는 병사들의 심정은 실로 답답하다. 그 주고받음을 재현하면 다음과 같다.

거칠고 무정한 얼굴 모습을 한 그들은 마치 누군가에 쫓기듯 이상하게 반짝거리는 눈으로, 초조한 자신들의 행렬 앞에 있는 위안소 입구를 줄곧 째려보고 있는 것이다.
"이봐, 선두, 어서 해치워라. 쌀 것 같아, 더 이상 못 참겠어."
그러자, 누군가 굶주린 쉰 목소리로 고함을 지르면 갑자기 짐승같은 웃음소리가 터져 나온다.

"그렇게 못 참으면, 거기서 문질러 봐. 1인분 수고는 덜잖아."

"이 새끼들, 뭐라고 지껄이는 거야, 이 대포를 안 쏘고 돌아갈 수 있나. 오늘 아침부터 정확하게 조준을 하고 있는데…."

외설스럽고 살기 어린 농담들을 주고받으면서 행렬은 극히 느릿느릿, 선두부터 차례로 몇 명씩 가건물(위안소) 속으로 빨려 들어가는 것이다.

이른바 고참병은 여자의 몸을 휘감고, 흔히 말하는 이런저런 연희를 반복하면 짧아도 20분은 걸린다. 그래서 맹렬한 야유가 날아온다.

"어이, 아직이야? 이봐." "이봐, 어떻게 된 거야." "이봐, 빨리 끝내." 이 말을 듣고 실내에서 쉰 목소리가 나오기도 한다.

"당황하지 마, 당황한 게는 구멍에 못 들어가."

이런 자기 정사를 말하는 사람도 있는 만큼, 행렬에서도 맹렬한 재촉을 퍼붓는 군인들이 있었다.

"이봐, 이제 그만 좀 해라, 못 참겠어."

여자의 방 앞에는 우르르 몰려온 병사들이 발소리를 내며 기다리고 있었다. 오래 기다리게 되면, 어김없이 쿵쾅거리며 문을 힘껏 두드렸다. 방안의 병사도 여자도 제정신이 아니다. 이제 이렇게 되면 수치도 체면도 없다. 마치 색욕으로 물든 지옥의 사람들 같다.

또 방 앞에서 기다리고 있던 성급한 병사들은 미리부터 1분 1초라도 덜 기다리고 싶은 욕망에서 각반을 풀고 대검을 벗고 있었다. 게다가 심하면 바지의 단추까지 풀어놓고 기다리고 있다.

그리고 외출시간도 빠듯하여 얼마 남지 않으면 초조함은 더욱 커진다. 장시간 계속 기다려서 귀대시간이 다가왔지만 포기할 수 없는 난동꾼은 "어이, 이젠 화가 나고 못 참겠다"고 말하며, 문을 박차고 몸싸움을 건다. 그러면 얇은 문이 와르르 넘어지면서 병사와 여자가 포옹한 모습이 노출된 장면을 보게 된다.

이와 같은 갈등은 어느 부대의 위안소에서도 볼 수 있었다. 앞 병사의 성행위가 너무 길면 방 바깥의 행렬에서 "빨리해라!"고 하는 가시 돋친 소리가 나오고, 실내에서는 "조금만 더"하고 되받는 사이, 급기야 칼부림까지 일어난 적도 있었다. 1941년 가을, 지난(濟南) 경비지구의 위안소에서 있던 일이다.

대체로 모든 인간은 자신의 시간을 길게 만든다(스페인 속담). 그러나 각

자가 자신의 때를 기다리고 있는 시간은 상당히 길게 느껴지는 것 같다. 20분
~30분이 되면 벌써 행렬 속에서 "빨리 안 해!"하고 화를 내지만, 성행위에 능
숙한 사람만큼 뻔뻔스러운 사람이 많아서 "기다리라고 하지 않는가?"라고 되
받아친다.

이런 거래를 방문 너머로 하고 있는 사이에 행렬의 한 병사가 갑자기 실내로
뛰어들어 허리의 호신용 칼을 빼서 반나체로 '성행위'를 하는 병사의 등을 쿡
찌른 적도 있었다.

전선의 위안소 방은 대개 살기가 넘치는 광경이다. 사단 본부가 있는 도시
나 철도 부근의 장교 전용 요정에는 다다미가 깔려 침상 사이에 칸막이가 있
기도 하지만, 전선 부대의 위안부 방은 군이 지급한 딱딱한 이불 혹은 얇은 담
요가 깔렸고 방이라 해도 판자를 치든지 커튼만 내린 것이 많다.

이런 장소치고는 너무 노출되고 허술했다. 그곳은 대개 4장 반 정도의 넓이
지만 남녀 한 쌍이 정담을 나눌 상태는 아니었다. 또 하나하나 그것을 만들 만
큼의 노력이나 자재도 없고, 그럴 필요도 없었을 것이다. 그런 의미에서 섹스
처리의 '공동변소'임이 틀림없었다.

그런 방에서 당시의 한 병사는 위안부 거동을 다음과 같이 말한다.

> 옌저우(兗州, 산둥성 지닝시의 하나의 구, 타이안시의 남쪽)에는 조선인 P의 위안
> 소가 있었습니다. 램프의 희미한 빛 속에 여자 혼자 앉아 있었어요. 일본 여자들이
> 앉은 방식과는 다른, 책상다리같이 다리를 벌려 앉은 자세였어요. 옆에 마루가 놓
> 여 있고, 벽에는 잡지에 실린 여배우의 얼굴 그림이 붙어 있고, 마늘 냄새가 스며
> 나왔어요.
> "어서 오세요."
> 특유의 사투리가 있는 일본어, 편평한 얼굴, 가는 눈, 둥근 눈썹, 전형적인 반도인
> 의 얼굴이었죠.
> "몇 년 정도 되었어?"
> "2년…."

그녀는 몸을 조금 움직이며, 화로 옆에 자리를 권하며 앉을 자리를 만들어 주었어요. 전쟁터의 창녀는 9할 이상이 반도의 여자였고, 나머지 소수가 일본 여자, 그 외는 중국 여자였습니다.

— 쓰야마 쇼사쿠『전쟁 노예』

그런데 위안소를 찾은 병사는 대기소에서 참을 만큼 참고 있었지만, 방에 들어간 순간 폭발하는 일이 많았다. 이런 경우는, 정작 여자도 테크닉의 하나로서 연기를 하지 않아도 되어 편할 것 같다. 즉 맹렬한 성행위를 하는 사람은 성질이 급하기 쉽다. 또 순진해 보이는 젊은 병사는 방에 들어갈 때 인사를 잘 한다. "미안합니다. 신세를 지겠습니다"라고 하며, 전표와 선물을 내민다. 대부분의 젊은 병사는 "아, 냄새 좋다"라고 하면서 여자의 몸에 덮어 씌워져 발작하는가 하면 금방 끝나는 경우가 많다. 그리고 "고맙습니다"고 말하며 바지를 입고 가버리는 것이 보통이었다고 한다.

대부분의 사람들은 "나를 좋아하는가?"라거나 "너를 좋아한다"든가 하는 똑같은 말을 한다. 여자라면, 이상하다는 생각이 들 것이다. 거기서 여자는 업자가 가르쳐준 대로 "좋아해"라고 대답한다면, 병사는 바로 기뻐하고 더욱 격렬하게 껴안는다. 이런 병사는 2분 정도에 "앗!"하고 짧은 비명을 지르며 끝내버린다. 격렬하면 격렬할수록 시원시원하게 끝나 버리는 것이 상례일 것이다. 하지만, 시간의 장단과 관계없이 그들은 그걸로 만족하고 "○○○라고 했지? 또 오마"하고 말한 뒤 떠난다.

이런 모든 광경을 곁에서 관찰하면 다음과 같다. 당시 위생대 주무관 장교였던 오야마 쇼고로(大山正五郎)의 이야기다.

건물 앞에 각각 100명 전후의 병사들이 전표를 들고 있었습니다. 여자는 속치마 하나에 손수건으로 머리띠를 하고 용감한 모습으로 누워 있었어요.
"네, 전희 같은 거 안 해요."

물론 클라이맥스도 무아지경도 있을 수 없지요. 그냥 넣었다 빼는 그것뿐이었어요. 여자의 체취를 맡고 피부에 닿으면 그것으로 이미 끝입니다. 병사가 들어갔는가 했더니 바로 나오고, 여자가 뛰어나가 화장실에 갑니다.

또 병사가 들어갔다가 바로 나오고, 여자가 뛰어나가 화장실에 갑니다. 이것을 반복해요. 언젠가 세어보니, 3시간에 76명을 해낸 여자가 있었는데, 바보같이 보고 있었던 것이죠.

이러한 상황에서 위안부와의 일을 '야ー찌(야생닭)'라 불렀다. 즉 병사와 위안부란 '닭의 교미와 같은 것'이란 의미이다. 그것은 섹스라기보다도 단순한 배설행위에 지나지 않기 때문이다. 올라타는가 하면 바로 내리고, '예, 다음 사람'이란 식으로 닭의 섹스를 연상했던 것은 확실하다.

그러나 어떤 초년병은 젊은 사람에 어울리지 않게 차분히 즐길 것을 계획하고 성행위를 하면서 시간을 가지며 신문을 펼쳐 읽었다. "내가 본전 뽑으려고 생각하고, 여자의 배 위에서 신문을 읽고 오래 버티면, 여자가 화를 낼 거야, 언제까지 할 거야 말하면서. 나 보통 30분은 걸리지, 신문을 읽으면서 하면 1시간은 괜찮다고 말하면 신음소리를 내겠지." 본인의 변명은 그러했다.

그러나 대부분 병사는 기다리고 기다렸던 순서가 오면 여자의 체취와 피부에 닿는 것만으로 바로 끝나버린다. 그래서 어떤 병사는 "내가 불능자가 된 것은 아닌지?" 의심하기조차 한다고 말하기도 한다. 토벌이니, 작전이니, 경비니 하느라 몸이 지친 사람도 적지 않다. 전반적으로 말하면 다음과 같다.

섹스 자체는 극히 짧은 시간에 끝나버린다. 젊은 사람이 일주일에 한 번 하니까 기껏해야 길어도 15분이면 떨어져 나갔다. 뒤에 계속해서 남자가 기다리고 있는 만큼…. 그중에서 30분간이나 여자와 둘이서 있으면 좋지만, 대략 20분에서 빠르면 10분으로 끝이 난다. 정말 빠른 스피드로 하니, 애정도 욕정도 있었던 것은 아니다. 마치 기계적으로 "자, 다음!"하고 말한 상태에서 밀리거나, 밀려 나가거나….

군인들 각자는 자신의 정욕을 힘껏 발휘할 생각으로 덤벼들지만, 여자의 몸으로 보면 잠시 몸 위를 지나가는 한 개의 물체에 지나지 않는다. 그만큼 인원이 많았기 때문이다. 어느 병사는 침착하고 여유있게 성행위를 즐기려고 저녁 끝날 무렵에 가서 모두 귀대한 후의 마지막 손님이 되기도 했다.

전쟁터 특유의 찰나적인 심리에 몰려 있는 병사에게, 위안부를 안아 본다는 것은 '오늘도 살아 있다'는 것을 확인하며, '내일도 살고 싶다'는 의욕의 표현이었다. 광활한 전쟁터가 진퇴양난의 늪에 빠짐에 따라 소집병들이 많이 전쟁터로 나간다.

이 시기가 되면, 각 위안소에 이상한 재미있는 말들이 떠돌아다닌다. 소집병 중에서도 30세가 넘으면 세속의 때가 스며들어서 여체를 알고 있는 만큼, 순진하지 않고 엽기성이 풍부해지며 성욕 습성도 강하다.

특히 깡패 같은 병사나 고참병은 엽기적 성향이 강하고 맹렬하다. 상대 여자가 조선에서 온 처녀들이란 걸 알면 '알몸으로 하자'며 콘돔 없이 돌진한다. 병사의 위안소 행에는 반드시 위생콘돔을 사용해야 하는 것으로 되어 있었다. 성병 방지를 위한 군대 기율이다.

그러나 상대가 어린 소녀의 모습을 하고 있어서 성병의 염려가 없다고 보고 '알몸'으로 덤벼든다. 그 돌진은 광장해서 판잣집이라면 덜컹덜컹 흔들거릴 정도라고 한다. 무서운 색 지옥의 진동이다.

그리고 깡패 같은 병사들은 엽기적으로 충분히 즐기기 위해 저녁 끝 무렵에 간다고 하지만, 그 시간에 위안부는 완전히 뻗어 있을 때가 많다. 이미 각 여성은 4~50명의 병사를 상대로 한 후이다. 그 모습은 '여자의 머리맡에 사용된 흰 휴지가 수북하여, 그야말로 산을 이룬다고 할 정도로…. 마치 여자의 머리에 흰 꽃이 피기 시작한 것 같은 착각을 일으킨다'라고 하는 상태이다.

그리고 한 장뿐인 이불은 수십 명, 아니 몇백, 몇천 명의 땀과 기름기를 빨아들여 지저분해져 있고, 그 위에 마치 '물에 오른 낙지처럼 된 여자'가 축 늘어져 있었다. 그 여자에게 마지막 손님이 되어 마음껏 엽기성을 발휘하려는 것이다.

병사의 귀대시간이 임박하게 되면 '행렬의 재촉'도 없이 천천히 즐길 수 있다고 생각한 것 같다. 그때는 이미 방이 어둑어둑해졌다. 어두컴컴해진 방에서 깡패 같은 병사의 성행위는 맹렬하다기보다도 오히려 비장한 것이다.

이미 축 늘어진 여자는 땀투성이가 된 채 멍한 상태로 누워 있다. 여자의 몸 위에서 날뛰는 병사는 땀에 젖어 욕심을 채우고 관능을 만끽하기 위해 혼신의 힘을 다하며 필사적이다. 그러나 이미 문어의 모습과 같은 여자의 사타구니와 아랫배에는 많은 병사들이 사출한 정액이 흩날리고, 그것이 김처럼 딱딱하게 굳어 있었다. 정액의 김이 여러 겹 마르고 다시 따뜻한 정액이 뿌려져 미끈미끈해진 상태다.

수십 명의 정액의 늪에 빠진 것이다. 일본군의 전쟁터가 진흙탕이 되어가는 것처럼, 위안부의 가랑이 사이도 정액의 진흙탕이 되어 있었던 것이다.

하지만 거기에 거의 주검 상태로 누워 있는 여자가 때때로 씰룩씰룩 얼굴을 찡그리고 신음하는 때가 있다. 그것은 국부가 부풀어 오른 부분을 병사의 맹렬한 불덩이가 찌를 때이다. 그녀들의 국부는 음구가 이상적으로 부풀어 오른 경우가 많다. 거기에 약을 바르지만 나을 틈이 없다. 그곳을 거칠게 찔리면 그녀들은 아픔을 이기지 못해 거의 가사상태로 되어서 신음을 하는 것이다.

그런데 호색의 야쿠자 깡패 같은 병사들은 그 신음을 '여자가 환희하는 소리'로 착각하고, 더욱 격렬하게 부풀어 오른 부분을 찌르는 것이다. 그 아픔은 '창으로 찔린 것'같다고 말한다.

그 당시 위안부였던 한 조선 여성은 그때의 아픔을 이렇게 말했다.

"그때 나는 19살이었고 아직 남자를 몰랐어요. 어떻게 해야 좋을지도 몰랐어요. 그것이 첫날부터 갑자기 20명 가까운 군인과 상대하게 된 후 앞으로 5명쯤 더하면 죽을지도 모른다는 생각을 했지요. 거기가 빨간 복숭아 크기로 부어올랐어요. 울면서 수건으로 밤새 식혔는데 너무 울어서 눈도 빨갛게 부어올랐어요. 창으로 마구 찔린듯한 기분이 들었고, 지금도 잊을 수 없어요. 병사들은 아파서 신음하는 것을 기뻐서 내는 소리라고 생각하고 있었어요."

— 센다 가코 씨의 이야기

그녀들의 고백에 의하면, 정말 조금의 휴식시간도 없었다. 저녁 5시경, 물이 빠지듯이 병사의 무리가 떠나자, 곧이어서 수염이 긴 하사나 중사라고 한 하사관 무리가 들어온다. 여자들은 하루 종일 군인들의 행렬에 습격당해 꼼짝도 못한 채 누워 있는데, 바깥에 있는 여자 포주는 싱글벙글한 얼굴로 하사관들을 맞아들인다. "자아, 어서 와요, 좀 귀여워 해주게"라고 하며 애교를 떨었다. 하사관은 8시 정도까지 노는 것이 가능했다.

그리고 하사관들이 끝나면 이윽고 장교가 놀 차례가 된다. 대개 저녁 8시쯤부터지만, 장교를 모시는 위안부들은 일단 목욕하여 하루 종일 더럽혀진 몸을 깨끗이 씻고 한 명씩 맞이할 때마다 얼굴화장을 하든가, 아니면 어떤 위안부들은 장교를 맞이할 때마다 무릎을 꿇고 손을 내밀어 맞이했다고 한다. 이것은 위생담당 중사의 가르침이었다. 이렇게 가하면 담당자는 상관에게 칭찬을 받게 된다.

장교가 되면 병사처럼 시간이 촉박한 것도 아니다. 여유롭게 어깨를 으쓱하고 방으로 들어오면, 음란을 즐기듯이 군복을 여자가 벗기고 마지막 팬티까지도 벗기게 하며 스릴을 맛보게 된다. 그리고 온갖 장난을 즐기는 것이다. 그들은 일반 병사를 예속물로 취급할 정도라서 위안부라면, 자기 성기의 노예로 다루었다.

중국에서 전쟁터 생활을 자세하게 체험한 다무라 타지로(田村泰次郞, 작가)에 의하면, 장교 무리들은 자신이 좀 훌륭한 사람에 든다고 생각하는 자가 많아서 위안소에 오면 얌전한 체하지만, 위안부를 성기의 노예처럼 취급했다고 한다.

한밤중에 위안소에서는 때때로 여자의 울음소리가 났지만, 그것은 질이 나쁜 장교와의 마찰소동 때문이었다. 그녀들은 밤낮 또는 새벽까지 건장한 장병들의 성적 욕구를 견뎌야 하고 '48가지의 성행위(온갖 성행위)'에 노출되어 몸과 마음을 착취당했다. 생각해 보면, 어쩔 수 없이 조선에서 잘못 태어나고 자란 여자들이었다.

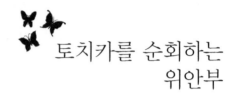

토치카를 순회하는
위안부

       전선 부대의 위안부들은 때때로 전선에 산재한 분대와 토치카 순례란 고역을 감당하지 않으면 안 되었다. 중국 전선의 오지에서는 1개 중대가 독립적으로 경비를 할 때가 많다. 그 중대에서 다시 몇 리 되는 지점에 1개 소대의 분소를 두거나 토치카 1개를 쌓아서 지키기도 하였다.

    대부분 토치카는 산의 언덕에 작은 성곽처럼 벽돌로 원통형을 만들어 사방에 총구멍을 두고, 주변에 가시철사를 종횡으로 둘러치고 있었다. 그곳에 중국 병력이 출몰하여 야습을 받기도 하니 언제 어떻게 될지 모르는 사선이다.

    그런가 하면, 평소의 분소나 토치카는 조용하고 무료함에 괴로워하는 경우가 많다. 약탈해온 식량은 풍부하나 지루함에 시달리니, 그곳의 군인들은 정력을 주체할 수 없을 때가 많다.

    토치카의 군인은 군인이라기보다는 오히려 '산적'과 비슷했다. 대낮에 술을 마시고 외설적인 노래를 부르고 모두 손뼉을 치며 화합한다. "~투투 렐렐, 투~레~로, 투투 렐렐, 투~레~로, 나와 너는 겉옷의 끈~ 같은 신세다."

    이른바 사막 같은 적 진지와 대치한 산적 같은 병사들은 밤낮으로 순간적인 쾌락을 추구하여 토치카 내에서 술과 도박을 계속하며 여자에 대한 욕구가 강했다. 그래서 중대본부에 '여자'를 요구한다. 그들은 지루하다며 여자를 찾고, 또 반대로 중국공산당의 게릴라들이 거세졌으니 '살아 있을 동안에' 하고 여자를 요구하는 것이었다.

그들은 어느 쪽이든 관능의 쾌락을 추구할 뿐이다. 거기서 "중대장님, 여기 병사들은 여자에 굶주려 있습니다. 부대의 위안부를 하룻밤이라도 토치카로 오게 해주세요"하고 졸라대는 것이다. 그러면 본부에서는 위안부 한두 명을 골라 경비병과 함께 보낸다. 최전선 부대에 있었던 김춘자씨에 의하면 그녀는 자신이 소속된 주류담당 중사가 체격이 좋은 여자 한두 명(물론 조선 여자)을 골라 "결사대가 되어 달라"며 최전선의 토치카 순방을 명령하고, 그녀들에게 권총 하나씩을 들려주며 이렇게 타일렀다. "만약 적에게 습격당해 잡혀갈 것 같으면 그걸로 해치워라. 어떻게 해도 안 될 것 같다고 생각되면, 총알 1발만 남겨놓고 그걸 귀에 대고 방아쇠를 당기는 거야. 너희들은 모두 일본 여성으로서 만일의 경우에도 적의 포로가 될 수 없는 것이야"하고, 최후에는 자결하라고 명령했다.

최전선의 토치카에는 트럭에 담배나 술, 식량과 함께 위안부를 태워서 보내는 것이다. 이렇게 해서 분대나 토치카 진지에 트럭이 도착하자마자, 병사들은 앞다투어 다가온다. 그것은 마치 '사탕에 개미가 모이듯이' 그리고 입으로 "여자다, 여자가 왔어!"하며 환호성을 울리고, 침을 삼키며 모두가 여자를 헹가래 치는 것이었다. 여자에게 굶주린 '산적 병사'의 모습이다. 그곳에서도 '여체 할당표'가 만들어져 누구나 한 번씩은 만질 수 있도록 순서를 정했다.

최전선의 분대나 토치카에는 '위안실'이 없다. 그래서 토치카의 한쪽 구석이나 위병소 같은 곳을 임시 위안실로 이용한다. 이 위병소는 중국 병사를 잡았을 때 넣는 감옥으로 사용하던 곳이다. 이 감옥 속에 위안부를 넣어서 성행위를 하게 된다. 그리고 교대로 병사들이 들어가서 위안부를 품는 것이다.

그때도 중사, 하사, 병사의 순으로 욕구를 채우는 순서가 정해진다. 이렇게 해서 위안부는 낮과 밤도 없이 굶주린 늑대와 같은 욕구에 짓눌린다. 성욕처리가 대충 끝나면 보살펴주는 병사가 분대장에게 가서 "전원, 마쳤습니다. 정말 감사합니다"하고 보고한다.

토치카라고 말하는 제일선 최전선에서는 대낮에도 병사 거주실 구석 쪽에서 광태를 부렸다. 토치카를 돌아본 한 초년병은 그 장면을 보고 깜짝 놀라 이렇게 적었다.

> 더욱 놀라운 것은, 병사실 맞은편 방에 한 여자가 있었다. 그녀는 파랗고 부석부석한 얼굴에 여드름이 나고, 단정치 않은 원피스를 입고 있었다. 그것이 위안부라 불리는 조선 여자인 것을 바로 알았다. 설마 최전선에서 군인과 숙소를 같이할 거라고는 생각지 않았다.
>
> 그녀들은 때때로, 토치카를 순회하며 병사를 '위안'하고 있는 것이다. 이윽고 위안부가 있는 방에서 한 병사가 비틀거리면서 나와 우리 막사로 들어왔다. 분명히 술기 있는 얼굴에 흐린 눈이 무표정했다. 들어오자마자, 바닥 위에 벌렁 드러누워 "아, 저년의 xx는 면도기 같다. 털끝이 찔려 못 견디겠다"고 하며 손바닥으로 바지 위의 사타구니를 문질러서 쓸어내렸다.
>
> 술을 마시고 대낮에 창녀와 장난하고 있었던 것이다. 나는 가슴 깊은 곳에서부터 최전선의 병정 생활을 혐오할 수밖에 없었다. 전쟁의 두려움이 아니고서는 있을 수 없었다. 몇 년 안에 나도 이 병사처럼 색욕에 빠져버리는 것은 아닐까? 그날 밤은 잠자리에 들어도 잠이 오지 않았다. 이따금 멀리서 '펑!' 하는 총소리가 들렸다.

그런데 위안부가 권총까지 들고 '토치카 순회'로 나가는 단계가 되면, 위안소 경영업자는 여자의 무사 생환을 빌며 '천리교'의 신에게 열렬하게 주문을 외우며 몸을 전후로 움직이고, 손을 펄럭이며 춤추고 노래했다고 한다. 정작 매춘 업자들이 여자의 무사 생환을 기원하는 본심은 자기들의 장사 밑천을 날리고 싶지 않았기 때문이었다.

작전 전의
"섹스처리"

불의한 전쟁과 그 군대라고 하는 것은 하나에서부터 열까지 이상한 습성을 갖고 있었다. 각 부대가 작전을 나가기 전에는 병사 전원에게 "섹스처리"를 시켰다. 병사의 성기에 기쁨을 주고, 색욕을 풀어 정액을 사출시키면 '전투가 잘 된다'고 하는 생각이다. 작전이 있기 전에는 병사들이 한꺼번에 위안소 앞에 죽 줄 서 있는 것이다. 이때도 위안부들은 완전히 지쳐서 뻗었던 것 같다. 당시 위안부였던 사람은 그때의 일을 다음과 같이 말하고 있다.

"큰 작전이 있기 전에 병사들이 우르르 몰려와 반나절에 60명이나 70명을 상대할 때, 우리는 다리를 벌려 뒹굴고 있어요. 거기에 죽 늘어선 병사는 전투복 차림으로 단추만 풀고 덤벼드는 것입니다."

이제부터 병사 전원이 전쟁터로 나가게 되니, 그야말로 끝없이 장사진을 이루어 마치 전염병 지대의 주민들이 예방주사라도 맞을 때의 광경이 된다. 그리고 각자 오줌이라도 누듯 순간적으로 성행위를 끝낸다.

무엇보다도 작전지로 출발하는 병사에게는 느긋할 여유가 없다. 군 수뇌부는 그저 성기의 액을 발사시키면 병사에게 좋다고 생각했을 것이다. 그러니까, 병사들은 바지를 일일이 벗지 않고 단추만 풀고, 아기가 똥을 싸고 오줌을 누는 모습으로 여자의 국부에 접촉해 사정하는 것이다.

이것은 장교도 또한 마찬가지였다. 그들은 일본인 기생을 수배해 일본인 위안소에서 유유히 "섹스처리"를 끝낸다. 작전 전 섹스처리는 휴일의 위안소 행과 달리 병사 각자가 돈을 내지 않아도 되는 것은 확실했다.

작전지역으로 투입될 때 위안부가 동행하는 경우도 있었는데 이는 사단 규모의 작전행동일 때였다. 작전은 2개월 정도 소요되었는데 이럴 때 일본군은 그 부대에 부속된 위안소의 위안부를 모두 거느리고 행군했다.

일본군이 허난(河南, 중국 화베이 황하강 남쪽 성) 작전이란 것에 동원될 때이다. 이 부대는 3개 사단, 5개 독립여단의 대부대이지만, 이때도 부대의 후미에 위안부를 데리고 '토벌 작전'을 나갔다. 이 부대는 맨 뒷줄로부터 몇 미터 더 떨어진 곳에 수많은 여성이 모두 군복을 입고 〈애국봉사대〉라고 쓴 완장을 두르고 일렬로 늘어서 있었다. 군복이 젖가슴을 눌려 답답할 정도였다. 그녀들 중 조선인 김여화씨(일본명, 金井麗子)가 가장 미인으로 통했다. 결국, 일본 군 부대는 '토벌 전쟁터'까지 여자를 데리고 걸어가면서 전투하는 군대였다.

건조한 황색의 모래 먼지를 몸으로 맞으며 열흘 동안 행군이 계속되었다. 열흘 만에 양가둔(楊家屯, 뤄양에 속함)이라는 마을에 도착하니, 눈앞에 황하(黃河)의 물줄기가 느릿하고 넓게 펼쳐져 있었다.

긴 행군으로, 건조한 흙의 황색 모래벌판 속에 진행되는 10일간의 행군으로, '발바닥이 붓고, 구두 속이 피투성이'가 되는 고생스러운 행진이었다고 한다. 그렇게 해서 10일째에, 양가둔이라는 마을에 행군부대가 주둔하게 되었다. 도착 후 위안부들은 군 매점원인 나가이(永井) 중사의 감독하에 행동했다. 중사는 가장 아름다운 '김여화'를 골라 장교를 상대하도록 지명하면서 말했다.

"여기는 이제 전선이나 마찬가지다. 언제 공산군 게릴라가 공격해 올지 모른다. 신변은 항상 정돈해 두도록. 그리고 너는 장교를 상대로 그 어느 때보다 더 나라를 위해 일을 하지 않으면 안 된다. 이상."

그리고 중사는 상관에게 잘 보여 칭찬을 받기 위해 여자에게 장교를 대하는 태도를 이렇게 가르쳤다. 장교를 방으로 맞아들이는 때에는 "세 손가락을 짚고 절할 것, 그 후 일이 끝나면 '감사합니다'하고 다시 손가락을 짚고 절하도록." 중사는 이렇게 가르침으로써 '자신의 점수에 영향'을 준다고 생각한다.

또 어떤 위안부는 긴 행군을 마친 밤, 장교와 접촉한 상황을 다음과 같이 말했다.

> 저녁 8시, 안면이 있는 장교가 찾아왔다. 장교는 잠옷을 벗도록 턱을 치켜세우며 명령하고, 다다미 한 장 정도의 단단한 나무틀로 둘러싸인 방석 위에서 바로 시작했다. 장교는 30살 전후의 골격이 큰 군인. 꼬박 10일간 병사와 함께 행군하여 몸이 녹초가 된 상태지만, 장교를 상대할 때는 결코 피곤한 표정이나 나른한 듯한 태도를 보여서는 안 된다. 장교는 바지를 입고 군복으로 갈아입으며 말했다. "좋아, 만족해."
>
> ― 『주간 대중』 1971년 8월 23일호

앞의 김여화씨는 장교가 "좋아, 만족해"하고 말하자, 중사의 위압적인 예의 범절대로 "감사합니다"하고 손가락 세 개를 모아 인사했다고 한다. 이렇게 되면 말 그대로 위안부는 '성기의 노예'라 말할 수 있을 것이다. 어쩌면 여성 멸시의 국격을 유감없이 보여준 것이다. 그리고 다음 장교가 들어오기 10분 정도 사이에, 또 한 번 화장하고 잠옷의 옷깃을 가다듬고 기다리고 있어야 한다.

그러나 병사들은 공산군이라는 강적과의 전투를 앞두고 비장함을 가졌는지, "여자를 품는 것도 이제 마지막인가?"하며 중얼거리고 나서 위안부에게 맹렬히 도전한다는 것이다. 이와 관련하여, 작전지에서 위안부의 '보수'는 병사한 사람당 7엔 50전, 장교는 8엔이란 규칙이 있었다. 위안부는 한 사람당 7엔 50전을 받으면 그중 2엔 50전을 담당 중사에게 주고, 5엔 정도의 수입이 되는 것이다. 군에 납부되는 2엔 50전은 그녀들에 대한 '식대와 거주비'의 비용으로 공제되는 것일까?

대부분 병사의 월급은 대략 15엔 정도였다고 하니, 위안소에 두 번 가면 월급이 날아간다는 계산이 나온다. 병사가 월 2회 이상 위안소에 가기 위해서는 담배를 팔거나 토벌전으로 얻은 물품을 팔아야 했다.

하지만 그 후 일본군 부대는 중국 공산군과 격렬한 전투가 이어졌다. 조명탄을 띄우고 콩 볶듯 기관총 소리가 이어지자, 일본군은 뿔뿔이 흩어졌다. 언제나 '중국군은 도망가는 걸, 약한 것'으로만 생각하였고 '어쩌면 미인이라도 남아 있지 않을까 해서 집집마다 찾아 돌아다녔지만….' 이번만은 그럴 상황이 아니었다.

중국 공산군은 장개석의 국민당 군대와는 달라서 강인한 공산군으로 알려져 있으며, 게릴라 전법은 효과가 있었다. 일본군은 공산군의 덫에 걸려 포위되었고, 전선은 혼란 상태에 빠졌다고 한다.

이때 일본 병사는 뿔뿔이 흩어지고, 수많은 위안부들은 도망쳤다. 그러자 관리하던 P집(위안소) 주인은 도망치는 여자들을 쫓아다녔다. 그들은 '유일의 상품'이 도망칠까 봐 그것만 신경을 쓰고 있었다. 하지만, 그 근방 일대가 연기와 포성으로 도망치려고 해도 도망갈 수가 없다. 정말 혼란에 빠졌다.

이런 틈에 위안부들은 간신히 동네 밖의 무덤 뒤에 숨었다고 한다. 그런데 무덤 뒤에까지 병사가 뒤따라와 여자의 몸을 요구했다. 전선의 혼란을 틈타 평소 관능의 욕망을 충족시키려고 했다.[60]

위안부가 전투부대와 함께 수행한 흔적은 곳곳에서 발견된다. 예컨대, 행군 부대의 뒤를 따를 때는 의류나 소지품을 넣은 트렁크를 들거나 머리에 이고 병사들과 함께 다녔다. 이런 '비전투원' 여자들이 강행군을 하고 있는 중, 적습을 만났을 때는 비참했다. 총을 쏘아대고 있는 병사의 발밑에 그녀들은 몸을 웅크리고 숨을 죽이며 밤을 지새웠다.

---

60 「조선 위안부, 김춘자 수기」

이런 상황의 위안부는 전선의 군인들 처지와 완전히 같았다. 총알 아래에 숨어, 연기 속에 숨 막힌 그녀들도 언제 죽을지 알 수 없는 운명이었다. 여자들이 움츠러들고 파랗게 질려 있을 때, 자신감 있는 일본의 병사들은 괜찮다고 위안부 여성들을 안심시켰다고 한다. 그러나 위안부 여성들은 불안해 했다고 한다.

일본군의 수뇌부는 조선의 딸들을 무제한으로 끌어내어 군대 여랑으로, 섹스용으로 삼았고 그렇지 아니한 경우는 '간호사 대용'으로도 사용할 방침이었다. 물론 중국 각지의 육군 병원에서는 다수의 적십자 간호사들이 파견돼 있었다. 그곳은 일정한 후방기지에 있는 일정 규모의 병원근무였다.

따라서 서로 총을 겨누고 있는 진지에서 이른바 천사의 모습은 없었다. 또한 '천사'라 해도 최전선에까지 내보낼 수 없을 것이다. 적과의 전투에서 상이 병사는 부대의 위생병이 들것에 실어 트럭으로 후방기지의 병원까지 운반하는 것이 보통이었다. 그리하여 어떤 경우에는 군대 위안부들을 실전 부대의 '위안부와 간호사'를 겸하여 사용하려고 한 것은 확실하다.

격렬한 소련과의 전투로 알려진《노몬한 사건》때였다. 노몬한 전투(1939년 8월~9월)는 1938년 7월《장고봉 사건》과 거의 같은 성격으로, 소련에 대한 도발 전쟁이었다. 장고봉(長鼓峰, 러시아의 하산호 지역)은 조선의 북동쪽 끝단 두만강 건너편 소만 국경에 있는 구릉인데, 난징 공격 후 일본군 참모본부가 소련의 심리를 떠보려는 장난기로 벌인 도발 전투였다. 하지만 전투는 실패로 끝났다. 장고봉 사건 10개월 후 소련에 대한 도발 전투가 노몬한 사건이었다.

이 전투는 관동군이 승리하여 만주와 몽고의 국경을 정하고 몽고 유목민을 쫓아내고, 중앙의 명령도 기다리지 않고 소련에 대한 '철저 응징작전'으로 결정된 것이다. 노몬한 전쟁터에서 가장 가까운 하이라얼(海拉爾, 후룬베이얼의 주도)에 주둔하는 부대와 치치하얼(齊齊哈爾, 만주국 중부의 도시) 등에서 15,000명의 병력을 투입했다. 그러나 거꾸로 소련군 비행기와 탱크 부대의 맹공을 받아 사지에 몰렸다. 전투의 격렬함은 '세계 전쟁사에서도 드문 전투'라고 한다.

노몬한 전투는 일본 병사의 사상자가 속출하고, 겁에 질린 일본 병사들은 그곳을 '사막의 지옥'이라고 불렀다. 특히 소련 비행기에 의한 저공 사격으로 위협이 되자, 일본 측에서는 하이라얼에 있던 군인과 만주 철도직원 가족 그리고 일본인 부녀자 모두를 안전한 남만주 방면으로 대피시켰다. 육군 병원의 간호사 등도 포함된 것이다.

그래서 현지의 위안부를 바로 '임시간호사'로 만들어 육군 병원에 투입시켰던 것이다. 일본인 위안부와 조선인 위안부도 포함됐다. 전쟁터의 겁먹은 일본 병사는 지금까지 믿어왔던 것처럼 '부적'을 갖고 있었다. 어떤 병사는 간호사 겸 위안부에게 괴상한 '부적'을 요구했다. 그것은 위안부의 '음모(陰毛)'였다. 위안부가 음부의 털을 뽑아서 정중히 종이에 싼 부적을 주었다고 한다.

육군 병원은 사상자로 넘쳐났고, 병실은 만원으로 복도까지 채워졌다. 병원에 근무하는 위안부들은 병사들과 섹스를 해왔던 만큼 속마음까지도 잘 알아서, 오히려 간호사보다도 더 부지런히 돌보았다고 한다. 마치 병사의 가족과 같이 병간호를 하는 모습이 상상된다. 위안부의 다른 부류는 부상자 간호와 식사, 세탁물 처리에 분주했다. 밤낮으로 아무리 일해도 끝나지 않았다. 고된 노동으로 위안부들은 쓰러져 갔다.

당시 하이라얼 육군 제1병원에서 군의관을 지낸 사다 진이치(佐田甚一, 현재 나고야시에서 개업) 의사는 그 무렵의 하루를 이렇게 적었다.

'9월 14일(1939년) 임시간호사 춘원민자(春原民子)가 분마성(奔馬性) 결핵으로 죽다. 원인은 과로사. 9월 15일 노몬한 분쟁이 정전되다. 그날 바람 없고 하늘은 맑음'

'춘원민자'라는 이름으로 보아 조선인 '위안부'이다. 또 제7사단의 부대장을 역임한 스미(須見) 씨는 다음과 같이 술회하고 있다.

"저런 여성들이 참고 견뎌주어 정말 다행이었다. 그중에는 조선의 여성들이 꽤 열심이었는데, 그녀들의 심정을 생각하니 눈물이 하염없이 흘러나온다."
—이토 게이이치 「전쟁과 여자」, 『주간 산케이』 1971년 9월 6일호

일본 군대는 위안부를 거의 모든 부분에 활용했다. 말할 것도 없이 모든 병사의 성욕처리부터 위안부, 간호사, 세탁부, 잡역부 그리고 잡부로 제한이 없었다. 그리고 평소 위안소 역할 때는 대대나 중대, 장교, 회동 때 급사 역할도 했다. 간혹 장교 회동이 열렸는데 이는 전황과 정보연구, 치안유지 상담 그리고 친목을 겸해 준사관 이상이 본부로 모인다. 이 모임이 끝난 오후에는 대대장을 중심으로 회식을 한다. 이 준비와 접대 역할에 위안부를 호출하는 것이었다. 말하자면, 현지에서의 기생이라는 대역을 맡게 했다.

또 위안부는 '토벌대의 응원대' 역할도 담당했다. 그녀들은 병사가 토벌하러 나갈 때는 위병소 한 곳에 모여 작은 일장기를 흔들어서 사기가 넘치도록 전송하였고, 토벌대가 돌아올 때도 정문 앞에 죽 늘어서서 '환호'를 지르며 맞이했다. 그리고 토벌대가 돌아온 밤이면, 어김없이 마을에서 약탈해 온 돼지와 닭 등으로 육식이 넘쳐난다. 장교들은 본부에서 회식 연회를 하지만, 거기에는 반드시 술을 시키므로 위안부가 호출되는 것이다. 덧붙여서 말하면, 장교들의 회의가 있을 때는 몰래 "섹스처리"를 하는데, 이때도 일본인이나 조선인 여자들이 맡아서 하였다.

제7장

위안부의 주변 사정

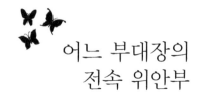

어느 부대장의
전속 위안부

　　앞서 말했던 것처럼 어떤곳의 위안부는 군인 약 2,000명을 불과 5~6명이 상대했던 곳도 있어서, 대개 위안소 앞에 줄을 서서 기다리고 있었다. 그러나 일반병사와 달리 고급장교가 되면 전용의 위안부가 할당됐다. 즉, 전쟁터에 있으면서 부대장급은 공공연히 위안부를 '첩'으로 두었다.

　전용 위안부는 부대 주변에 있는 요정의 기생이나 유곽의 하녀, 위안부 중에서 발탁됐다. 이 경우에도 군이 자랑하는 전시징용 형식으로 '○○○는 ○○일 자로 사단본부 근무자에 명함'이라고 쓴 것을 본인에게 건네주며, 군속으로 취급하여 월급을 지급했다고 한다.

　이런식으로 위안부 중에서 가장 예쁜 여자를 골라 전용으로 삼고 사단장의 '여자'로 만들기 위해 '본부 근무자'란 이름을 사용하는 것이 보통이었던 것 같다. 또한 중대장급에서도 최전선의 독립 중대가 되면, 제멋대로 전용 위안부를 두고 있었다.

　일본군이 1940년 가을 이창(宜昌)을 점령했을 때, 이창에서 8km 후방에 있는 당양시(當陽市)의 아곡령(鴉鵠嶺)이라는 산간 마을에 경비 부대가 주둔하였다. 동시에 여느 때와 같이 매춘 업자가 뒤를 따라 들어가 순식간에 3개의 위안소가 생겼다. 이 중 하나는 일본인 경영의 〈효관(曉館)〉으로 일본인과 중국인 위안부를 두고, 나머지 두 곳은 〈스미레(제비꽃)장〉과 〈사츠키(오월)장〉이라 해서 조선인이 경영하는 조선인 위안소를 두고 있었다. 위안소 하나에 대개 10명 내외의 위안부가 있었다.

그중 경비부대장 구로다(黑田兵馬) 중령은 병사의 위안과 오락시설에 각별한 관심을 보여서 '경비 지역의 식당이나 위안소의 시설이라면 온갖 노력을 아끼지 않고 병사를 동원했을 정도'였고, 자기 전용의 위안부를 두고 있었다.

부대장의 전속은 〈스미레장〉의 여주인으로 22~3세 정도의 미인이었으며, 조선 위안부 출신의 토미코(富子)라는 여성이었다. 토미코라는 조선 P는 '부대장 한 사람만을 위한 일'을 한 것이다. 토미코는 전속 위안부로 '전쟁터에서의 부인' 역할을 하여 부대장으로부터 귀여움을 받았을 것이다.

부대장 관사는 막사에서 떨어진 독립적인 단층 건물이었다. 거기에는 부대에 딸린 전령 겸 호위 중사와 당번병(병장), 말 당번, 요리사, 운전병 등 5명의 병사가 살고 있었다. 특히 당번병인 니와 구니오(丹羽邦南)라는 병장은 성실하게 부대장의 신변을 돌보았고, 부대장의 전속 위안부 토미코까지 돌보았다. 그러나 당번병은 그녀를 '부대장의 조선 P'라고 불렀다.

그 소리를 듣자 부대장이 당번병을 호출하여 "자네는 토미코를 조선 P라고 부르는 것 같은데, 그런식으로 부르면 안 된다"며 호되게 주의를 주었다. 원래 조선 P란 호칭은 천시하는 말이다. 앞에서도 말했듯이, 'P—'라는 것은 영어의 매춘부를 뜻하는 단어 앞 철자의 P에서 온 것으로 당연히 멸칭(蔑稱)에 속한다. 그렇다고 현지의 병사들이 위안부를 부르던 적당한 호칭도 없었을 것이다. 이 'P—'라는 용어는 어느 부대에서나 통용된 일종의 군대 용어였다.

부대장인 구로다 중령으로부터 심한 주의를 받은 당번병은 이번에는 어쩔 수 없이 그녀를 "토미코"라고 불렀다. 그러자, 부대장은 다시 당번병을 불러서 "이번에는 토미코를 이름으로 부르는 것 같은데, 그것 또한 괘씸하다"고 말했다. 당번병은 일반 사람들이 쓰는 말대로 이번에는 "토미코 씨"라고 불렀다.

그러나 부대장은 그것도 인정하지 않고, 다시 불러 "토미코 씨란 말로 부족하니 사모님이라 호칭하라"고 했다. 그 이후, 부대장의 전속 위안부 토미코를 "사모님"이라 부르게 됐다.

토미코는 위안부에서 일약 3,000명의 장병을 호령하는 부대장 두 번째 부인이 되어 사모님이라고 불리는 신분이 되었다. 부대장의 관사에서 토미코는 '식사도 목욕도 모두 부대장과 동격'으로 하였다. 병장은 쓴 벌레를 씹는 기분으로 "사모님, 식사준비가 되었습니다. 사모님, 목욕물이 끓었습니다." 등과 같은 굴욕을 참아내야 했다. 조선인 위안부는 일본군의 최전선에는 '조선 P'가 많이 동원되어 있어, 이와 같은 경우가 있었던 것을 알 수 있다.

조선인 매춘업자는 위안부에서 벗어나 위안소 운영으로 돌아선 정도의 수완이 있었기에, 부대장의 '현지처'라는 신분을 활용하여 당번 병장을 아랫사람처럼 부리기도 하였다. 이런 여성이 평화로운 사회에 산다면 분명 부드러운 아내로, 부드러운 어머니로서 또 사회적으로도 뛰어난 역할을 할 수 있었을 것이다.

그러던 어느 날 밤, 부대장의 부재중에 전속 위안부 토미코는 당번병인 니와 구니오 병장에게 겁탈을 당해버리고 말았다. 그날 부대장은 각 부대의 전선 경비 상황 시찰로 출장을 갔고, 니와 병장 1명만 부대장 관사를 지키라는 명을 받아, 토미코와 단둘이 있게 되었다. 이 젊은 당번 병장은 전부터 토미코에게 애정을 계속 불태웠지만, 부대장이란 존재에 가로막혀 자신의 욕정을 참고 있었던 모양이었다. 그러나 대장이 부재중인 밤에 그것이 폭발하여 마침내 토미코의 몸을 범했다. 젊은 병장은 이른바 조선 P를 "사모님"이라 부르며 품었던 아픔과 원한을 담아 만용을 부렸음이 틀림없다.

그런데 시찰 간 부대장(구로다 중령)의 전화가 왔고 우연한 일로 두 사람의 정사가 폭로되었다. 화가 난 구로다 부대장은 귀대하자마자 당번 병장을 해고

했다. 동시에 토미코 또한 '부대장을 배신의 죄'로 부대장 관사에서 출입을 금지시켰다. 즉 부대장 전속의 P도 잘린 것이다.

부대장은 이후 자신의 당번병에게 사랑하는 여자를 빼앗겼다는 조롱거리가 될까봐 일을 크게 확대시키지는 않았지만 우울한 나날을 보냈다. 그런 후 두 번째 전속 P를 물색했다. 부대장은 조선인은 충성심이 없다며 분개하여 이번에는 현지에서 징발한 '중국인 위안부 여용화'라는 20세의 미인을 전속 위안부로 삼았다.

여용화(黎容華)는 상당한 미인에다 성품이 상냥하여, 장교나 병사들에게 애욕의 표적이 된 여자였다. 그런데 여용화는 이미 후지시마(藤島)라고 하는 일등병과 사랑하는 사이였다. 그러나 부대장 관사의 전속이 되자, 둘은 만날수가 없고 서로를 그리워 하는 사이가 되었지만 부대장은 그런 사정을 일일이 알 리 없었다. 한편, 둘사이를 못마땅하게 여기고 있던 시미즈(清水)라는 상병은 후지시마 일등병에게 계속 개인적인 얼차려를 주고 있었는데, 마침내 일등병은 상병을 사살하고 밤중 사랑하는 중국 P를 데리고 먼 적지인 공산군으로 도망갔다. 그렇게 구로다 부대장은 처음의 애첩(조선 P인 토미코)에게 배신당했고, 이번에는 중국 P인 여용화에게도 배신당했다. 구로다는 여자 없이 밤을 지낼 수 없는 남자였다. 그렇다고 해서 관할부대 최고 책임자가 일반 장교나 하사관, 병사들이 다니는 위안소는 체면상 다니지 못했다.

구로다는 다시 위안부 중에서 전속 여성을 찾게 되었다. 누구든지 부대장 첩이 되면, 몸도 마음도 편할뿐더러 수입도 좋으므로 위안부들 사이에서는 여왕 같은 존재로 선망의 대상이 되고 있었다.

세 번째 부대장의 전속 P로서, 이번에는 위안소 〈효관〉에 있던 '아즈사'라는 일본인 중년 여자가 뽑혔다. 조선인 P나 중국인 P에게도 배반당하여 믿을 수 없게 되었기 때문이다. 일본인 P, 아즈사라는 여성에게도 나이 어린 니시와키(西脇)라는 애인 병사가 있었다. 하지만 부대장 전용으로 정해진 그날에 '이별'을 하지 않으면 안 되었다.

그런데 이 중년 여자는 일본에서 한 번 결혼하여 1남 1녀까지 두고 있었는데 바람을 피워 집을 뛰쳐나온 여자였다. 그 시집이 역시 「니시와키」 가문이었으므로 전쟁터에 와서도 '니시와키'라는 젊은 병사와 친해진 것 같다.

드디어 부대장 전속 위안부로서 처음 들어가는 전날 밤, 그 애인 병사와 '마지막 이별'의 뜨거운 성교를 했다. 그리고 나서 니시와키 상병은 이별을 아쉬워하듯 절실히 자신의 처지를 말했다. 그 한 단면으로 "자신이 태어나자 얼마 안 되어 어머니가 가출했다"라고 말하며, 고독한 환경에서 자랐다고 했다.

이 말을 들은 중년 여자가 알게 된 것은 자신이 지금 사랑하는 니시와키야말로 실은 자신의 배를 아프게 했던 실제 아들이었다. 결국, 지금까지 서로 사랑하는 정사의 상대는 바로 자신의 아이였던 것이다. 그 청년 병사는 눈치채지 못했지만, 그녀는 자신이 어머니라는 것을 깨달았다.

그러나 어머니라는 사실을 밝힐 수 없었다. 그녀는 자기 자식하고 불륜을 저지른 지저분한 엄마가 된 것이다. 그녀는 꽃을 물리던 자식과 정사를 계속했었다. 바로 일본 군대라는 이상 집단 속에서 모자와의 성적 관계로 이어진 숙명적 인연을 깨달은 것이다.

이런 사실을 알게 된 그녀는 서로 사랑하여 정사를 가진 상등병(아들) 앞에서 갑자기 울음을 터뜨리며 "청산하자"라며 중얼거리고 술잔에 알약을 떨어뜨려 거품 있는 액체를 마시고 엎어졌다고 한다. 이 사실은 현지 헌병 중사로서 위안부 사정에 밝은 미야자키(宮崎淸降) 씨가 들려준 이야기다.

이렇게 침략과 잔인함과 비참함을 연출한 일본 군대에서는 성욕을 만족시키기 위한 '위안부'가 있는 장소에서 모자 상간이란 슬픈 불륜이 벌어진 것이다(미야자키『쇠사슬(鎖)과 여자와 병사』〈전화(戰火)의 정조 조계(租界)〉).

성병과 검진

일본 군대에서는 콘돔이라고 하는 고무제품(위생 주머니)을 보급했는데 이것은 없어서는 안 될 '필수품'이었다. 일본 제국 군대의 전쟁터, 곳곳은 항상 중국대륙을 목표로 진격 작전지에서의 부녀자 강간을 전제로 했기 때문이었다. 일제의 장교를 육성하는 사관학교 시절부터 전쟁터로 부임할 때는 반드시 콘돔을 보급해 주었다. 이렇게 하는 것은 일본 군대가 현지 강간으로 인한 성병을 예방하기 위한 것이다.

전쟁에서의 일본군 의무대의 역할은 부상병의 수술과 치료라는 것은 물론이고, 한편으로는 성병 대책도 중요한 일이었다. 참고로 일본군에서는 부상병을 1급부터 3급까지 세 단계로 나뉘어 있었다. 1급 증상은 총탄 등에 의한 부상, 2급 증상은 감기 등에 의한 내장 질환 그리고 3급 증상은 성병이었다. 침략 군대로 훈련된 일본 병사와 성병과는 뗴려야 뗄 수 없는 관계였다. 그리고 군대의 성병 전염은 곧 병력감소로 이어져 군사작전에 영향을 주거나 전투능력의 격감을 의미했다. 일본 군대가 현지를 통과하거나 주둔하면 그 지역에 성병이 퍼져 비참한 상황이 연출된다. 당시 중국의 소도시에는 사창가와 같은 매춘 업소가 있었는데 그곳에 일본 병사가 출입하면서 성병이 감염되어 위안소에 전염시킨다. 또한 일본군이 촌락을 습격하고, 그곳의 여성들을 겁탈하면 촌락 전체가 성병으로 감염된다. 전쟁의 재앙은 현지인에게도 생활을 비참하게 하지만 성병은 일본군에게 되돌아오기 때문에 일본군 입장에서도 조심해야 하는 상황이었다. 매독과 같은 성병이 무섭다는 것은 잘 알려진 사실이다. 누구라도 매독으로 감염되면 1주일 후에는 귀두에 팥알만한 종기가 생긴다. 그러나 아프지도 가렵지도 않고 곧 들어가게 된다. 그리고 한 달 뒤 사타구니에 가래톳이 생긴다. 그 증상은 제2기로 체내에 매독균이 침범한 증상이다.

전쟁 당시에는 페니실린이 귀했고, 오늘과 같은 항생제도 없어 매우 비참한 악종이었다. 만약 병사가 매독에 걸리면 군의관은 국부를 절개해 고름을 뽑았다고 한다. 게다가 전쟁터에서는 제대로 치료가 안 되었기에 보통 3기로 진행한다고 한다. 많은 병사들이 뇌매독 환자가 되어 폐인이 되는 경우가 많았다고 한다. 이 무서운 성병은, 일본 군대에서 제일 무서운 적이었다. 이렇게 병든 일본 병사는 육군 병원과 군의관 및 위생병이 있어서 치료할 수 있었다. 그러나 감염된 현지의 사람들은 빈곤에 허덕이고 있으니 치료할 처지가 못 되었다. 일본 병사에게 강간 당해 성병이 옮게 되면 악마에게 습격당한 숙명으로 알고, 일생을 시달리며 그 가정도 함께 폐인의 운명을 밟는 것이다. 위생 상태가 좋지 못한 것을 군대에서는 현지인에게 감염되었다고 떠들기 일쑤였다. 군대의 군의관은 병사에게 성병의 공포를 입이 마르도록 말하나 원기 왕성한 병사들은 모른 체한다고 한다. 대부분 '소변으로 소독하면 괜찮다'는 식이었다.

어쨌든 일본 군대는 부대가 '토벌 작전'을 떠날 때나 장병들이 외출할 때에 각자가 반드시 콘돔을 소지하도록 하고 있었다. '토벌 작전'을 나갈 때, 특히 부대장이 "강간하지 마라"며 형식적인 훈시를 하면서도 전원에게 콘돔을 배급하였다. 물론 일본 병사의 강간행위를 예상한 조치였다.

병사들이 휴일에 위안소에 갈 때에도 반드시 콘돔을 받아 사용하는 규칙이 있었다. 위안소 방마다 입구에 세면시설이 마련되어 있었는데 과망간산의 수

용액을 넣은 유리병에 가는 고무호스가 늘어져 있어서 성교가 끝나면 성기를 씻도록 했다. 위안부도 한 사람을 접촉할 때마다 국부를 씻도록 했다. 위생관리에 마땅한 것이었지만, 계속 이어지는 수십 명의 맹렬한 남근에 박혀서 늘어진 성기는 움직이지 못하여 어찌할 도리가 없었을 것이다. 처음 몇 명까지는 매번 변소로 달려가 씻었지만, 이윽고 기력이 떨어지고 또 귀찮아서 바닥에 가랑이를 벌린 채 병사를 맞이하는 실정이었다. 결과적으로는 병사가 차례로 들어와서 여자의 배 위를 멋대로 날뛰고는 가버리는 것이다. 그녀들 중에는 씻는 대신에 작게 찢어진 솜에 소독액이 스며들게 해놓고 바닥에 누운 채 닦아냈다.

위안소 담당 군의관은 매주 한 번(금요일) 위안부 '검진'을 했다. 그리고 성병에 걸린 자가 발견되면 위안부 이름을 각 중대에 알리고, 영업정지를 명했다. 매주의 검진은 위생관리에 당연한 조치였지만, 실제로는 '여자'에게 비참한 모욕감을 주고 대부분 위안부에게는 지옥과 같았다. 검진이 있는 날은 위안부들이 목욕탕에 가고, 정오를 기해서 위병소 앞에 집합하여 본부의 의무실로 가는 것이 관례였다. 그런데 위안부에 매독 검사라는 것은, 여자가 나체로 침대 위에 올라가 군의관이 유리 막대기를 성기에 꽂아 묻은 점액의 반응을 살펴보는 방법이 보통이었다. 그것을 같은 동료가 나란히 보고 있었다. 때로는 젊은 견습 군의관들이 늘어서 있는 앞에서 두 발을 들어 올리면 군의관이 국부에 손가락을 넣기도 하고, 또는 엎드려 번갈아 가며 견습 군의관이 고무장갑을 밀어 넣는 것이다. 처음 겪는 위안부 여자들은 울었다고 한다. 산시성(山西省, 중국 중부)의 어떤 지역 위안소에 있던 일본인 위안부 마츠무라 사치코(松村, 우리말로 행자幸子)는 그때의 체험을 다음과 같이 말한다.

어느 날, 사카구치(坂口) 대위라는 나이든 군의관이 3명의 젊은 견습 군의관을 데리고 와서, "귀군들은 군의관으로서 근무할 자들이다. 야전 지구에서는 이 여자들이 병력의 소모를 막고, 건강을 지키고 사기를 북돋우는 중요한 물자이다. 그래서 귀군들은 신중하게 다루도록 하라"고 훈시를 내렸습니다. 견습 장교들은 부동의 자세를 하고 듣고 있었지만, 아직 25~6세의 젊은이였어요. 젊은 그들은 여성의 생식기를 제대로 본 사람이 없었습니다. 그래서 얼굴이 빨갛게 되었어요.

또다른 군의관 출신의 모 의사는 다음과 같이 회고했다.

위안부의 검진은 정말 싫습니다. 많으면 20명 정도의 여성을 진단합니다만, 그녀들의 수치심이란 것은 상상 이상이었어요. 어떤 여성은 진찰을 거부해서 영창에 들여보내진 일도 있습니다.

그러한 '정기검진'이란 것은 여성으로의 존엄성을 보장해 주는 일이 전혀 없는 최대의 치욕적 장소였던 것 같다. 특히 꽁무니를 뺀 사람들은 젊은 조선 여자들이었다. 그러나 일본 여성의 경우 보통 태연한 표정으로 검진대에 올랐다고 한다. 그런 것은 일본 여자의 대부분이 이미 증상을 가진 사람이 많은 만큼 습관화되어 있었다. 덧붙여 말하자면, 과거 여랑으로 일한 여자들에게는 새로운 일이 아니었다. 유곽에서는 연중 정기적으로 임균검사를 받는다. 특히 배농이 심한 경우 휴업을 명령받았지만, 대부분은 치료를 계속하면서 모르는 체하고 손님을 대했다고 한다.

결국, 일본에서 온 유곽 여자들의 80% 가까이가 매독균에 대해 혈액 양성반응을 보인다는 놀라운 사실은 현실이었다. 탐욕스러운 유곽의 업주로서는 가벼운 증상자를 모두 쉬게 한다면, 단번에 유곽이 망해버린다고 생각한 것이다. 그런데 이상하게도 임질은 아프지만, 매독은 몸속 깊이 스며들어 아프지도 가렵지도 않기 때문에 더욱 아무렇지도 않은 얼굴로 손님을 맞이하게 했던 것 같다. 이런 관점에서도 조선의 마을들에서 끌려 나온 젊은 처녀들은 완전히 순진하여 수치심으로 얼굴이 빨개져서 울었을 것이다.

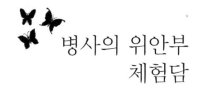

병사의 위안부
체험담

일본 병사라고 해도 사람마다 경력, 성격, 가정 교육 등으로 교양 차가 있어서 일률적이지는 않다. 따라서 위안부와의 체험도 각기 달랐다. 그러나 미친 국가관념 아래의 이상 집단의 행위라서 어딘가 공통점도 부정할 수 없다.

병사의 박봉으로는 1개월에 2번 정도 위안소 여자를 안으면 날아가 버린다. 그것도 단지 '10분이나 15분'의 놀이다. 결국은 병사들의 월급이 고스란히 매춘 업자의 호주머니로 들어가는 구조다. 그래서 일부 병사들은 여자를 안아 보기 위해 배급받은 담배를 부지런히 모아서 중국인에게 팔아 위안소에 갔다. 이것이 발견되면 영창에 넣어져 곤욕을 치르게 되는데, 이런 위험을 무릅쓰면서까지 '여자 놀이'에 열중하는 것이었다.

그런데 병사 중에는 위안소의 여자 방에 들어가 아무것도 하지 않고 유방만 잡아 보고 그냥 나가기도 했다. 극히 희귀한 병사일 것이다.

그리고 몇천 명이 있는 부대인 만큼 좀처럼 위안소에 가지 않는 남자도 있었다. 그런 남자는 '여자보다 담배가 좋다'며 자신에게 주어진 콘돔을 담배와 교환하기도 했다. 또 20세 정도의 초년병 등은 위안부의 방으로 들어갈 때도 꼼

꼼히 "들어가겠습니다"로 경례를 하고, 손을 덜덜 떨며 "포옹해 보고 싶습니다"라고 말하기도 했다.

간혹 보면, 견장에 별 하나가 있는 40세 정도의 남자는 생각대로 되지 않으면, 여자의 몸을 마치 개처럼 혀로 핥고 손가락 장난을 실컷 부리다 나간다. 그런가 하면 색의 달인도 있어 여자의 몸을 마치 마술을 걸듯 가볍게 다루어, 여자의 몸이 큰 파도처럼 요동치게 하는 등 여러 가지로 다양하게 처리했다.

일본 병사의 '위안부 체험' 중에서 몇 개의 예를 들어보자.

북중국(北支) 벌판에 황진을 일으키며 군용트럭이 달려온다. 거기에 빨강, 노랑, 파랑 등 형형색색의 목도리를 두른 여자들이 타고 있었다. 지뢰밭을 뚫고 하염없이 부대를 따라오는 그녀들 중에는 팔에 관통상을 입은 사람도 있었다.

"아니, 우리에겐 하늘나라 선녀처럼 보였지요. 그때 수십 명의 위안부가 왔지만, 출신은 반 이상이 조선인이고 일본에서 온 여자는 큐슈 출신이었지요. 수개월이나 여자로부터 격리되었으니 벌써 부대는 난리였지만, 어쨌든 병사의 수는 1만 명 이상이니까요."

"그 자리의 섹스는 비참했습니다. 판잣집 건물이 죽 늘어서고, 그 하나에 들어가면 조금 더러운 이불이 한 장 있지요. 수천 명의 땀과 기름기를 빨아들인 이불입니다. 그녀들은 속치마 하나를 걸치고 그 이불을 감싸고 있는 겁니다. 이것은 일본인 위안부도 조선인 위안부도 중국인 위안부도 마찬가지입니다."

― 전 위생대 담당 소위 오야마 쇼고로

"어느 날 밤, 나는 몰래 그 위안소를 찾아가 잠시 업주와 잡담을 한 후, 숙박료를 지불하고 여자 방에 들어갔어요. 땅딸막한 체격의 여자는 귀찮은 듯 완전히 사무적으로 일을 처리했습니다. 아무 정취도 없이 공동변소에서 볼일을 보는 것과 다름없었어요. 일이 끝나자 여자는 내 옆에서 큰소리로 코를 골았습니다. 나는 혐오감이 들어서 참지 못하고 바로 일어나서 옷을 입었고, 신비한 여자의 이미지를 완전히 망가뜨려 버린 오늘 밤의 정사 같지 않은 육체의 관계를 후회했어요."

"18, 9세나 될까 한 아직 발달하지 않은 것 같은 가냘픈 몸으로 에로틱한 것도 아무것도 없이, 아픈 느낌이었어요. 성행위 중 여자는 뺨을 비비듯 했을 뿐 소리도 내지 않고 당황하지도 않았고, 숨을 헐떡이는 일조차 없었어요. 연기도 할 줄 모르는 것 같아요. 허전하듯 아쉬웠어요. 그 부분도 미숙한 과일처럼 단단하기만 해서, 나는 어린아이를 범하는 듯한 착각에 사로잡혀 도취하지 못한 채 단시간에 방출했어요."

— 쓰야마 쇼사쿠

"우리들이 주둔지의 주민들과 사건을 일으키지 않고 무사히 귀국 가능했던 것은 그녀들 덕분입니다. 우리들 중 반은 그녀들에게서 '남자로' 만들어졌어요."

"하사관과 병사나 징용공의 상대로는 오히려 조선인 출신의 여성이 많았을 것입니다. 그녀들은 그녀들로 한 단위를 이루고 있어 일본어도 물론 할 수 있고, 체격은 매우 좋으며, 일본 병사에 대한 서비스도 좋고 터프하지만 순진해서 대체로 호평을 받았지요. 그런데 반도라고 해도 대부분 거의 시골에서 온 것 같고, 그녀들의 일본어가 군대 용어 그대로를 배운 것은 좀 애석하기도 했어요."

"그녀들이 전쟁의 형세가 나빠지고 나서도 끝까지 애써준 눈물겹고 순진한 이야기는 각지에서 수없이 전해지고 있으니, 현재의 한일 양국의 관계를 고려하면 감개무량합니다."

— 전 해군 중령 시게무라 미노루

끝으로 전 직업 군인(사단의 참모)으로 조선인 위안부의 이용 가치관에 관하여 설명한 것을 다음에 소개한다. 거기에는 당시의 일본군 수뇌부의 진심이 기탄없이 표현되어 있었다.

"일본인 위안부는 물론이지만 조선인 위안부가 군인과 함께 있어도 적에게 알리는 군사정보는 없었다. 현지의 중국인 여성을 위안부로 편성할 수도 없는 것은 아니지만 그 방첩 상의 입장에서 조선인 위안부 쪽이 호감이 갔다.

내선일체, 즉 일본 국내인과 조선인은 일체라고 훈련을 시키면 그 방첩의식은 더욱 확고해졌다. 조선인 여성을 위안부로 편성한 것은 그런 이유도 어느 정도 있었던 것이다."

— 센다 가코의 이야기

제8장

위안부의 현장 상황

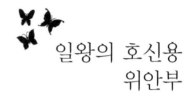

일왕의 호신용
위안부

앞 장에서는 위안소의 실태와 그 주변 사정에 관해서 기술했지만, 그들의 신상을 적절히 알아보기 위해서는 신변의 현장 상황과 심리 등을 설명하지 않을 수 없다.

그녀들은 매일 밤 몇십 명(총계로는 몇천 명)이란 병사를 그 몸에 접촉하고 있으면서도 '그때마다 그때그때의 상대가 어떤 남자일까?'하고 신경을 썼던 것이다. 그녀들은 불가항력으로 '군대 창녀'가 되었을 뿐 아무래도 "매춘부"는 아니라는 그런 마음의 표현이었는지도 모른다.

조선에서 끌려온 그녀들은 일반적으로 일본 군대에 대해 몇가지 생리적으로 혐오감을 느끼고 있었다. 첫째로, 최전선의 영맹(獰猛)한 야성적 풍채와 분위기였다. 최전선의 병사를 보기만 해도 벌컥 코를 찌를 것 같은 짐승 숨소리에 증오를 느꼈다고 한다. 곰 같은 몸매, 둔한 눈빛, 끈질기게 엉겨 붙고 뿌리 깊은 정욕을 온몸에 담고 있는 모습에 그녀들은 반발했다고 한다. 중국대륙의 오지 주변이 온통 황토색 외에는 아무것도 보이지 않는 황량하고 초라한 집에서 부질없는 성교 관계만이 그 목적이었기 때문이다.

두 번째는, 으스대고 있는 장교들과의 접촉을 극히 증오했다. 장교들 중에는, 전선에서는 자신의 계급을 천황의 이름 이상으로 생각해서 어떤 행동도 제멋대로 할 수 있는 권리가 있다고 생각했다. 병사들과는 태어날 때부터 다른 인종인 것처럼 날뛰고 있었다. 병사들에게조차 그러니까, 위안소의 조선 P에 대해서는 섹스의 노예처럼 아무렇게 취급한 것이다. 그리고 그런 장교에게서 섹스의 비용도 제대로 받지 못하거나, 공짜로 육체 제공을 요구받기도 했다. 그런 남자들은 '단지 으스대며 주인의 위엄만 갖추면, 가축들이 코를 킁킁거리며 다가올 줄 알고 있었다'고 생각했다(다무라 타지로). 조선의 소녀들은 이러한 장교들을 마음속 깊게 반발하고 혐오했던 것이다.

세 번째로 그녀들은 부대가 바뀌는 것을 싫어했다. 위안부를 하더라도 적응된 하나의 부대에 속하고 싶다는 생각을 하고 있었다. 그래서 부대 교체가 있으면 싫다며 도망친 여자도 있었다. 하지만 위안부는 어떤 경우에도 군인을 거부할 수 없다. 반드시 받아들이지 않으면 안 될 의무 같은 것이 있었다.

방바닥에 드러누워 가랑이를 벌린 여자의 눈으로 보면, 어느 군인도 육신의 아름다움에 대해서는 거의 동정을 느끼지 않으며 그 행위는 난폭하여 강간이었다. 그런 엉뚱한 행동을 피하려고 하면, 오른손으로 자신의 몸으로 끌어당기고 왼손으로 남은 한쪽 손을 잡아 몸을 꼼짝하지 못하게 해놓고 직성이 풀릴 때까지 끈질기게 애무를 되풀이하는 것이다.

병사의 입장으로 보면 언제 죽을지 모른다. '이 세상에 흔적을 남겨야지'하고 눈앞의 여체를 직성이 풀릴 때까지 정복하려고 몸부림치며 마지막 정을 쏟아붓기에 시간의 길고 짧음에 관계없이 장렬하게 덤벼들었다. 바닥에 누운 여자는 처음 5명 정도를 상대하고 나면 온몸의 뼈가 빠진 것처럼 흐늘흐늘하게 되는 것이 보통이었다. 그 뒤는 몸이 전혀 말을 듣지 않는다.

전선에 바로 투입된 위안부는 예외 없이 다섯 번째 이상 받으면 자신이 죽을지도 모른다는 두려움에 사로잡혔다. 첫날 밤은 밤새 울면서 우물가로 나가 벌겋게 부풀어 오른 국부를 계속 차게 하였다. 부푼 부분의 통증은 '창으로 찔린 것같이 아픈 것'이었다고 한다. 그런 맹렬한 남근에 하루에도 30개에서 60개나 마구 찔리면서도 그녀들은 죽지 않았다. 체험담에 의하면 적은 날에는 10명, 많은 날에는 50~60명, 그것을 3개월이나 계속하면 완전히 불감증이 되는 것이다. 그녀들이 살아남기 위해서는 어떤 사나운 군인들의 폭력도 헤쳐나가지 않으면 안 되었다.

중국 광야의 전쟁터는 수렁에 빠져 전쟁의 목표에서 멀어질수록 장병들은 진짜 인간말종이 되었고, 잘못된 악영향은 그대로 위안부의 사타구니를 덮쳐 광폭하게 되었다.

그런 새디즘[61]으로 조선 소녀들은 마지못해 맞서야 할 숙명이 되었다. 그녀들은 미친 하마 같은 육체도 어떤 거대한 남근도 처리하지 않으면 안 되었다. 남근 처리의 고통을 그야말로 패전의 천황 말처럼 '견디기 어려운 것을 참고 이를 악무는 것'이었다. 그런 끝에 부풀어 오른 국부 파열상으로 인한 출혈 사태는 일상적이었던가? 전쟁터 속의 또 하나의 비참한 색 지옥의 전쟁터였다.

군대 위안소라고 하는 열악한 방의 소녀들, 자신의 몸을 갉아 먹어 가는 그녀들. 끝까지 몸이 견딜지도 모르며 몸의 국부가 마구 찔리면서 끝까지 살아남을 수 있을지….

끝없이 계속되는 전쟁의 불꽃 속에 도망갈 곳 없는 색 지옥의 군대 위안부들, 거기에는 법률도 도덕도 없었다. 구제받을 수 없는 군대의 지옥 방이었다. 그런데도 그녀들은 병사들로부터 "공동변소"라는 경멸의 소리를 들었기 때문에 역경을 벗어날 기미가 없었다.

병사들이 '차례차례로 들어와서 마음대로 올라타고 가는 것' 행위는 아래에 누워 있는 여체는 실신 상태이고 성기가 기계처럼 돌아가는 상태이다. 그런데 병사 중에는 "서비스가 나쁘다"고 하며 노하여 씩씩거리는 자가 많았다. 그들

---

61 Sadism(가학적 변태성욕) : 성적 상대자에게 육체적, 정신적 고통을 줌으로써 자신의 성적 욕망을 채우고자 하는 성행위.

은 여자가 어떤 상태로 되어있는지 짐작할 수 없다. 여자가 죽더라도 자기 성욕을 만족시키는 것이 목적이다. 거기서 대부분 병사는 "자기에게만 서비스가 나쁘다"라고 믿게 되어 몹시 무서운 기세로 변하게 되는 것이다.

특히 40세 정도의 병사들이 그렇게 말하기 일쑤였다. 말하자면 인간 도살의 현장이라 거칠기 짝이 없다. 한두 마디 비위에 거슬린다면 바로 호신용 검을 뽑아 찌를 기세다. 이도 저도 아닌 목숨이라 자포자기한 기분이 들었다. 이런 점을 아는 그녀들은 처음 몇 명까지는 가끔 억지웃음을 띠우며 내보낸다고 한다. 그러나 이 세상 끝날까지 이어질 것 같은 맹렬한 윤간은 도저히 이겨낼 수 없다. 10명 이상이 되면 그 이상 상대의 동작에 응할 수가 없고, 말을 들을 처지가 아니다. 피부에 땀을 흠뻑 흘리고 팔다리를 쭉 뻗은 채 이를 악무는 것이 최선이다. 그리고 차례차례로 닥쳐오는 남근의 지독한 고통으로부터 1분 1초라도 빨리 도망치고 싶다는 생각만 필사적으로 계속 떠오른다. 거기서는 여자와 병사의 심정이 정반대이다.

이럴 때 추남과 야쿠자 같은 병사들은 배 위에서 호통을 쳤다.

"야, 이래도 돈 내고 놀러 온 거야. 좀 더 신경 써서 서비스하면 안 돼!" 둔탁한 으름장 같은 목소리에 여자가 발끈해서 닫았던 팔을 벌리고 상대를 올려다본다. 하지만 이제는 다리와 허리가 잘 움직여지지 않는다. 그리고 다시 몸을 쭉쭉 뻗게 된다.

"흥, 대응도 하지 않네. 빌어먹을, 내가 못생겨서 대답 안 할 참이냐?"

"아, 아니, 저런…." 대답 소리가 나지 않을 때가 많다. 흥분해서 알아들을 수 없었던 건가? 느닷없이 곰 같은 병사의 두툼한 손이 찰싹 여자의 뺨을 때리는 것은 일상적인 일이라고 한다.

"흥, 뚜렷한 까닭 없이 싫어함을 당하고 돌아간다고 생각하면 크게 잘못된 거야."

그런 후에 병사가 칼을 휘두르며, "허리를 사용해 서비스 해!" 하고 위협했다. 협박을 받고 엉덩이를 움직이면 "그래, 그렇게, 그렇게"라고 하는 것이다.

그러나 다음 병사 때에는 완전히 실신 상태다. 누운 채로 가랑이를 벌리고 눈을 감은 채로 병사를 맞이한다. 바로 그녀들이 말하듯이 '해안에 좌초된 난파선' 같이 만신창이가 된 몸이다. 한 위안부는 실신 상태로 병사를 맞아 축 늘어져 있으면, 서비스가 나쁘다고 화를 내며 "너, 죽여버려!"하고, 칼을 휘두르며 내려치려고 달려들었다. 그런 위안부들은 이렇게 중얼거렸다.

"천황폐하가 어린 백성을 죽이라고 했던가!" 여자가 이렇게 외치면 화가 치밀어 오른 병사는 갑자기 다소곳해졌다고 한다. 그녀들은 일본 병사에 대해서 〈천황폐하…〉를 들고나오면 즉각적인 효과가 있다는 것을 알고 있었다.

어느 위안소에서나 사납게 날뛰는 병사에 대해서는 "천황폐하가 어린 백성을…"이라고 말해 대개 진정되었다고 한다. 위안소에 와서 칼을 휘두르는 것은 병사만이 아니다. 밤에 오는 장교가 오히려 더했다. 이럴 때 위안부들은 어떻게 대처했을까? 상대가 어떻게 난폭한 행위를 해도 자신을 보호해 주는 것은 아무것도 없었다. 다무라 타지로(田村泰次郞)가 체험한 군대에서의 위안부와 장교의 싸움 형태를 이렇게 기록하고 있다.

병사들은 일주일에 한 번꼴로 놀러 오지만, 그녀들에게는 거의 매일 가혹한 노동이었다. 낮에 병사 상대로 색 노동이 끝나면 해가 저물어 위안소가 어두워지고, 방 창가에 놓아둔 등잔에 불이 켜지면 하사관들이 나타났다.

그 하사관들이 3시간 정도 만에 돌아가면 이번에는 장교들이 들이닥쳤다. 장교는 병사들처럼 잠시 쉰 뒤 교대 근무하는 게 아니어서 상대하기가 낮보다 편했다. 잘 때까지는 함께 술을 마시고 군가나 유행가를 부르지만, 그중에는 술버릇이 나쁜 장교가 있어 칼을 뽑아 난폭하게 하는 때도 있으므로 긴장이 되는 것은 낮보다 심하다.

장교 중에는 자신을 상당히 훌륭한 사람으로 생각해서 여자들을 인간 취급하지 않는 사람이 많았다. 장교들은 연락이라든가, 뭐라 할까 여러 가지 명목을 붙여 일본 여자들이 있는 기차역 가까운 읍내로 나갈 기회가 많다. 그때 매우 인간다운 즐거움이 생기므로, 전선에서는 여자들과 노는 것, 술을 마시거나 소변을 보듯 하는 생리적인 것 밖에는 생각하지 않는다. …(중략)….

밤중에도 난폭하게 문을 박차고 들어가는 사람도 있었다.

"이년아, 문 열어라, 바보야"라는 모멸적인 말에 대해서 그녀들은 언제나 온몸으로 부딪쳐 죽을 힘을 다해 맞서고 있는 것이었다.

"무슨 소리야, 이 남자, 누가 바보야?"하고, 중위의 얼굴을 밉살스럽게 보며 곁눈질로 소리쳤다.

"너 돌아가, 바보한테는 할 일이 없잖아. 난 너랑 안 놀아."

"바보 같은 년, P(삐) 주제에 무슨 말을 하는 거야?"

그 말을 듣고 하루미(春美)는 뭐가 뭔지 모를 정도로 분노하여 머리에 열이 나고 몸이 떨렸다.

"삐, 삐라고 비웃는가? 천황폐하가 그렇게 말해? 천황폐하도 똑같네."

이 한 마디의 의미가 주는 효과를 알고 있었다. 그녀들은 항상 일본인에 대해서 자주 이런 말을 이용해 왔을 것이다. 이것은 하나의 민족적 나쁜 감정의 표출과도 같았다. 이렇게 말하면, 대부분 일본인은 입을 다물어 버리는 것이다.

그녀들에게는 천황이 어떤 존재인지 그런 것은 알 리가 없었다. 하지만 그것을 말하면 언제나 일본인의 난폭한 태도를 누그러뜨릴 수 있었기 때문에 편리하다는 것을 알고 있는 것이다.

— 다무라 타지로 『춘부전』

일본 군대의 신들린 질서 — 전기(電氣)처럼 팽팽하게 경직된 하나의 질서는 「천황」이었다. 조선 위안부들은 그것을 무의식중에 감지했다. 그리고 막상 병사가 군도로 난폭해질 것 같을 때 진정시키기 위해, 그 「텐노 헤이카(천황폐하)…」를 소리 질러서 호신의 버팀목으로 만드는 것이었다. 그래서 난을 면한 사연은 곳곳에 무수히 많다. 하지만 극히 예외지만 「천황 운운」을 해도 소용이 없는 장교도 있었다.

통과부대의 "섹스처리"

　　그녀들이 경비지구의 병사를 상대로 하루에 수십 명씩 처리하고 힘이 빠져 일어설 기력이 없어도, 어딘가에서 통과부대가 도착하면 즉각 이들의 섹스처리를 하지 않을 수 없다.

　통과부대(通過部隊)란 사지(死地)를 향해 가는 군인들이라서 '여자를 안겨주는 것'을 정해 놓고 있었다. 최전선으로 향하는 병사들은 색에 굶주린 귀신 같은 광태를 부리기 때문에 그녀들은 싫어했다. 하지만 싱글벙글하면서 돈을 벌겠다는 속셈으로 기뻐하는 것은 받아주는 남자 포주이다. 포주들의 구호에는 매춘 업자의 독특한 반응이 있었다.

　"애들아, 지금 통과부대가 도착한대. 다들 그렇게 알고 준비하자. 모두 일본인 기생에게 지지 마라. 여태껏 눈먼 장사라 하지만, 이건 성전(聖戰)을 완수하기 위한 봉사야." 그러자 속옷 한 장을 걸치고 늘어져 있던 여자들이 투덜거리며 일어나서 기계적인 손놀림으로 분을 얼굴에 바르고 칸막이 커튼을 내려 이불 위에 자리를 잡고 앉는 것이다. 그것은 특이한 광경이었다.

　밖에는 순식간에, 알 수 없는 원거리에서 온 낯선 군인들 무리가 줄줄이 이어진다. 땀에 젖은 전투모에 햇볕에 그을린 새까만 얼굴들이 동물 같은 모습으로 검게 빛났다. 이때야말로 여자들은 본격적으로 실신 상태가 되는 것이다. 그런데 심한 실신 상태에 빠져버리면 위안부들에게 어려움이 있었다. 그것은 병사(남근)의 수에 따라서 정하는 수입액(표)을 탐욕에 찬 포주에게 맡기게 되는 것이다. 앞에서도 말했듯이 그녀들이 실신하여 몽롱해지면, 그 뒤에는 군인들이 마음대로 달려들었다가 나가버리게 된다. 그래서 그녀들 자신도 결국 몇 명의 군인과 상대했는지 알 수 없게 된다. 그러나 업자는 군인의 수를 적당히 얼버무려 속이는 수법이 있었다. 즉 업자는 이중으로 이익의 일부를 가로챈다. 아니, 거의 전부를 채가는 것이다.

병사가 주는 표가 샌다고 하는 것은, 여자들이 계속 뻗어 있어서 자기가 상대한 군인의 머릿수를 잊어버리기 쉬운 상태가 된다. 이를 이용해 계산 장부에서 실제로 받은 표의 수보다 적은 수를 기입하여 여자들에게 넘기는 수법이다. 그래서 몰래 사라진 표 대부분은 모두 주인 업자의 이익이 되는 셈이다.

표면적인 규칙으로는 병정들이 입구에서 산 표를 직접 여자에게 건네주게 되어 있었다. 하지만 실제로 이런 때에 혼잡을 이유로 인수자나 주인 업자가 대리로 받는 것이다.

P집의 주인은 부정한 방법을 가장 잘 아는 장사치로서 경험이 오래된 일본인 위안부였다. 그렇지만 그녀들은 아무리 정신을 잃고 있어도 "대륙의 오지까지 몸을 던져 돈 벌러 와서 삥을 뜯기다[62]니 말이 되는가?"라며 이를 악물고 참는다. 병사를 배 위에 올려놓고 숨을 가쁘게 쉬면서도, 주인에게 삥 당하지 않으려고 했다.

그래서 필사적으로 손을 베갯머리에 뻗고 나무판 벽에 날카롭게 손톱자국을 내는 것이다. 그러니까 그녀들의 방 벽면에는 꼭 길이를 재는 자의 눈금 같은 손톱자국이 여기저기 새겨져 있었다. 그것을 새긴 여자라면 "젠장, 몇 명을 상대했는가, 주인 따위에게 속는 게 아닌가?"라며 집념의 증거로 삼았다.

---

62 '삥뜯다'는 뜻의 수동태로, 돈을 빼앗거나 훔친다는 말.

그러나 미숙한 어린 나이로 장사치에게 의지할 수밖에 없는 조선의 소녀들은 이런 때, 모든 것을 포주에게 맡겨 버린 것이다. 그녀들의 수입금액이 끊임없이 샌 것은 확실하다. 이렇게 해서 위안소라고 하는 색 지옥의 늪에서 신음과 계속되는 웅성거림이 끝나고 통과부대가 떠나간 뒤의 여자들은, 허리부터 하체를 완전히 망가뜨려 화장실에 가는 것도 반쯤 기어가다시피 하는 것이었다. 조선인 위안부 김춘자는 이렇게 적고 있다.

> 각양각색의 남자들이 찾아왔다. 그날 하루 점심을 먹느라 겨우 몇 분 쉬었을 뿐 저녁의 부대 귀대시간까지 계속 쉬지 않고 일했다. 마지막에는 말할 기력도 없고, 몸을 움직이는 것조차 싫어지고 말았다. 그러는 사이에 몇 명이나 되는 남자가 내 몸 위를 지나갔을까? 전혀 알 수 없다. 저녁 귀대시간이 다 되어 병사들이 썰물처럼 떠나고 난 후, 주인 업자가 "음, 자, 이게 네가 번 거야. 오늘 일 잘했구나." 그렇게 말하고 150엔이 넘는 돈을 머리맡에 두고 갔기 때문에 나는 30명쯤의 손님을 받았구나 하는 것을 알 수 있었다.

위안부는 1인당 5엔씩 받게 되어 있었다. 군인들은 주인에게 7엔 50전의 돈을 지불한 것이다. 이런 경우 실제로 39명의 병사를 처리했다고 해도 이 돈으로 끝났을 것이다. 그녀들에 따르면, 2년간 '남자 없이 밤에 혼자 잔 것은 결사대로 나가는 전날 밤뿐'이었다고 증언했다. '결사대'라고 하는 것은 최전선의 〈토치카 순회〉를 향하기 위한 '결사의 행동'을 가리키는 것이다. 그런데 〈통과부대〉가 있을 때는 여자들이 소지품을 자주 도둑맞는 사고가 일어났다. 예를 들어, 여자의 기모노(일본 옷)나 구두 등을 도난당했는데 그까짓 기모노와 구두라고 할지 모르지만, 물자가 부족한 오지에서 신발 한 켤레를 사려면 상당한 돈이 들고, 그것도 P가게 주인이 베이징이나 지난 등에 갔을 때 비싼 값으로 사 온다. 주인이 사 오니, 가격보다 몇 배나 비싼 값을 지불했다.

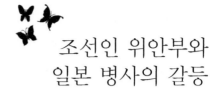

조선인 위안부와
일본 병사의 갈등

그녀들은 일본 군인들에 의해 몸도 마음도 모두 황폐되었기 때문에 언제나 가슴 속 어딘가에서 군인이라는 것에 대한 적대의식을 잊지 않고 품고 있었다. 물론 그녀들은 병사들의 흉포함이 상급자 때문인지, 아니면 병사 각각이 가진 인성 때문인지 그것을 구별해서 생각할 능력은 없었다.

그런데 집단적으로는 손댈 수 없는 흉포한 병사들이었지만, 무엇인가 기대하며 혼자 여자를 사러 와서는 뼈아픈 신상 이야기를 들려주기도 하고, 어차피 길지 않은 생명이라 여분의 돈을 두고 가거나 유품들을 주고 가기도 하는 병사도 있었다. 그래서 여자들도 '그들도 역시, 그냥 일본 남자일 뿐이다'라고 생각하는 것이다.

그리고 그러한 병사들이 차례차례로 작전에 동원된 채 행방불명이 되어 어이없이 죽어가면, 그녀들은 비로소 "일본 군인들도 안쓰럽네, 우리들을 미친 듯이 안으려고 오는 것도 무리는 아니지…"하며 군인 그 자체에 조금씩 동정하는 것이었다. 즉 횡포한 군대에 대한 평소의 울분을 떨쳐버리고 그녀들의 마음속 깊은 곳에 뭔가 이상한 동정심을 불러일으키는 원인이 되는 것이다.

말하자면, 소녀의 나이에 고향을 떠나 유카타(잠옷)를 입고, 띠를 매고, 일본식 머리를 묶고서 일본의 남자(병사)만을 상대해 온 그녀들의 기분이나 사고방식에는 다분히 '일본인 같은 데'가 있었다.

그 미숙한 일본어는 처음부터 P집의 주인이 사용하는 사투리(주로 간사이 사투리나 큐슈 사투리)에 물들어 있고, 일상의 말은 군대 용어 그대로를 사용하고 있었으며, 그 이름은 일본 처녀를 연상시키는 '가명'으로 불리고 있었다.

그리고 횡포한 군대 자체를 은근히 원망하면서도 다른 한편으로는 '역시 그냥 일본 남자'로 여기며 마음이 맞으면 사랑하는 사이가 되어 갈등이 생길 때도 적지 않았다. 또 그녀들에게 애정을 가진 병사 쪽에서 보면, 비록 상대가 위안부라도 본인의 의사로 온 것이 아니므로 어디까지나 사람으로 어긋남이 없고, 어딘가 조심스러운 신선함과 가련한 애처로움, 천진난만한 얼굴 모습에 매료된 것 같았다. 조선 P와 일본인 남자 사이의 애정 갈등이 일어나는 경우는 2가지가 있었다.

① 서로 좋아져서 부부가 될 것을 약속하고, 여자가 남자에게 몸과 돈을 바친다.
② 병사가 위안부를 동정하여 애정을 느끼고 금품을 주는 것이다.

전자는 대도시 위안소에서 나타난 현상이지만 극히 예외이다. 그럴 경우도 남자는 군인이 아니라 소위 현지 상사원이고 부부가 되기로 약속했으므로 여자는 기대하며 일한 돈을 고스란히 바치고, 남자는 그 돈을 갈취해 배신하므로 끝이 난다.

그러한 남자는 「일본인 남자의 기질을 대표하는 난폭하고 이기주의적인 남자」였다. 당시 조선 여자는 불행한 몸에서 해방되기를 바라며 남자의 감언이설을 그대로 믿고, 있는 모든 것을 다 갖다 바치지만, 완전히 배반당해서 반광란적으로 울부짖는 게 고작이었다.

그리고 후자는 전선 부대의 위안소에서 볼 수 있는 경우가 가장 많다. 처음부터 "절대로 어떤 남자라도 좋아해서는 안 된다"고 말했고, 또 본인도 명심하고 있는 그녀들이지만 대부분 여자는 '한 명쯤은 특별한 심정을 가진 병사'가 있었다. 그래서 그 병사를 맞이할 때면 마음에 탄력을 받고 편안함을 느끼고 있었다.

그러나 그녀들은 결코 깊은 사랑을 하지 않으려 했다. 그 아픔은 여자에게 반드시 돌아오기 때문이다. 이것은 그녀들의 지혜나 식견이라기보다 이 생활을 오래 해 온 선배격의 여자들이 입이 마르도록 하는 말을 들었기 때문이다.

위안부와 병사의 관계는, 여자가 특정의 병사에 집중하고 그 병사에게는 그냥 공짜로 놀게 하거나 돈이나 물건을 주는 경우가 있었지만 이런 경우는 드물다. 대부분은 이해심 있는 병사들이 그 여력을 가지고 적극적으로 도와주고 감싸주는 경우이다.

이토 케이이치 씨는 난징 근처의 커다란 마을의 부대 본부에서 식량 담당으로 2년 정도 있었다. 경제적, 시간적인 여유가 있는 사정도 있어서 조선인 위안부의 상담원과 같은 역할을 맡은 적이 있는 만큼 그녀들의 몸 주위 사정에 밝았다. 그의 설명은 다음과 같다.

조선 여성이란 위안 업무를 하고 있으므로, 일본 병사에게는 쉽게 마음을 주지 않습니다. 여기에는 민족적 사정이 개입해 있어요. 그러나 병사가 특정 여인에게 헌신하고 주변에서 이를 인정하고, 그 병사는 괜찮다고 생각되면 경계가 풀려, 그녀들에게 심정권(心情圈, 마음의 정을 두는 곳)을 갖고 생활에 보탬이 되도록 얼마라도 도움을 주는 것입니다.

그러나 그 대신 서로 귀찮게 해서는 안 된다고 하는 것이다. 이 말은 그녀들의 누군가가 전선에 있는 병사에게 몰래 서신이나 물건을 전해 주고 싶을 때, 또는 상대방의 소식을 알고 싶을 때, 더구나 귀향이나 결혼에 대한 신상 상담 등 여러 가지를 부지런히 처리해 줄 때가 그렇다. 여자가 아프게 되면 대신에 위문품도 보내야 한다. 그리고 위안부의 세계에 있는 관습 같은 것을 충실히 지켜주는 것도 중요하였다.

여자 중에도 어떤 특정한 병사에 대해 아주 세심하게 신경을 쓰는 사람이 있어서 마치 전쟁터에 나가서 시중드는 아내로 보일 만큼 익숙한 행동을 보이는 사람도 있었다. 전쟁터 위안부가 단순한 전쟁터에서의 성 처리의 대상물뿐만 아니라 조금이라도 여유가 있으면, 거기에 인간적인 정감이 이루어져 왔다고 하는 것을 알 수 있다.

> 이런 식으로 여자와 병사 사이에 특별한 친밀감이 생겨서 헤어지거나 한 쪽이 전사하거나 하면 남은 자의 탄식이 깊은 것은 당연했어요. 자신이 좋아하는 병사의 전사 통보를 받고, 한 달 동안 상복을 입고 손님을 받지 않았던 여자가 있었습니다. 내가 위안소 상담원으로 있을 때 접한 여자가 그러했어요.

또 작가인 다무라 타지로(田村泰次郎) 씨는 다음과 같이 말한다.

> 싫은 손님은 막무가내로 욕하고, 좋아하는 손님은 빚을 내서까지 대접하고, 기쁠 때는 노래를 부르고, 슬플 때는 큰 소리로 울고, 천진난만하게 살았다. … 자신의 몸에 좋은 것은 한없이 좋아하고, 싫어하는 것은 철저히 싫어한다. 그 표현의 강렬함은 그녀들의 몸 속의 생명력이 강함을 드러낸다. 마늘을 씹고 고추를 먹는 그녀들의 몸은 몸 그 자체가 하나의 가련한 의지이다.
>
> ― 다무라 타지로『춘부전』

조선인 위안부들이 좋아하는 병사를 한없이 선호한 사정 뒤에는 그녀들에게 모멸적인 말을 던진 장교들에 대한 화풀이도 있었다. 또한 그녀들의 병사에 대한「저항」은, 병사들의 돌진(성행위)을 아무렇지 않게 대하고 냉담하게 끝내는 것이다. 그것만이 내심 강한 저항이었다.

좀 더 적극적인 방법으로는 모멸적인 말투를 던지는 장교에 대해 그 장교가 심부름꾼으로 쓰는 젊은 당번병을 은밀한 '정부(情夫)'인 것처럼 꾸미는 것이었다. 그녀들은 상관에게 마지못해 복종하게 되어있는 젊은 병사에게 호감을 갖고 상관에게 반항적인 병사를 사랑하는 경향이 있었다.

어느 하사관은 위안부와 깊이 사랑하는 사이가 되어 밤마다 병영을 이탈하여 위안소 여자를 찾았다. 밤의 점호가 끝나면 가축장 뒤편으로 빠져나와 변두리 중국인 거주지에 들러 사복(중국 옷)으로 갈아입고 위안소에 간다. 그런데 헌병들이 밤에 위안소로 순찰을 돌러 간 것이다.

그 때문에 여자는 남자에게 안기면서도 귀만은 쫑긋 세우고 조그마한 소리에도 겁에 질려 몸을 반쯤 일으킨다. 그래서 헌병이 순찰을 돌면 여자들은 모두 재빠르게 연락하여 알려주고 그 병사를 숨기는 것이다. 은신처로는 발코니 손잡이를 잡고, 새파랗게 질려 매달리는 것이었다.

어떤 견습 사관은 식량의 부정 유출로 인해 일병으로 강등되어 멀리 분소로 전임되자, 사랑하는 위안부를 데리고 군대를 탈영하겠다고 상의하기도 했다. 이때 병사는 "먼 티벳(인도 북쪽의 중국 자치구) 근처까지 도망가지 않으면 잡힌다"라고 말하자, 이에 그 여자는 "조선으로 도망가면 좋을 텐데"라고 하여 결국 고향인 「조선」으로 도망가려고 생각한다. 그녀들의 머릿속에는 조선의 산천과 풍토가 자리 잡고 있어 자꾸 어른거렸기 때문일 것이다.

그리고 그 병사의 심정으로서는 동료 군인이 전사하는 것을 볼 때, '만약 자신이 죽는다면, 최후의 정열을 쏟으며 불러줄 여자가 있으면 좋겠다'는 것이다. 그래서 '상대가 일개 조선인 위안부'라도 좋았다. 그것은 일본 군대와 조선인 위안부가 서로 입장이야 다르다고 해도, 유목(流木)처럼 흐르다가 운명처럼 만난 남녀가 인간이라는 점은 같을 것이다.

전쟁터에서 병사는 죽음에 노출돼 있고, 또 여자가 병사에게 홀딱 반했다면, 그 절망적인 해결책으로 군대로부터 도망가는 것을 충동적으로 생각하곤 한다. 한 부대에 한둘은 병사와 함께 도망간 여자 이야기가 있었다. 도망가는 곳의 상당수는 적의 부대였다.

적 속으로 도망쳐도 남녀가 함께 살 수는 없지만, 생명과 동시에 사랑의 명맥을 유지할 가능성은 일본군 안에 있는 것보다도 훨씬 많이 남아 있었던 것이다.

일본군에서는 남녀 간의 문제에 대해서는 극히 동정이 없었다. 여자와 병사가 중공군 속으로 도망쳐 들어간 경우, 여자는 간호사로 남자는 중공 측의 군인이 되는 경우가 많았다. 결코 살해 당하지도 않고 제재도 크게 받지 않았다.

　　　　　— 이토 케이이치, '대륙을 떠도는 위안부들' 『신평』 1971년 8월호

「우리 경비지구였던 안후이성(安徽省) 의성현 부근에서도 어떤 분대의 장을 하고 있던 병장이 내무반 2층으로 여자를 데려왔는데 이것이 발각되어 징계하려고 하자, 그는 위안부와 함께 가까운 신사군(중국 공산군)으로 도망갔다. 공산군으로 도망가면 남자는 반전운동 요원이 되고 여자는 간호사가 된다고 한다.」

　　　　　— 이토 게이이치, 『살아있는 전쟁터』

요컨대 일본 군인이면서 전쟁의 모순을 느꼈든지, 혹은 여자 때문에 트러블이 생겨 죄목이 붙어서 적진으로 달아나는 일이 잦았는지 정확히 알 수 없다. 이 내용은 당시 중공군에 관해기록한 「녹지선」(『일본 병사의 반전운동』, 1962년 간행)에도 열거되어 있다.

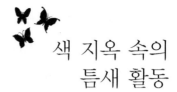

색 지옥 속의
틈새 활동

날이면 날마다 끝도 없이 계속되는 위안소라는 이름의 군대 타코방(합숙소)의 여자들에게도 약간의 '사생활(삶)'이 있었다. 그것은 주 1회 검진일(금요일)의 반일이다. 또는 그곳의 해당 부대가 「토벌」하러 나간 날 '귀신이 없는(병사가 없다는 의미) 시간'이었다.

흔히들 '계집애'라고 하는 싱싱한 몸이 만신창이가 된 여자들은, 평소 나태함에 익숙해져 있어서 짐 하나도 힘에 부쳐 들고 걸을 수 없는 신세가 되었다고 한다. 그래서 원래부터 기생 출신 위안부들은 거의 빈둥빈둥 놀고 있었다고 한다. 이에 비해 조선의 여자들은 비록 나이가 어려도 고향에서부터 농사일을 돕기도 하여 일상생활에 잘 견딘다고 전한다.

그녀들이 아침 늦게 일어나면 먼저 세탁할 준비를 한다. 세탁일은 이른바 '백의의 민족'인 조선 여자가 잘하는 것이라고 한다. 그러나 세탁하는 일이 조선 여자의 손에 익은 것이라고 하지만 그곳의 세탁은 귀찮은 일이었다.

이렇게 말하는 것은 누운 채로 매일 수십 명의 남자를 맞이하며 많은 사람의 돌진행태에 대처하고, 싸라기눈처럼 쏟아져나온 끈끈한 액이 여기저기에 달라붙어 있기 때문이다. 끈적끈적한 것은 아무리 빨아도 얼룩으로 남는다. 그

끈적끈적함은 천이 찢어져도 떨어지지 않는다. 그래서 위안부의 세탁은 어려운 것이다. 그녀들은 그것들을 씻어내면서 어쩔 수 없이 내뱉는 말은 어젯밤의 일을 푸념하는 것이다.

위안부들의 생활은 지역마다 처음부터 끝까지 차이가 있지만, 조금 한가한 「경비지구」의 위안부는 평일 낮에는 대개 한 방에 7, 8명이 모여서 화투치기를 하고 놀았다. 병사들이 몰려오기 전 한 때의 유유자적이었을까? 우울한 현실을 달래는 방법이었을까? 그것이 유일한 실내 오락이었을까?

좁은 방에 서로 뒤엉키듯 앉은 그녀들 중에는 큰 책상다리로 벌린 스커트 자락 사이로 사타구니 안쪽까지 보이도록 앉기도 했다. 문짝을 열고 엿본 얼굴이 낯익은 사람이라면 잠깐 볼뿐 조금도 신경 쓰지 않았다고 한다.

그녀들은 늘 한국말로 지껄였다. 전쟁 중 모든 조선인에게 「조선말」을 금지시켜서 한 마디도 못하게 하는데도, 그녀들은 일본 군대의 서슬 앞에 일상적으로 당당하게 조선말로 서로 지껄였다고 하는 것은 그곳이 법률도 없는 치외법권의 장소라는 것, 여자의 합숙소인 것을 고려한 것이다.

그리고 그녀들이 낮에 잠깐 시간을 갖거나, 놀이에 빠지거나 해도 계속해서 한 말은 "시계 몇 시고?"하는 것이다. 즉 그녀들은 '군인들의 섹스 놀이 시간'에 쫓기고 있기 때문인지 항상 시계에 신경을 썼다. 그것을 너무 연발하였으므로 친숙한 병사까지 "시계 몇 시고?"라는 말을 잘 기억하고 있었다.

또 저녁이 되면 여자들끼리 동네에 장을 보러 나가 무와 배추를 구해 와서는 장조림 준비를 정성껏 했다. 전선의 위안부들은 가까운 초소에 놀러 갈 때 고춧가루가 들어간 조선 김치를 가지고 가기도 했다. '그녀들의 방문은 초소 근무자의 즐거움 중 하나'였다고 한다(쓰야마 쇼사쿠『전쟁 노예』).

전선에서 대부분을 차지하는 조선 여성들만의 위안소―그곳 여자들의 생활 자체는 유랑민이라고나 할까, 집시를 연상시키는 생활이었다. 그녀들의 식사도 의외로 초라했다. 가끔 그들의 식사에 동참했던 이토 게이이치(伊藤桂一)

가 목격한 상황은 다음과 같았다.

　　그녀들은 땅바닥에 반찬 냄비를 바로 내려놓고, 둘러앉아 쪼그리고 이야기를 나누며 식사를 했다. 나도 권유를 받고는 자주 그 식사자리에 참석했지만, 그녀들이 나에게 그렇게 동료의식을 갖도록 하는 것을 볼 때, 나도 군복무에 최선을 다하는 정도의 노력을 그녀들에게 보여주어야 했다.

　　그녀들의 식사는 어쩌나 가난하고 처량한지 탁자조차 이용하지 못했다. 시멘트 흙바닥에 느닷없이 거적을 깔고 그 위에 무엇인가가 끓고 있는 큰 냄비를 놓고, 각각 식기를 들고 크게 빙 둘러앉는다. 냄비 안에는 고기와 채소를 매운맛이 나게 끓였을 뿐 맛을 음미하기에는 부족하였다. … 안마당에 접한 방 근처에 쭈욱 널려 있는 고추….

　　그녀들은 전쟁터의 한 편에 거주하면서도 조선의 절인 음식 만들기를 끊이지 않았다. 그 처마 밑에 절일 고추가 매달린 것을 보면 그 위안소 주인이 조선 출신이라 해도 무방하다.

　　또 조선인의 궁핍한 식사 때에 낯선 자가 방문하는 일이 있으면 흙바닥에 빙 둘러앉은 여자들이 갑자기 당황하고, 자신들의 식사 음식에 뭔가 비밀스러운 것을 감싸고 있는 듯한 행동을 보이는 것이다. 이것은 조선의 농촌에서 흔히 볼 수 있는 습성 같은 행동이었다.

　　갑자기 치켜세우고 속여 데리고 온 조선인 위안부들은 처음 석 달은 거의 매일 조선의 하늘을 그리며 망향심에 젖어 울었다. 그리고 도망갈 생각만 했다. 일본인 위안부가 처음부터 설득되어 각오하고 온 것과는 사정이 다르다.

　　가령 방 창문에서 보이는 양쯔강의 강변에 상류로 쌀을 운반하는 배를 바라보고는 "조선으로 돌아가고 싶다. 저 배 조선에 갈까?"하고 허탈한 말을 한다. 특히 고국에 어렸을 때 정혼한 사람을 남기고 온 소녀 등은 밤만 되면 통곡하며 비탄에 잠겨 늘 부루퉁한 얼굴로 도망을 꾀했다. 그러나 도망칠 수 있는 곳은 아니다. 그곳은 탄광의 수용소 탈출보다도 조건이 나빴다.

　　그래도 젊은 여자 중에는 탈주자가 있었다. 그것은 조선 출신의 군 통역자가 같은 동포의 입장으로 탈주를 안내하는 경우에 많다고 한다. 같은 민족의 젊은 여자가 속아 끌려와 비참하게 희생된 모습을 보고 있지 못했던 것은 말할 것도 없다.

그러나 도주하려고 생각하는 것은 석 달까지인 것 같다. 이미 몸도 망가져 있어서 체념이 앞서는 듯하다. 그래서 그 후는 돈을 모으고, 그것을 의지하여 다음 단계를 생각하게 된다. 그 무렵에는 코딱지를 후비며 담배를 피우기 시작한다.

그래도 그녀들은 어디에 있든 안정한 삶을 원하는 듯, 방에 가구 등을 갖춰 놓았다. 비교적 안정된 위안소가 되면, 창문에는 빨간 커튼을 치고 장롱과 차탁자와 경대가 장식되며 거울 위에 등유 불이 켜져 있었다.

그녀들은 모두 수첩을 몸에 지니고 있었다. 거기에는 서투른 가타카나의 이름으로 '상등병 300, 하사 500, 키무라 씨 800'과 같이 하루하루 벌어들이는 돈이 빼곡히 적혀 있었다. 이것은 일정한 날짜에 업주에 의해 정산된다.

그런데 더 귀찮은 것은 아이를 가진 위안부가 있는 것이다. 조선에서 끌려나와 전선으로 온 지 얼마 되지 않아 병사에 의해 임신하여 갓난아기를 낳고만 것이다. 이것도 일본인 위안부들에게는 볼 수 없는 현상이었다. 그런 아이가 딸린 여자는 아이를 중국인의 집에 맡기고 틈나는 대로 아이의 얼굴을 보러 갔다. 그 아이의 아버지가 누구인지 알 턱이 없다.

하지만 정작 그 여자는 자신과 친밀한 관계의 군인이 놀러 와서 같이 잘 때, "아무래도 그 애 아버지는 너 같다는 생각이 들어. 어떻게 하지. 하지만 나쁜 기분은 아니야"하며 말을 덧붙였다.

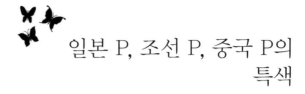

일본 P, 조선 P, 중국 P의 특색

　　대다수를 차지하는 조선인 위안부와 소수의 일본인 위안부, 그녀들은 서로 입장이나 심정은 전혀 달랐다. 차이점은 ① 나이의 많고 적음, ② 신출내기와 노련한 자, ③ 속아서 끌려 온 자와 잘 알고 자발적으로 온 자, ④ 침실의 기교와 마음의 겉과 속, ⑤ 순정형과 닳고 닳은 형, ⑥ 병사용과 장교용이라는 점이다.

　<u>일본 P</u> : 앞 장에서도 말했듯이, 일본 여성은 수가 적으므로 역시 희소가치가 있어 군대 상층급의 놀이 대상이었다. 일반의 보통 병사들은 쉽게 품을 수 없는 그림의 떡일 때가 많다. 그래서 여자도 '어떤 병사인가'하는 표정을 짓는다. 부탁해서 어쩌다 안아줘도 즐겁지 않다는 것이 다수 병사의 정평이었다.

　전쟁터에 간 일본인 위안부는 일본 국내에서 창녀와 기생이었던 만큼 〈닳고 닳은 형〉이 많아서 〈일본 국내에서 굴러먹은 여자〉라는 평판으로 통하고 있다. 그러나 '썩어도 준치'라는 비유처럼 오로지 장교용으로 배치했기 때문에 그녀들은 이상하게 자존심이 강하여 준위 이하 군인들이 놀러 가면, 바보 취급하고 가볍게 대한다. 한 병사의 체험에 의하면 '불쌍하니까 놀게 해준다'고 하는 식이며, 축제(즐거움)는 겨우 한 번뿐이고 상대 여자는 얼른 코를 골

고 자 버린다는 것이다. 일본인 위안부는 잠자리도 노련한 만큼 침실에서의 연기는 모두 기교적이다. 가령 군인의 남근이 접촉하자마자 마치 기분이 고조된 듯 숨을 헐떡이며 신음을 한다. 그곳에서 군인은 여자의 장단에 맞춰 단번에 폭발하지 않을 수 없게 된다. 말하자면 '남자를 빨리 쫓아내는 기법'인 것이다.

그걸 모르고 초년병들은 자기에게 반한 것으로 알고 기뻐했던 모양인데, 경험 많은 고참병은 그런 여자의 버릇을 못 참는 모양이다. 이에 비해 조선 소녀들은 그걸 알 리 없고 있는 그대로의 성품으로 좋고 나쁨을 분명하게 하여 솔직했다고 전한다.

또 같은 일본인 위안부라도 전선의 위안소 여자와 후방 도시의 위안소 여자는 다소 다르다고 했다. 전선의 병사를 상대로 한 위안부는 대체로 말하면 '일본 여성'인 만큼 "위안부로서 전쟁터에 도착한 당초의 그런 자신의 몸으로도 나라를 위하여 일해야 한다"고 생각해서 나름대로 '봉사의식'도 볼 수 있었다.

내일이라도 죽을지 모르는 병사를 진심으로 위로해 주려 했다는 것은 역시 조선 여자와 다른 점이었다. 그리고 장교들도 그녀들을 보면 '일본인 의식'이 있고, 때로는 "수고한다"라는 말을 하기도 했다.

일본 여자에게 있어서 가장 기쁜 일은 자신과 같은 지방 출신의 군인을 만나는 것이었다. 그녀들이 말하듯이 "그것도 고향에 가까운 사람일수록 더 기쁘다." 그리고 군인도 동향인 위안부를 만나면 마치 혈육을 만난 것처럼 기뻐했다고 한다. 그래서 여자들은 섹스를 제외하고 고향의 축제, 산과 강에 관한 이야기를 나누며 자연스럽게 동향의 병사들과 익숙해지기 쉬워진다. 게다가 서로 참전했다는 동질감이 작용해 적극적으로 거들며 진심으로 호흡해서, 같은 고향 병사 5명 정도만 상대하면 몸이 흐늘흐늘하게 되어버린다고 한다.

동향인끼리의 전형적인 예는, 소련과 만주의 국경인 둥닝(東寧, 무단장시의 현)에 주둔하는 큐슈 출신의 부대와 20여 명의 큐슈 출신 여자들이었다. 그들은 이곳에서 몇 년간 같이 있었기 때문에 위안부들은 각자의 군인 '체위의 버롯'까지 외울 정도로 친한 사이였다. 여자들은 일주일에 한 번 반나절의 틈을 이용해서 병사의 빨래까지 해 주는 사이가 되어 "어이", "여보!"하면서 마치 부부처럼 서로 불렀다고 한다.

일본 여자와 조선 여자의 차이는 여러 가지 점에서 대조를 이루었다. 예를 들어, 일본 병사들이 천인침(千人針)[63]을 차고 있듯이, 일본 여자는 부적 주머니를 차고 있었다. 일본 여자의 머리맡에는 꼭 부적 주머니가 두툼히 놓여 있었고 작전 전 병사를 맞이할 때는 '잘 늘어진 낙지'처럼 벌렁 드러누워 쳐다보며 남자를 내보내면서 "잘 싸우다 죽어라"하고 당부하는 것을 잊지 않았다.

이와 같이 일본 여자는 처음부터 '몸 파는 여자'라는 의식이 있어서 그런지 의외로 명랑했다고 한다. 특히 중국 전선에서는 큐슈의 여자가 많은 만큼 더욱 그랬다. 큐슈의 여자는 '아마쿠사 여자(큐슈의 섬에 사는 매춘부)'나 '가라유키상(남방 매춘부)'의 전통이 있어 이들 창녀의 해외 진출도 예부터 있었으므로 일상생활도 만사 분명해서 생활력이 넘쳤다고 한다.

예를 들어, 전쟁이 심해지면서 고무제품이 부족해지면 다 닳은 콘돔을 세탁해서 다시 쓰는 것이 그녀들의 매일 아침 일과가 됐다. 그것을 빨아 말리면서 "너 23개, 나 27개야" 등으로 시끄럽게 말을 주고받았고, "28명을 상대로 하니 허리가 아프구나, 오늘부터 20명으로 해야지"라고 말하는 정도였다. 또 철도 주변에 있는 장교를 상대하는 일본인 위안부들의 방에는 토벌 등에서 약탈한 중국의 민예품 등이 아름답게 장식되어 있거나, 도저히 일반인으로서는 가질 수 없는 양갱이나 과일이 가득해서 현지의 일본 적십자사 간호사들도 부러워했다고 한다.

조선 P : 식민지의 여자이기 때문에 교묘한 사기술의 덫에 걸린 여자들이지만, 일본 군대에 가장 큰 공헌을 한 사람은 양과 질에서 모두 조선인일 것이다. 전쟁터 위안부라고 말하면 조선인 위안부로 족하다는 상황이었다. '닳고

---

63 참전용사의 무운장구를 빌며 1,000명이 한 땀씩 꿰매어 만든 부적의 천.

닮음'에 더하여 그 몸은 '태평양의 불상 같은 느낌'인 일본인 위안부를 피하고, 끝맺음이 좋다는 이유로 조선 위안부 쪽으로 다녔던 장교가 많았다.

한편으로 병사들은 "조선 P는 병에 안 걸리니까 좋아. 상관은 일본 창녀, 우리는 조선 P. 그래도 상관인 놈들은 몰래 우리의 영역까지 침범해"라는 말을 할 만큼 조선인 위안부가 좋았다고 전하고 있다. 거기에는 두 가지 사정이 있었다. 하나는, 조금 잘난 체하는 일본 P는 일반 병사에게 냉담하다는 것. 두 번째는, 조선 P의 마음에는 '무슨 짓을 당해도 일본인 여자보다 뛰어나다는 것을 인정받기 위해 애써 참고 견뎠다'는 애처로운 사연이다. 그리고 나이가 어린 만큼 체격이 뛰어나고 솔직하며 순진한 탓이라고 보면 된다.

앞서 언급했듯이 장교 전용의 일본인 위안소는 철도 주변의 번화가에 있었다. 그러한 위안소는 규모도 호화로워서 마치 일본 국내의 유곽이나 요정을 그대로 이전시킨 듯한 느낌이 든다. 손님은 주로 장교나 고급상인, 국책회사의 간부들로 깔끔한 건물에 일본식 방이 있고 편안한 비단이불이 깔려있으며 금액도 비싸다. 거기에 가끔 전선의 병사들이 출장 가는 김에 놀러 가면, 그곳의 여자들은 "뭐야, 병사인가?"하고 가볍게 대하고 꾀죄죄한 복장의 병사들을 바보 취급하여, 성적 매력도 맛도 없다. 그래서 일반 병사들은 일본인 위안부에 대해서는 모두 욕을 하는 상황이어서 자연히 조선 P나 중국 P로 가는 것이다.

전선의 병사와 조선 P는 어떤 의미에서는 차원이 같아서 친한 관계가 되었다. 그래서 병사들이 조선 P에게 갈 때는 마치 아이가 소풍을 갈 때처럼 뭔가 희귀한 먹거리 선물을 가지고 가는 일이 있었다. 그런데 이것이 일본 여자의 질투감정에 불을 붙인 원인이 되어 조선 여자와 '싸움'의 재료가 되기도 했다.

이처럼 속아서 끌려간 16~20세까지의 조선 여자이지만 일반적으로 '일본 병사들에게 헌신적'으로 대했다. 대부분이 일본 병사에게 호의를 가졌기 때문은 결코 아니다. 당시 의도적이거나 주변의 부추김으로 인해 '일본인 여자에게는 지고 싶지 않다고 하는, 민족적인 특성'이 있었다고 전하고 있다(이 심정은 태평양 전쟁 당시 미군에 근무했던 일본인 2세의 심정과 비슷한 것이다).

그녀들이 아무리 헌신적이었다고 해도 일본 병사를 위해 목숨을 바친 사례는 거의 없었다. 그녀들의 마음속에는 본능적, 무의식적으로 일본에 대한 증오와 저항이 있었다. 이는 조선인 통역이 일본군을 불리하게 이끄는 행동을 하고 싶어 한 것과 공통점이 있다. 이 사정에 대해서 이토 케이이치 씨는 다음과 같이 말하고 있다.

조선 여자들은 자기 직분에 충실했어요. 자신들이 일본 여자들보다 얼마나 뛰어난 자질을 지녔는지를 윤락행위 이외에서도 인정받으려는 것이지요. 이것은 윤락녀뿐 아니라 군 위문단인 경우도 그렇습니다. 일본의 위문단은 군사용으로 이름을 붙여 해외여행을 할 생각으로 온 사람도 있고, 그렇지 않더라도 위문하러 와주었다고 생색내는 사람도 있어요.

그런데 조선 측은 이 정도면 충분히 감당할 수 있다는 암묵적인 과시를 숨기고, 참으로 당당하게 편성하여 옵니다. 일본인에 지지 않으려는 민족적 의식이 짙기 때문이지요.

그것은 일개 매춘부도 마찬가지였어요. 조선 여자들은 친절하고 서비스를 잘 알고 있지만, 어디까지나 포용의 의미이고, 우선 대부분 여자는 마음이 변하지 않는 기질이 있어요. 무서울 정도로 냉혹한 거지요. 그러니 일본 여자들은 우쭐해 있어도 허점투성이라는 것을 알 수 있어요.

강요된 처지인 만큼 거기에는 굴절된 복잡한 심정을 갖고 있었다. 그런 조선인 위안부들은 불행하고 비참한 밑바닥에 있으면서도 "의외로 인정이 있고, 눈물 나게 친절하며 사람이 좋고 또한 천성이 순진한 자질을 갖고 있는 것에 놀랐다"라고 전한다.

하지만 사정이 사정인 만큼 "조선 여자는 울 때는 온몸으로 엉엉 울지요. 놀랐습니다. 큰 소리로 통곡하며 우는 것입니다"하고 덧붙였다. 참고로 중국 전선에서 조선 위안부는 남조선(한국) 지역의 사람이 많았다.

<u>중국 P</u> : 마지막으로 중국 여성의 위안부에 대해서 한마디 하자면, 그녀들에 게는 3가지의 사례를 볼 수 있었다.

첫 번째는, 침략군 일본 군대에 의해 도시가 불살라지고 생활고에 쫓기어 살기가 힘든 여자. 두 번째는, 일본군이 토벌하러 갔다가 촌락에서 잡혀 부대 위안소에 투입된 여자. 세 번째는, 예외로 중국군이 보낸 여자 간첩이다. 어떻든 중국 여성은 조선 여성과도 달리 처음부터 일본 병사와 단절감이 있었다. 당연히 그녀들에게 있어서 일본 병사는 저주해야 할 침략군이었고, 게다가 말이 통하지 않는다. 그래서 형식적이고 사무적인 육체의 교섭이 이루어졌다.

첫 번째의 경우는, 어떤 의미에서는 패전 후 일본의 측에서 말하는 '몸의 방파제' 같은 요소로 볼 수 있다. 그런데 피침략자의 입장인 그녀들의 깊은 마음 속에는 무기력함이 숨어 있었던 것으로 보인다. 어떤 계기로 일본 병사와의 사이에 감정의 교류가 싹트면 그것은 끝없이 발전하여 반드시 무언가의 모험적인 사건으로 이어지는 것이다. 그것은 일본 병사의 도망이었고, 때로는 정사(情死)도 있었다고 한다. 또, 위안소 여자와 일본 병사와의 도망, 동반자살(心中), 적측으로의 도망(奔敵, 분적)이란 사건이 일어나면 대부분은 중국 여인과 연관이 있었다. 그녀들은 부득이 적군의 위안부가 되었지만, 일본 병사와 친해지고 단절감이 사라져 말이 통하여 소통의 자리가 되면, 마음을 열기 시작한다. 그리고 일반적으로 중국 여자는 일단 상대를 믿게 되면 '주저함 없이 자신을 맡기는 열정'을 가지고 있었다고 한다.

중국 전쟁터의 '특별한 위안부'로서 중국군의 여자 간첩이 있었다. 중국군은 일본 병사의 호색을 이용해 곳곳에 여자 군인을 '밀정'으로 일본군에 보냈다. 그런데 일본군은 중국군 여자 간첩의 정체를 포착하면, 이를 역으로 이용하였다. 즉 직접 교섭자끼리 연애 관계인 것으로 엮었다. 하지만, 때로는 이것이 그대로 발전하여 예상외로 비극적인 결과를 낳기도 했다고 한다. 그리고 일본 병사가 '여 밀정'을 정부(情婦)로 만들어 적의 정보를 입수하게 했다.

위안부와 질병

　　전쟁터의 위안부는 마지막 목숨이 다할 때까지 군대의 육체적 욕심을 채워주는 역할을 다할 수밖에 없는 숙명적인 사람이었다. 그녀들의 육체는 결국 병에 걸려 죽을 수밖에 없는 운명이라 해도 무방하다. 불과 몇 명의 위안부가 하루에 수백 명 병사의 '성 놀이'를 상대해야 했으므로 그녀들의 몸은 매일 혹사당하고 이후에는 죽음에 이르는 병에 걸리고 만다. 그것을 감당해 내는 여자만이 살아남는 것이었다. 말하자면 군대의 울타리 속에서 사육되고 죽어야 하는 여자로서 마지막 깃털 하나마저 뜯겨 나약해지는 존재였다. 그녀들의 병은 몸 전체에서 일어났다. 그 주된 것을 순서대로 들면 음부 팽창, 유방 통증, 흉부질환, 성병, 말라리아, 변비, 기타 등이다.

　　위안소 울타리에 갇힌 여자들은 하루에도 수 백의 남근들이 돌진해 치부나 자궁에 상처를 입어 출혈을 일으켜 곧 폐인이 되는 경우가 많았다고 한다. 운 좋게 상처를 입지 않았더라도 음부가 비정상적으로 커지기 일쑤였다.

　　여자가 아파서 얼굴을 찡그리면 병사 쪽은 여자가 도취해 있다고 생각하고 거기에 기를 쓰고 찌르기 때문에, 국부는 만두처럼 부풀어 마침내 질이 막혀 버린다. 그 때문에 여자는 변비 상태가 돼 버린다. 아주 미인이거나 남자들이 좋아하는 예쁜 여자일수록 이상 증상은 더 빨라진다. 그리고 그런 여자의 부풀어 오른 음부는 완전히 마비되어 '메뚜기나 쥐에게 물려도 느끼지 못하는 상태'가 된다.

이런 종류의 피해는 숫처녀 출신 조선인 위안부에게 따라다니기 마련이다. 게다가 병사 중에는 상대가 아직 익지 않은 감 같은 소녀로 보고 정신없이 장난을 친다. 즉 콘돔 없이 달려들어서 출혈하는 경우도 많고, 국부에 상처를 받거나 때로는 새 생명을 품기도 하고, 또는 성병을 감염시키는 것이었다. 그러나 그런 사고나 질병 감염은 모두 위안부에게 큰 부담이 되었다. 병사가 소파 수술비를 지불해 주는 것도 아니며, 어느 쪽이 되어도 아픔을 맛보는 것은 본인뿐이다.

그녀들을 끊임없이 위협하는 것은 병사가 옮기는 성병이었다. 일본군이 어느 도시나 마을을 점령했을 때, 그곳을 성병으로 감염시키는 것은 조작된 말이 아니었다. 1940년 말, 우창(武昌, 중국 우한의 현) 지역을 일본군이 '성병 지옥'으로 만들었을 정도이므로 위안부에게도 안전할 수가 없었다. 물론 군 의무부에서는 매주 한 번 위안부를 집합시켜 실험 쥐 취급하여 검진하고, 성병이 있는 여자는 치료를 받는다. 그러나 치료하고 나서부터 균을 옮기는 것이다. 앞 병사의 병균을 뒤의 병사가 통째 옮겨 받았지만, 여자로부터 병에 감염되었다고 하며 군대에서는 떠들어 댄다. 병균을 운반해 오는 병사는 여자에게 병을 감염시키든 통째 옮기든 그런 것을 상관하지 않는다. 마치 들에 똥이라도 누듯 아무렇지도 않다. 또 성병은 그냥 두고라도 그녀들에겐 피할 수 없는 무서운 동통(疼痛, 신경의 고통)의 병을 늘 간직하고 있었다. 그것은 유방 통증이었다. 유방 부위의 통증을 호소하는 여자가 많았다.

그 증상에 의하면, 유방의 안쪽에 단단한 심과 같은 것이 있어서 누르면 아프고, 신경을 쓰면 점점 더 아파진다고 한다. 유방의 병은 처음에는 병명도 분명치 않았다. 매일 달려드는 병사들이 그곳을 만지작거려 악화시킬 뿐이다.

일반 세상 남자들이 그 부인이나 애인의 유방을 건드리는 것과 달리 군인들은 사정없이 잡고 주물럭거린다. 거기에는 조금의 동정도 있을 수 없다. 결국 죽음에 이르는 병이 되는 것이다. 그 병명이 확실할 때는 이미 때가 늦었다.

또 그녀들에겐 성병과 유방 병 외에 흉부질환(폐결핵)의 무서운 병이 있었다. 요즘처럼 특효약도 없던 시절이라 그녀들이 흉부 통증을 호소하더라도 '위안부는 군대의 직속에서 제외'라고 하는 책임회피 때문인지 「대상 외」라며 무시했다고 한다.

그녀들 중 다수가 흉부질환에 걸리는 것은 수천의 군인들이 그 배 위에서 힘껏 날뛰고, 끊임없이 압박받고, 살을 쥐어뜯기고, 비지땀을 뺀 탓일 것이다.

그리고 끊임없는 수면 부족, 불섭생(不攝生, 건강에 대한 조심을 하지 않음)으로 인해 허약체로 만들어졌음은 말할 것도 없다. 병사는 군 의무부가 책임지고 후송해서 쉬도록 침대가 마련되어 있었지만, 그녀들의 육체는 '사용하고 버림'당하는 성의 공동변소에 지나지 않았다.

한층 더 불행한 것은, 그녀들이 고향에 돌아가 안정을 취하려고 해도 '군사 비밀의 누설'이란 굴레를 씌워서 허락하지 않았다. 군대가 그저 숨기고 있는 「위안부」, 그 자체가 군사 비밀인 것이다. 그러다 보니 꼼짝없이 몸을 혹사당하는 신세가 되는 것이다.

그녀들이 얼마나 몸을 혹사당했는지는 상상 이상이다. 일례로서, 한 위안부는 하루 30명의 남자 '광연(광란의 연기)'을 처리하고 허리를 펴고 있으면, 평소 「어머니」로 불리는 감독하는 늙은 포주가 또 손님을 받을 것을 촉구했다. 뻗어 있는 그녀는 "좀 더 누워 있게 놔두세요, 나 허리 아파 못 참겠어"라고 하면 그 늙은 여자는 눈썹을 치켜세우며 욕을 퍼부었다.

"바보 같은 소리를 하고 있어, 난 너희들을 놀게 해주려고 일부러 비싼 돈을 들여 조선에서 데려온 게 아니야. 너희들이 열심히 일해서 모두가 부자가 되어 고향 가는 날을 위해 이렇게 일하는 거라니까. 오늘 하루에도 150엔을 벌었다고 무슨 칭찬을 받고자 하는 건가? 자, 밤에는 또 장교님이 오신다. 얼른 일어나 목욕해." 이렇게 말해서 억지로 일어났다고 한다.

—김춘자『조선 위안부의 수기』

그리고 그녀들은 미열이 나고 기침이 나와도 몸을 눕혀 병사의 발판이 되는 것이었다. 이렇게 하여 그녀들 대부분은 흉부질환에 걸리게 되었다. 그러나 군 의무부에서는《위안부》는 군 관할 밖이라며 무시했다.

그녀들은 파리하고 깡마른 얼굴을 하고, 위안소 구석에 쪼그리고 앉아 울면서 죽음의 공포에 부들부들 떨었다. 그녀들은 병에 걸렸지만 '들개의 자연사'처럼 그저 죽음을 기다릴 뿐이었다.

그녀들의 건강을 위한 치료는 탕파(湯婆, 뜨거운 물로 몸을 따뜻하게 함) 수준이었다. 또 사용한 약이라고 하면「마늘 짠 것을 졸여서 마시는 정도」(위안부의 말)였고, 자기 나름대로 달인 약을 파스처럼 가슴에 감고 있었다. 그 약이라고 하는 것은 흑설탕과 세탁비누와 가지고 있는 어떤 약을 함께 졸여서 만든 것이었다(이토 케이이치). 처음이야 돈벌이에 기여한 만큼 치료(?)를 받는 것이라서 황금알을 놓치고 싶지 않은 포주의 욕심에서 어느 정도 안간힘을 쓰지만, 성병, 흉부질환 및 유방 병을 불문하고 가망이 없게 되면 병든 여자를 창고와 같은 작은 방에 가둬놓고 제대로 밥도 먹이지 않는다.

매일 얼굴을 마주하면서도 제대로 말을 들어주지 않는다. 여자장사를 하는 업자는 데리고 있는 여자가 씩씩하게 손님을 받고 있는 동안만 '황금알'로 보고 돈 계산에 몰두할 뿐이다.

이처럼 끝없는 수욕에 시달려 체력을 소진했던 그녀들은 병에 걸리면 그대로 뼈와 가죽으로 야위어 쉽게 죽는 운명이 된다. 포주들로 보면 귀찮은 마음에서 '빨리 죽어 달라'는 듯 식사도 제대로 주지 않는 것이 상례였다. 거기에다 마음을 알아주는 의사가 있는 것도 아니고, 또 의사를 부를 수도 없다. 믿을 수 없는 약을 사서 일시적인 위안의 치료를 할 뿐이다.

그리고 업주는 항상 "남자의 독이 퍼졌다"라고 하며 방치한다. 그래서 병든 여자들은 매일 눈물로 지새우며 그리운 조선의 산천을 계속 떠올린 끝에 죽어 갔다고 전한다. 본인이 죽으면 돈과 유품은 조선에 보낸다고 말했다.

그리고 위안부가 병들어 죽으면 그 동료들에 의해서 화장되어 본명도 모르고 이국땅의 흙으로 사라졌다. 그 재는 중국대륙의 황진 속에 섞여 흩어졌다. 간혹 매장하기도 하지만 그것은 묻어버리기보다는 그냥 내버려 두는 것이다. 땅에 묻어 뱀장어 모양의 흙무더기를 만들 뿐이다.

그것을 보고, 위안부들은 속은 동료를 잃은 슬픔보다도 자신의 앞길을 무서워했다. 이윽고 자신들도 개와 고양이처럼 땅에 버려질까 염려하며 「일본인」에 대한 증오심이 살아나고 아득히 먼 고향에의 향수와 함께 도망가고 싶은 마음만 가득하게 된다.

그래서 전쟁터의 조선인 위안부들은 다음 3가지의 길을 걸을 수밖에 없었다. 병에 걸려서 산 미라처럼 말라죽거나, 어떤 사나운 남근이 침입해도 견딜 수 있는 불사신의 여자로 살아가거나, 색 지옥을 벗어나 먼 적지(중국군)로 도망가는 것이었다.

조선의 소녀들은 쇠사슬로 묶지 않아도 묶여 있는 전쟁터, 매일의 마비된 듯한 비애와 일본군의 침략전쟁 하에서 가장 약한 자로 희생되었다.

마지막은 누구에게도 버림받고, 누구도 상대하지 않으며 스스로 변명할 그 무엇 하나 가진 것 없이 속여서 꾀어낸 일본군과 성매매 업자에게도 경멸당한 군대 위안부, 그 끝은 비참한 것이었다.

제9장

태평양 전쟁과 군대 위안부

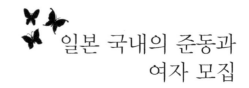

일본 국내의 준동과
여자 모집

1941년 10월, 코노에(近衛) 내각이 물러나고 도조(東條) 내각이 들어서면서 군부 독재 정권의 50일째에 태평양 전쟁이 시작됐다. 1931년에 시작된 ≪만주사변≫이 중국 전쟁의 확대로 연장되었지만, 이번 전쟁은 일본 제국으로서는 먹히느냐 마느냐의 전쟁이었다(당시는 대동아 전쟁이라 말함).

일본군은 미국에 대한(對美) 선전포고 전에 하와이 진주만을 폭격했으며, 말레이 반도에 상륙작전을 개시하고 태국과 필리핀에 상륙했다. 일본에는 군함 행진곡이 울려 퍼져 서전(緒戰, 첫 전쟁)의 대승리에 국민은 열광하고 정부와 군부는 도취되었고, 일반 사람들은 "일본은 세계의 일등국"이라며 환호했다.

전선으로 향하기 위한 육군 예비사관 교육대에서는 '도쿄는 일본의 수도이며, 일본은 세계의 수도이므로 세계의 주요 도시에 천조 대신의 제사를 지내고 벚나무를 심게 해야 한다'라고 훈시를 내릴 정도로 도취되어 있었다(전 중사, 기쿠치 요시쿠니. 60세, 치바시 거주).

1942년 2월 중순, 일본군이 영국의 동양함대 근거지인 싱가포르를 공략하여 점령하자, 이것을 통치영토로 정하여 <소난시(昭南市)>라고 명명했고 일본 정부는 싱가포르까지 특급열차를 달리게 해야 한다는 터무니 없는 계획을 세웠다. 철도 장관의 성명에 따르면, 1954년 완성 예정으로 경로는 도쿄 → 시모

노세키(해저터널) → 부산 → 선양 → 베이징 → 한커우(漢口, 우한에 속함) → 광동 → 호치민(옛 사이공) → 사이공 → 방콕 → 싱가포르이다. 그 거리가 약 1만 1천 km에 달하는 거대한 계획이다.

일본의 여자들 사이에서는 "이 전쟁에서 이기기만 하면, 일본인은 침대차에 누워 있어도 도쿄에서 싱가포르까지 여행할 수 있다"라는 등으로 중얼거렸다. 만약 그것이 실현된다면 해당 철도 경로의 여러 민족은 일본의 예속물이 되어 노예 노동에 희생될 것이 틀림없었다. 이에 호응하여 1942년 11월 중순 간몬(關門) 터널[64]이 개통되었다. 총 300만 명이 동원되어 6년의 세월을 거쳐 완성되었다고 한다. 신문은 <대동아의 동맥, 간몬 길 첫 시도>, <해저 열차, 세기의 도약>이라고 썼다.

근대의 전쟁은 물량전이라고 했지만 가장 큰 자원은 역시 인간이다. 일본 정부는 대동아 공영권에서 <일본이 지도국으로서의 위치를 끝없이 이어가는 조치>라고 하며 국내에서는 "낳아요, 키워요"라는 표어를 내걸었다. 그리고 10명 이상 아이를 낳은 어머니는 표창했다. 1942년 5월의 '건민 운동(인구증가)'이라는 표어에서는 <10년, 20년 후의 대동아를 담당할 강한 아이를 날마다 해마다 키우면 1960년 일본 국내 인구는 1억 목표를 돌파한다>고 했다.

일본 정부는 조선을 영구 영토로 삼아 조선 민족의 궤멸을 이루기 위해서, 조선의 청년은 군대에 편입시켜 소모품으로 하며, 젊은 미혼 여성은 모두 군대 위안부로, 일하는 장정은 조선반도 밖으로 끌어내어 기지 건설과 탄광에 몰아넣는 것에 비해서, 일본 국내의 정책은 매우 심하게 달랐다. 그런데 일본에선 인구증가 방침으로 결혼연령을 3년 앞당기고 결혼장려금을 주면서 독신자에게는 세금을 부과했다.

1942년 10월 19일, 후생성은 인구정책에 힘쓴 전국의 1,502 가족을 표창했다. 그 설명에 따르면 "인구 증식의 국책을 따르는 전국의 우량 다자녀 가정에 대해

64　일본 혼슈와 큐슈 사이에 연결된 해저터널.

서 육아 보국의 노고를 치하하고, 대동아 공영권 건설을 위해 인구증강 사상을 더욱 높이기 위해서"였다(1위는 아동 17명, 2위는 14명을 낳은 4가정이다. 또 1942년 신문에 '대륙의 신부와 개척민 대모집, 도쿄부'란 광고가 실렸다).

대전쟁(태평양 전쟁)의 소용돌이 속에 스스로 뛰어들었던 일본에서는 노무 조정령, 물자통제령, 학도 출동령, 식량 관리법 등이 차례로 공포되는 가운데, 국내 유곽(사창가)의 보스들은 사리사욕의 관점에서 허리를 펴게 되었다. 이미 일본 국내의 여랑집(창녀촌)은 한산한 시기가 된 것이다. 즉 징용과 소집 등으로 놀이 객이 부족해져 유흥업소들은 쇠퇴하기 시작했다. 거기에 매춘 업자 자신도 언제 징용으로 공장이나 탄광의 잡역에 처넣어질지 모르는 형국이었다. 그런데 전쟁 터에서는 '장사'가 한창이었다. 게다가 거기는 세무서도 손이 닿지 못하고 시설 경비도 없이 전리로 접수된 가옥을 주니 공짜나 다름없다. 더구나 해외에서는 전시 국채나 국방헌금에 시달릴 일도 없다. 그래서 일본 유곽의 보스들은 한순 간에 일본군의 점령도시에서 '장사'를 하려고 방향을 바꾸었다. 게다가 해외의 군대 기지에서는 군 요원용의 서비스 식량이 충분하게 보급되고 있었다. 그것은 일본 국내의 배급품과는 비교가 되지 않고, 사치스러운 외양이나 기타 물품은 경리장교의 배려에 따라 얼마든지 손에 넣을 수 있는 실정이었다. 또 해외 여랑집의 수입은 군대 보호 아래 절대적으로 확실했다. 일본 국내에서는 여랑의 도 주나 마음의 갈등 등으로 성가신 일이 많지만, 해외 군대 위안소라는 울타리 속에 넣어 버리면 여자는 마음대로 행동할 수 없다. 그야말로 군율 위반이다.

앞에서도 말한 바와 같이, 일본 국내에서는 <낳아요, 키워요>의 기본정책 하에서 부녀자의 유괴는 허용되지 않았다. 다만 기생, 창기 등 몸 파는 여자에 한해 본인의 승낙서를 받아 1년 안에 갚을 정도의 차입금(선금)을 빌려주는 것이다. 그래서 여랑집의 보스들이 열을 올렸는데, 그들은 육·해군의 외곽단 체와 손잡고 국방복으로 팔에 군 요원의 완장을 두르고 보란 듯이 활개를 치 며 '나라를 위한 봉사'를 앞세웠다. 그리하여 위안부 지원자가 모였다고 한다.

일본 국내에서의 위안부 권유는 어디까지나 여자의 자유의사에 의한 참가가 원칙이었다. 전쟁 초기에는 일본군이 이기고 있었고, 일본 내의 '여자와의 숙박'은 5엔이 시세였지만 전쟁터에서는 10엔을 지불한다는 약속이 있었다. 더구나 일본에서는 물자 부족을 호소하고 있는데 반해 해외 필리핀에는 물자가 넉넉하다는 욕심에 사로잡혀서(그런 말을 퍼뜨려서) 1엔으로 순식간에 여자를 모았다고 한다.

요컨대 일본의 여자들은 국내보다도 훨씬 유리한 조건과 국책선전에 기대어 돈벌이하러 건너온 것이다. 이리하여 태평양의 근거지 미얀마, 필리핀, 말레이시아, 수마트라, 보르네오로 여자의 무리를 실어 날랐다.

하지만 일본 여자들을 꾀어 해외로 데려가는 데도 맹점이 있었다. 그것은 「1년 계약」이라는 선전이다. 일단 군 수송선으로 보내지는 먼 이역에서 「1년 계약」이 만료되면 본인의 뜻대로 돌아갈 수 있는가? 따라서 그 계약은 유명무실했고, 처음부터 '거짓'을 내포하고 있었다. 그래서 전쟁이 끝나는 최후까지 계속 버티는 신세가 되는 것이다.

문자 그대로 태평양 전역이 전쟁터가 되어 육·해군의 기지마다 위안소가 만들어졌다. 그리고 다른 한편으로, 육군성과 해군성이 일본 내 여랑집 보스들에게 태평양 전역에 위안소 기지를 개설하도록 명령하거나 의뢰하기도 했다. 그것은 태평양 전쟁 개시 직후(1941년 12월 말)였다. 그래서 유곽의 보스들은 산하의 여랑집을 동원해 '전쟁터로 향하는 여인'을 모집하게 된다. 지금까지 중국 전선으로 나간 일본 여자는 겨우 큐슈와 간사이 지역의 일부 여랑집이 임의로 돈벌이를 나간 정도였지만, 지금은 「국책」이라는 이름 아래 당당히 여랑집이 동원되었다. 그리고 화류계 보스 패거리들은 군의 참모처럼 군용기를 타고 일본 국내와 남방의 근거지를 두루 다니며 왕래하였다.

예를 들어, 간사이의 S라는 보스나 국수 우익인 아무개만 해도 4,000명 이상의 여자를 실어 날랐다고 한다. 다롄(구 만주)에서 유곽을 경영하는 오코마기(

大駒木)라는 보스는 육군의 명령으로 중국 각지에 무수한 위안소를 개설해 수완을 보인 남자였다.

태평양 전쟁―일본군의 마닐라 점령(1942년 1월 2일)과 동시에 엄청난 부녀폭행이 행해지는 동안, 현지 군은 23군 사령부에 "위안부 100명을 국내에서 급송해 달라"고 요청했다. 그러자 23군 참모부는 400명의 여자를 마닐라로 보내기 위해 앞에서 말한 오코마기(大駒木)라는 보스나 이 분야의 베테랑 P에게 '여자의 송출'과 '위안소 설치'를 의뢰했다.

이 남자는 위안소가 설치된 후 관계자와 상의해 특별기로 젊은 사람 두 명과 함락된 마닐라에 날아가 현지 호텔을 접수하고, 이것을 '목내실원(木乃實苑)'이라 이름 지어 100명의 여자와 거기에 파마 가게, 세탁소, 학예에 뛰어난 사람, 요리사 등 40명을 더해 호화로운 무리를 끌고 요코하마에서 마닐라로 들어갔다.

이 오코마기라는 여랑집 보스는 수천 명의 병사를 상대로 한 장사였던 만큼, 모 중위와 심하게 주먹다짐을 한 적도 있을 정도로 강인하고 콧대가 셌다. 따라서 여자를 모집해 전쟁터에 뛰어드는 그들에게는 일반적인 보통의 양심은 없었다. 황폐해진 전쟁터 병사들의 색욕을 채워 '사기를 북돋운다'라고 하는 말도 안 되는 이름으로 인신매매에 혈안이 된 특수상인이다.

현지의 군 관계자에게는 '여자의 몸'이 절실한 상황에서, 여랑집의 보스를 특별 비행기에 태워 준비에 서두르게 하고, 현지의 호텔을 접수해 충당하거나 특별한 편의를 봐주기 때문에 실제로 재미있는 장사였던 것이다. 이 오코마기는 군대에서 절대로 트집을 잡을 수 없는 후원을 받고 있어서, 어떤 상부의 대장으로부터 받은 특별문서가 있었다고 한다.

또 그는 프랑스령 인도차이나, 호치민에 고급 장교용 기생집 설치를 의뢰받기도 했다. 그래서 오코마기는 힘들게 호치민으로 보낼 기생 30명 정도를 모아놓은 다음, 그 자신이 군의 특별기로 호치민으로 날아가 3채의 집을 구하여 멋지게 개조한 후, 다시 일본에 돌아와 특별기로 기생 30명을 호치민으로 운송했다. 이 남자는 중일 전쟁 이래, 2,000명이나 되는 여자를 전쟁터에 내보내고 있었다(가토 미키오, 『숨겨진 여자의 전기』).

이 방면의 베테랑 P도 중일 전쟁 당시부터 군의 의뢰로 중국 각지에 많은 위안 시설을 만든 남자이다. 그 남자의 '여자 모집', 즉 위안부 모집 작전이라는 것은 약간 달랐다. 그는 목표로 정한 장소에 들어가 이런 설득을 한다.

왼손으로 여자의 엉덩이를 어루만지며 "좋았어"하고 감격하면서 오른손으로 돈다발을 만지작거리며 여자의 귓전에 대고 "1년, 저쪽에서 일하면 1만엔 저금할 수 있어. 이 돈다발의 몇 배다. 엄청난 돈을 벌 수 있어 자, 가자….."(종전 특집, 성전『주간 실화』1971년 8월 22일) 이렇게 말했다고 한다.

이런 종류의 여자 모집에 대금을 조달해준 것이 일본군인 것은 공공연한 비밀이다. 당시는 2~3,000엔이면 집이 지어지고 1만 엔이면 큰돈이다. P라는 남자는 이런 식으로 여자를 꾀어 100명, 200명은 바로 모집했다고 한다.

이렇게 여자를 모집하여 정해진 항구에 모아 군용선에 태웠다. 한 예로, 요코하마에서 수송선 <안히산 마루>에 여자를 태우고 마닐라로 향했고, 시바우라(도쿄의 항구) 매립지에서 군 수송선 <시오 마루>(1만 1,000톤)가 트루크 섬[65]으로 출항했다. 국수 우익의 다나카(田中, 우키다)라는 남자는 헌병 대장의 비호 아래 대량의 여자를 일본에서 모아 남방 지역의 위안부로 투입했다. 1943년 11월, 양곤[66]에서 츠지(辻) 헌병 대위와 다음과 같은 대화를 주고받았다(타카무라 창아『악녀가 달릴 때』참조).

"장사는 어때? 이번에 위안부는 얼마나 보냈어?"

"4천명 정도 보냈습니다."

"그래? 꽤 많이 보냈네. 이번에는 돈을 많이 벌겠네! 그럼 나한테 내는 돈도 늘어나나?"

---

65 Truk Is. : 북 적도 가까운 중부 태평양 미크로네시아의 캐롤라인제도에 딸린 섬들. 일명 Chuuk 라고도 함.

66 미얀마의 수도로 '랭군'이라 불렸으나, 현재는 '양곤'이라 부르며 미얀마의 항구 도시임.

"대위님 돈이 들지 않는 여자들만 모아온 것이 아니라 돈을 지불하고 모집한 여자들도 있습니다. 게다가 이미 대위님께 내는 비용도 만만치 않습니다요. 특히 대위님은 돈하고 여자까지 드리지 않습니까? 근데 더 내라니요!"

"뭐야? 미얀마까지 와서 장사 안하고 싶어?"

'돈이 들지 않는 여자'란 조선의 여자를 <애국 여자정신대>라는 명목으로 속여서 데려가는 것을 의미한다. 그리고 '돈이 드는 여자'란 일본 국내의 화류계 여자에게 선금을 주어 모집한 것이다. 이 죄악스러운 대화는 이들 업체와 군대의 불결하기 짝이 없는 관계를 보여준 것이다. 당시 일본에서는 천황을 「신」으로 추앙하게 했고, 일본 군대는 「황군」이라는 이름의 '천황의 군대'였다. 게다가 전쟁터에서 야만성을 그대로 나타낸 전쟁행위를 「성전(聖戰)」이라 말했고, 일상적으로 『팔굉일우[67]』라든지 『대동아 공영권의 맹주(盟主)』라며 '하늘에서 내리는 조어'처럼 훈시를 하여 많은 사람들은 그것을 그대로 받아들이고 있었다.

어느 곳의 직장이든, 그물의 눈 같은 인간 조직체는 배양기 속에 갇힌 인간 그 자체였다. 조금이라도 의심하는 자에게는 '비국민'이라는 딱지를 붙였다. 의심하지 않고 고양이처럼 돌진하는 자만 득세하고 마치 자신이 국가의 대표자와 같은 모습을 했다. 여랑집 보스들은 자기의 에고이즘[68]과 돈벌이에 급급하면서 '일본제국을 위하여'라고 마구 떠들어 대며 여자들을 모집한 것이다.

일본 국내에서의 '여자 모집'은 처음부터 군대 위안부를 명시하고 있으며 그 대상은 유곽의 창녀, 기생, 카바레 여자와 같은 유경험자 중에서 희망자를 모집하였다. 원래 그녀들은 빈농가 출신들이었다. 천황체제 아래서는 오늘날과 같은 생활보호법도, 보험제도도 없고 인권도 없었다.

지주에게 착취당해 집이 가난하고 부모가 병이라도 나면 그 가정은 구렁텅이에 빠진다. 그래서 주위에서 "눈을 감고 잠시 참아라. 2년의 시간이 순식간

---

67   八紘一宇 : 세계만방이 모두 천황의 지휘 아래에 있음.

68   egoism: 자기 자신의 이기만을 꾀하고, 사회 일반의 이익은 염두에 두지 않으려는 이기주의적 태도.

에 지나가 버리니까…. 목돈을 벌려면 유곽이 좋아"라는 권유를 받고 기생집에 몸을 팔았던 여자들이다. 이리하여 태평양 전쟁의 시대에 들어서자, 포주의 욕망과 군부의 요청이 기이하게도 맞아떨어져 여자들을 모집하여 전쟁터로 내몰았다. 우선 포주는 이런 말투로 전쟁터의 「위안부」를 추천했다. "글쎄, 너희 중 남방 지역으로 가보려고 하는 생각은 없는가?"라고 하여 거기에는 강제성은 없고 형식적으로나마 합의적 성격이 있었다.

전쟁 초기 무렵은 도조 히데키(東條英機)식의 돌발적인 주먹구구식 전법으로 승승장구하던 시기이다. 조건은 '선금 장부를 없애고, 준비금 몇천 엔, 계약은 1년, 귀가할 때는 3,000엔이나 5,000엔의 돈을 받고 돌아갈 수 있을 것이다'라고 하는 것이 일반적이었다. 이미 일본은 쌀 배급, 채소 배급이라는 궁핍한 세상이다. 하지만 남방에서는 바나나 파인애플을 마음껏 먹을수 있다는 식의 선전을 하기 때문에, 화류계 지역의 여자들 상당수는 남방 전선에 응모했다고 한다. 당시 홋카이도 유바리(夕張)에서 상경하여 도쿄 니시코야마(西小山)의 기생 대기실에 있던 야마우치 가오루코(山內馨子)도 그중 한 명이었다. 그녀는 술회하고 있다.

> 기생이라고는 하지만 빚만 불어났어요. 당시 4천 엔(현재의 약 4~5백만 엔)에 가까운 빚이 있었어요. 그 무렵, 남방의 전선에서 일하고 빚을 갚을 수 있다는 생각으로 남방 행(위안부)에 뛰어들었지요. 게다가 국가를 위하여 누군가 가야 하니까 가겠다고 지원했는데, 그때가 19세였어요.
>
> —『아사히 예능』, 1971년 8월 12일호

같은 무렵, 간사이에서 기생이 된 스즈키 문(鈴木文)도 바로 남방행에 응해서 1942년 3월 중순 트루크섬으로 건너가 위안부가 된 여자이다. 그녀는 당시의 출발 상황을 이렇게 말하고 있다.

18살이었던 그 무렵, 우리는 구마시노(熊野市, 미에현)에서 기생을 했습니다만, 차입금(선금)이 2천3백 엔(현재 약 이백만 엔) 정도 있었어요. 남방의 전선 기지에서 일하면 빚을 갚을 수 있다고 해서, 우리들은 〈태평 마루〉라는 배에 올라탔어요. 그때는 48명 가까이 있었나? 후쿠하라 유곽(효고현)의 여자라든가, 오사카의 여자라든가, 이 중 2, 3명은 〈장교용〉이었어요. 우리들은 보통 병사를 상대했어요.

　　　　　　　　　　　　　　　　　　　―『아사히 연예』1973년 8월 2일호

　이와 같이 일본에서는 결코 숫처녀를 낚아채어 전쟁터 위안부로 투입하지는 않았다. 즉 「낳아요, 키워요」의 국책 하에 '일본민족의 우월성'을 도모하는 편법으로 경험 있는 여자들을 모아 전쟁터로 보내어 「사용하고 버림」을 겨냥하고 있었던 것이다. 이리하여 간토(關東. 도쿄 지방), 간사이 각지의 여랑집은 전쟁터로 진출하는 성황을 이루어 주로 태평양 제도에서 '출장 영업'이 행해졌다. 예를 들어 요코스카(요코하마 남쪽 지방)의 유곽 「코마츠(小松)」는 트루크섬에 이미 진출해 있었다. 여랑집이나 요정 등이 일시에 전쟁터로 돈벌이를 찾아 진출한 사정의 한 단면을 당시 타이완의 타이난(台南)에서 「아즈마」를 경영했던 여주인의 이야기를 인용해 둔다(『특집 문예춘추』1955년 12월호).

　제가 타이난에서 마닐라로 건너간 것은 1942년 12월인데, 그 때 제 가게는 타이난에 있었어요. 마닐라(필리핀)를 점령했을 때, 곧바로 타이베이(臺北) 해군 무관부에 여러 번 찾아가 현지에서의 영업을 요청하고, 허가를 받은 것은 1942년 말 무렵이지요. 그런 후 곧바로 우리 집에 있던 기생을 중심으로 13명의 기생을 모으고 거기에 요리사, 이발사, 목수, 미장이까지 모두 30명이 타이완의 가오슝(高雄)에서 출발했어요.

　배는 해군의 특무정(소형선)에 편승하여 기생이 입는 의상부터 설날 입는 옷까지 마련하고 식기, 다다미, 벽토(흙)까지 준비하는 큰 살림이었어요. 도착한 곳은 마닐라시 파고구(바당바양)이며, 산마르셀리노의 프리메이슨의 절(박애 사업단체의 건물)을 배정받았어요. 이 집을 개조해서 요정으로 만들었어요.

　마닐라에는 해군 관련의 사관 이상이 사용하는 집 한 채와 하사관용 4, 5채가 있었어요. 육군 관련해서는 부대가 많아서 사관 이상이 이용하는 〈광송(廣松)〉이 있었고, 하사관 및 병사용으로는 수십 채가 있었어요. 그 시절은 정말 좋았던 시절의 마닐라였고 저희는 외출해서도 일본 국내의 기생 차림으로 거리를 다니곤 했습니다. (이 여주인은 패전 후 도쿄로 돌아와 신바시역 앞 너구리 골목에서 타이완 요리집을 하고 있다.)

이런 사정을 보면 일본군 점령지는 반영구적으로 지배할 수 있을 것으로 생각하여, 일본군은 패배하지 않는다고 하는 맹신적 신념을 갖고 있다고 봐야 한다. 일본 군부와 매춘 업자(요정 포함)의 연계는 표리일체였다. 그에 대한 공식 기록은 현재 거의 없지만 그 일부를 알 수 있는 참고사항은 다음과 같다 (주 : 아래의 공문 중에 기록된 부대명 및 인명은 설명자(전 해군 중령, 시게무라 미노루)의 의도에 따라 간략하게 했다고 한다).

제2차 특수요원 진출에 관한 건 조회

제목 : 아래 기재에 의한 진행을 담당할 조건으로 수송, 수용 등에 관한 계획시달

1) 수송 선명 및 그 행동예정 : 6월 6일 이후 요코하마 발(선명 추후 결정)

2) 특수요원의 배분 : 아래 표(별표)에 의함

3) 소요 시설 및 기재

   (가) 숙소 : 임시 숙소를 대여하고 필요하다면 나중에 지불함

   (나) 침구 : 이불, 시트, 잠옷, 담요, 모기장 등은 업자가 준비하고, 필요하다면 관에서 입수 알선함

   (다) 음식품 등 : 업체가 적절히 구입하게 하고 함대에서 입수 알선함.

   (라) 위생 : 군인용은 함대 측에 맡기고, 군속용은 경영자에게 시켜서 하게 함.

4) 경영 : 업자와는 이미 아래의 협정대로 각지의 정황을 보고 적당히 협의 결정

   (가) 함대와의 연락 : 각 부대의 책임자가 담당함을 원칙으로 하고, 특별 요원이 있는 경우 부대장이 주관하여 맡을 것

   (나) 요금 : 대략 1년간의 건강한 근로에 의해 부채를 상환할 수 있는 것을 표준으로 하고 현재의 정황에 따라 협정함

   (다) 영업은 사관용(관할장 이상을 특별급), 하사관 및 노무자용을 별개로 해서 종사하는 사관용의 것에 대해서는 손실 없이 특별히 조건을 고려함

   (라) 운영을 함대관리와 민영으로 함

사진송부처 : 제1남유(南遺) 함대 참모장

남서방면 선대 참모장 귀하

병비(兵備) 4호 기밀 제137호 1942년 5월 30일

해군성 군무국장/해군성 병비국장

지명	앙퐁	마카사르 (인도네시아)	발락파판 (인도네시아)	피낭 (말레이시아)	싱가포르	수라바야 (인도네시아)
요정 명칭 및 기지 인원	미정	K대 (도쿄) 10	미정	K대 (별첨) 10	T대 (도쿄) 10	미정
특무원 명칭 및 기지 인원	미정	S대(요코하마) 25 A대(요코하마) 20	U대 (화가산) 40	B대 (하이난) 50	미정	M대 (소산) 30

*** 별표(특수원 배분)

　　일본군의 후방 사령부가 전쟁터로 '야마토 나데시코(大和撫子 : 일본 여성의 별칭)의 SEX 특공대(위안부)를 보내는 것은 '일본 병사의 기분을 가라앉게 해, 황군의 사기를 진작시킴'에 있는 만큼, 현지 군에서 여자의 요구가 있든 없든 일방적으로 계획해서 여자를 보내왔다. 그래서 전쟁터 지휘관 중에는 당황한 적도 있었던 것 같다. <황군>이 여자를 포용하고 전쟁하는 것은 전대미문에 속한다. 우선, 군대 위안부는 군기도 병법에도 없다. 그래서 "조심성 없다"고 느낀 현지 지휘관도 있었다. 그리고 일부러 여자를 수송선에 태워 멀리 데려다줬는데도 현지 사령관이 받지 않아 여자들이 공중으로 뜬 사례도 있다.

　　예를 들어 1943년 초, 일본에서 여자를 배에 태워 마셜제도 방면으로 보냈는데, 현지에서 수용을 거부했기 때문에 여자들이 트루크섬으로 전송되었다. 그래서 트루크섬 자체의 위안부와 합하여 모두 약 300명으로 늘어나 좁은 섬 안에 위안부가 범람했다고 한다. 또 이와는 반대로 현지 군에 의한 '여자의 요구'로 일본에서 여자를 잇달아 보낸 때도 있었다.

　　또 다른 한편에서는 일본 국내의 유곽, 기생집 자체가 '국책에 편승'하여 군 당국이 개입해 진출하기도 했다. 이는 오로지 돈벌이가 목적인 까닭에 주로 대

근거지(도시)에 집중하였다. 이처럼 전쟁터로 진입하는 일본 전역의 유곽, 기생집, 요정업자들은 일본군의 비호 아래 전출영업 또는 출장 영업 형태를 취하였다. 어떻게 보면 전쟁이라는 화재 현장에 도둑이 들게 되는 것이다. 하지만 그들은 자신의 추한 업을 교묘히 숨겨, 스스로 '성전'이라든가 '섹스 특공대'라든가 '여자군대'를 자칭해 주위를 속이면서 번창했다. 그래서 여자들이 '여자군대'로 소임을 다할 목적으로 여자에 굶주린 부대 근거지에 상륙하면 '붉고 긴 속옷과 붉은 허리띠로 일본 국내의 향수를 병정들에게 서비스'하고 있었다.

태평양 제도 방면의 위안부에는 일반적으로 일본 여자가 상당수 배치됐다. 일본 해군이 본격 등장하면서 그 근거지에 위안소를 둔 것도 태평양 전쟁 이후의 일이다. 중국 전선과 다르게 '어딘가 일본 국내 시골의 초등학교를 연상케 하는 목조 2층 막사'의 위안소가 많아 한 곳에 4, 50명씩 여자를 분산해서 수용하고 있었다. 조선 여성이 압도적으로 많았던 중국대륙과 달리, 특별히 희소가치가 있던 것도 아니라서 장교용으로는 기량이 좋은 여자나 가무, 장고 등을 잘 치는 여자를 충당해서 특별 건물을 이루고 있었다.

일본인 위안부는 일본 국내의 유흥업소에서 모집하는 만큼 모두 4~5천엔 정도의 선수금을 주었는데, 현지에 도착하면 이것을 빠른 사람은 불과 3개월, 보통은 6개월 단위로 상환했다. 그만큼 신체의 혹사는 상상 이상인 것이다. 일단 색 지옥에 노출된 신세가 되면 조선 여자든, 일본 여자든 별로 다르지 않다.

하지만 그녀들은 고수익을 목표로 군대 위안부에 응모하였으나, 그 엄청난 색 지옥으로 뛰어들었던 것을 후회하고 유곽의 주인에게 돌아가고 싶다며 덤벼드는 여자도 있었다. 색 지옥에 시달려 마약을 사용하다 중독자가 된 사람도 적지 않았다. 이렇게 되면 1년 계약과는 무관하게 패가망신하는 결과가 됐다. 그런데 스스로 지원하여 들어온 일본인 위안부는, 조선에서 관헌들에게 속아서 온 조선 처녀에 비교해 몇 가지 차이점이 있다. 그 하나는, 일본인으로서 '애국'이나 '전쟁승리'에 대한 의식이 작용하고 있는 것이었다. 그녀들의 대부분은 각자의 방에 전사하고 다시 돌아오지 않는 병사의 위패를 모시고 있었다고 한다. 둘째는 그녀들 중에는 현지의 일본적십자 간호사에게 지지 않으려는 자부심도 있어서인지 "이래도, 우리들 '제국의 용사'야. 왜냐면 죽으면 바로 '전쟁으로 죽은 병사'라는 공보가 집에 가니까…. 군속인 걸"하며 의욕이 넘쳐 있었다고 한다(종군간호사의 기록 : 의료문예 집단 편『백의 묘비명』).

일본군의 남방 지역 점령과 군정 및 자원획득 상의 사업확장에 따라 일본 국내에서 여자 군속을 모집하여 약 1,000명이 넘는 젊은 여자들을 보냈다. 하지만 현지에 도착해 일본 장병의 '노리개'가 된 여자도 적지 않았다. 그 일례를 들어본다.

1944년 6월, 오사카 출신의 야마모토 다카코(山本隆子) 등은 군 직할의 제마 공장(군용 로프 제조) 종사원으로 제8차 자바(Jawa) 파견 여자 군속 대원 200여 명과 함께 고베에 집합, 7월 14일『타코 26선단』(9척 편성)의 제1번선 미즈호 마루에 승선, 자바로 향했다. 그리고 타이완의 가오슝 항을 들려서 출항한 지 3일 후인 8월 21일 오전 8시 35분, 미즈호 마루는 미군의 어뢰를 맞고 순식간에 침몰하였다. 일본 해군의 소해정이 달려와 구조하였지만, 여자 군속 200여 명 중 30명 정도가 살아남아, 필리핀 루손섬 북서부의 빵기에 상륙한 후 병참부가 있는 북쪽 산페르난도로 안내되었다. 그러자 병참부 부관이 나타나 "해행사(偕行社, 일본 육군 장교친목회)의 여자가 되면 먹고 살게 해주겠다. 그렇지 않은 자에게는 돌볼 여유가 없다"고 말하였다. 즉 '군의 여랑이 되라'는 것이었다. 그녀들은 젊었지만 24명은 위안부가 되었고, 7명은 죽을 각오로 계속해서 도망을 쳤다고 한다(『주간 신조』 1974년 8월 22일호).

1944년에 들어서자, 일본 국내는 이상하게 살기로 가득 차 있었다. 종군간호사를 남방에 보내는 적십자병원 양성소의 부장은 "당신들은 간호사가 아니라 죄수야, 일체의 자유는 인정하지 않는다. 앞으로 훌륭한 죄수가 되기 위해 단련시켜 주겠다"라고 말했다. 그것은 진심이 담긴 가혹한 말투였을까? 아니면 겉치레로 한 말이었을까?(종군간호사 기록 :『백의 묘비명』)

조선반도에서의
처녀 사냥

　　세계 최강국을 감히 적으로 선택해서 아시아 대륙과 태평양 전역을 전쟁터로 삼은 태평양 전쟁…, 일본제국으로서는 성공이냐 실패냐의 운명을 건 대전쟁이었다. 그만큼 조선반도 백성에게 있어서는 자기해방의 희망을 거는 호기였다. 그러나 동시에 죽어가는 일본제국의 미쳐 날뛰는 '삼광정책(三光政策)'의 이빨에 물리는 아픔도 따르고 있었다.

　　조선에는 사람 사냥 열풍이 거칠게 불어 광기가 돌았다. 조금이라도 핑계를 대어 민족의 냄새를 발산시킨 사람은 가차 없이 「예방 검속」(미리 검사하여 단속함)을 받아 고문을 당했다. 그리고 목숨 구걸에 급급하면서 '입신'을 도모하는 자만이 판을 치게 하여 자기 동포를 동여매는 충복이 되게 하였다.

　　조선의 각 가정에 「천조 대신」의 신단을 차려놓고 그것을 숭상할 것을 강요하고 감시했던 것이다. 그런 조선에서는 물자라고 하는 물자는 송두리째 징발되어 길가의 풀까지 군수물자(만주 수송의 말먹이)가 되었다. 산이란 산은 군용으로 소나무 뿌리를 채취한다고 하여 초, 중학생들이 연중 동원되어 산의 표면이 파헤쳐져 황폐되어 갔다.

　　조선에서의 '처녀사냥 소동'은 1941년 12월(태평양 전쟁) 이후가 되자, 경찰

관헌의 직접 지휘하에 본격적으로 조직적으로 되어 갔다. 그것을 조직적으로 진행하기 위해 요란한 행사가 연이어 개최되었다. 대전(태평양 전쟁) 시작 직후의 주요 행사를 다음과 같이 내걸고 있었다.

1941년 12월 : 조선 임전보국 부인대회. 전국대회(일본인 요원 참석 하에 전국대표 1천여 명 참가)

[결의내용]

(1) 사상통일안(교육칙어 및 천조 대신 정신보급의 철저)

(2) 대동아 전쟁(태평양 전쟁)의 의의와 보급의 철저

(3) 시국 및 전황 뉴스의 보급 및 해설. 기타 군수 자재 헌납운동

1942년 01월 : 조선 임시보국단 부인대(지도위원에 유명인이 총망라됨)

조선인을 쉽게 동원하기 위해서는 적당히 속일 필요가 있었다. 그것은 단순한 속임수가 아니다. 위압, 속임, 정신마취의 삼박자였다. 그 도구로는 도시와 촌락을 막론하고 「애국반」나 「부인회」 등 여러 가지를 만들어 20세 안팎인 묘령의 부녀자를 등록시켜 '황국 정신'을 주입시키고 '애국'을 설파하여 음으로 양으로 정신대의 발판을 만드는 것이었다.

앞서 언급한 <조선 임시보국단 부인대>는 그 개막의 시작이다. 지도위원은 총독 관헌이 모은 저명한 여사들로 각지에 파견해야 할 선전원인 것이다. 그들은 비상시라고 하는 분위기 하에서, 관헌의 강압에 못 이겨 '황국신민'을 맹세한 배신자들이었다. 과거에는 조선 여성 운동가였고 교사와 문필가가 많았다.

태평양 전쟁 이후, 당국의 위협과 마취가 적당히 먹혀들어 결국에는 조선인 측의 유명 문화인들이 "말 잘 듣는 착한 아이(사람)가 되자"며 경쟁하듯 움직이고, 총독부의 '삼광정책과 황민화 운동'에 앞장을 섰다. 그래서 조선 전역을 누비며 청년 남녀에게 「시국강연회」와 「좌담회」의 주역을 맡겼다.

예를 들어, 『전쟁 후방에 있는 부인의 각성 촉구를 위한 강연회(전쟁 후방의

관리 주체인 여성의 역할)」,『내선일체 부인좌담회』,『군국의 여학생으로 '징병'을 듣는 좌담회』,『군국의 어머니 결의를 말하는 좌담회』,『내선 동조 동근 좌담회』등 무수하다.

그리하여 청년 남자에게는 일본 전쟁터로 출전을, 여성에게는 정신대로 갈 것을 권장하였다. 결국, 조선인들로 스스로 조선인을 독려하여 죄를 짓도록 전가시켰다.

조선의 도시에서는 조선에 있는 일본 부인을 주체로 하는 「애국부인회」가 활발하게 움직여 '내선인의 차별 철폐'나 '내선인의 권리·의무의 평등'을 활발하게 외치면서 조선의 부녀자를 적극적으로 가맹시켰다. 이 또한 그 전에 볼 수 없는 사건이었다.

그리고 입회자에게 배지(badge)와 앞치마를 착용케 하고, 모임의 이름을 새긴 어깨띠를 나누어 주며 출정 병사들의 환송에 동원하여, 마침내 「여자정신대」의 권장을 유도했다. 애국부인회나 국방부인회라고 말한 것은 모두 경찰 관헌의 지시에 따른 것으로, 그곳에 나타나지 않으면 따끔한 맛을 보게 했다.

이리하여 조선의 딸들은 부추김을 당하고 협박당해 「여자 애국정신대」로 갈 때, 그 부녀회의 배지나 앞치마를 입거나 지참하고 나갔다. 이렇게 해서 그녀들이 전쟁터의 위안부가 되면 그 앞치마 착용이나 어깨띠는 그곳 부대의 '토벌' 환송 때나, 부대 이동 때의 환송용으로 사용됐다. 일본군 간부들의 의도는 '전쟁터 병사들의 사기 앙양을 위해 여자 기운을 받는 것이 효과적'이라고 본 듯하다.

중일 전쟁의 연장으로서 태평양 전쟁이 되니 중국 전선에서 일본군 부대가 남방으로 한꺼번에 이동할 때, 그 위안부들은 앞치마를 입고 어깨띠를 두르고 일장기 깃발을 쥐고 흔들어서 보내는 연기를 한 것이다.

이처럼 일본군 간부의 뜻과 목적은 조선 각지의 부인회나 애국반 같은 말단 조직까지 하달하여 침투된 것이다. 그러므로 관헌의 호령 하에 움직인 부인회가 한 일이 조선의 딸들을 '여자정신대'(군대 위안부)로 내모는 모체라 할 수 있을 것이다.

조선의 딸들이 「여자정신대」에 본격적으로 징발된 것은 1942년 1월 이후이지만, 그 누구도 그것이 일본 군대의 「위안부」로 투입된다는 것을 꿈에도 생각지 않은 것이었다. 그냥 막연히 '군수공장 일' 정도로만 생각했다.

하지만 일부에서는 은근히 불길한 예감을 품고 있었다고 한다. 또 지금까지 정신대라고 하면 기차에 태워서 북방으로 향하던 것이 이번은 부산, 목포, 인천, 진남포 항구에서 수송선에 태워서 태평양 제도와 남방 전선으로 보낸 것이다.

앞서 설명한 바와 같이 태평양 전쟁 시작 직후 일본 국내에서는 유곽의 여랑이나 기생들로부터 전쟁터 행을 모집하여(1942년 1월~2월), 요코하마와 고베에서 100명 정도를 태운 군용수송선은 더욱더 많은 여자를 태우기 위해 부산항으로 되돌아왔다. 그리고 2월 하순경(추정), 남조선 각지에서 사냥하여 모은 처녀들을 승선시켜서 마리아나, 트루크섬의 일본 해군기지로 운송했다. 이 군용수송선에 요코하마에서 탄 기생 야마가와 케이코(山川馨子)는 당시의 승선 상황을 이렇게 말했다.

> 요코하마를 떠나 고베에 들렀고, 조선의 부산에서는 조선 여자들도 꽤 승선했어요. 그녀들은 우리와 달리 지원이 아니었던 듯 저고리를 입고 올라탔는데 "아이고, 아이고"하고 우는 것이 어찌나 서러웠던지…. 우리들도 따라 울기 시작했습니다. 정말 일본에서 출발하여 트루크섬에 도착할 때까지 무언가 쓸쓸했던 마음은 잊을 수 없습니다. … 상륙하니 그곳이 트루크섬이었어요. 처음에는 마셜군도에 갈 예정이었지만, 마셜제도에서는 "여자는 필요 없어, 군사와 배를 보내라"며 거절했던 것으로서….
>
> —『주간 아사히 예능』

아마 태평양 방면으로 가장 먼저 여자(위안부)를 태운 수송선이 트루크섬에 도착한 것은 1942년 3월 17일일 것이다. 미루어보아 일본군의 기지에 보내는 '여체'는 확실히 병기와 같은 긴급 취급품이다.

일본제국 정부는 식민지를 잡아 묶어 놓을 수 있도록 새로운 배우를 등장시켰다. 1942년 5월 29일, 육군 대장 고이소 구니아키(小磯國昭, 제8대 총독)가 임명되었는데, 그가 말한 주장은 「국체본의(國體本義)[69]의 투철」이라는 것이었다. 고이소 총독은 조선 민중에 대한 '황민화'를 철저하게 하여, 정말로 조선반도는 「연성시대(鍊成時代)[70]」를 보이기에 이르렀다. 일본의 명운을 건 대전쟁인 만큼 통치 당국은 마구 조선반도의 청년 남녀를 전쟁터로 끌고 나가 일회용에 쓰려는 속셈이었던 것이다. 고이소 총독 이후 조선 민중을 꽁꽁 묶어 가는 동태를 보면 다음과 같이 들 수 있다.

1942년 10월 : 조선 청년 특별 연성령(군대 예비원으로 만들기 위해 각지에 무수한 청년 특별 연성소를 개설)
1943년 07월 : 해군 특별 지원병령(훈련소)
　　　　09월 : 국가총동원법 및 국민 징용령
　　　　10월 : 생산증강 노동강화 대책 요강
1944년 02월 : 조선 여자 청년 연성소 개설
(총독부령 35호 : 초등학교를 수료하지 않은 만 16세 이상 미혼 여자의 훈련을 목적으로 하고, 조선 각지의 초등학교에 여자 청년 연성소를 개설한다. 또 공장, 광산, 상점 등에 사립 여자 청년 연성소를 설치한다. 기간은 6개월~1년, 일본어를 가르치고 황국 여성으로서 자질향상과 황국 정신을 심는 것을 주 목적으로 한다.)
　　　　04월 : 조선총독부 군무 예비훈련소
　　　　08월 : 여자정신대 근로령 공포

69　'국체의 본의'라고도 하며, 제2차 세계대전 이전에 일본의 '초국가주의'. 즉 근대 일본의 국체는 '천황제' 국가 형태임을 뜻한다.
70　심신을 단련하여 '황민화'로 만들어지는 시대.

이리하여 혈기 왕성한 젊은이는 「육군지원병」이라는 이름의 일본 병으로 차출되고, 한창 일할 청장년은 강제연행해서 군사기지 만들기와 광산으로 그리고 미혼여성은 여자정신대(군대 위안부)로 데려갔다. 거기에는 물론 전시 노동력 부족이라는 상황으로 노역의 해결책도 뒤따르긴 했지만 한발 더 나아가 심대한『조선인 대책』이 숨어 있었다.

즉, 만일 일본이 전쟁에 패할 때도 조선반도의 중간세대를 철저히 일회용으로 사용하고 버린다면 '조선의 자립 불가능'을 노릴 수 있다는 원대한 모의가 있었던 것이다. 그런 예증은 얼마든지 들 수 있다.

일본군은 '치고 박기' 전술로 초기의 전쟁은 화려하게 '전과(戰果)'를 올려 일본 전체가 전승 기분에 취해 있었다. 일본군은 호주의 북동 해역에 근접한 과달카날섬(솔로몬제도 동남부에 있는 화산섬)에까지 상륙했던 것이다(1942년 8월). 지구의 몇 분의 일에 해당하는 거대한 공간 지역을 일본군의 호령 아래 두기에는 일본인의 배치만으로는 충분하지 않았다.

그래서 일본인 보조역으로 '황민화된 조선인'을 배치할 계획을 세운 것이다(이와 동시에, 조선반도에서 조선인을 데려오는 국책에도 합치하여 일석이조이다).

일본군이 아시아 전역을 제패하며 기뻐한 지도 1년 정도가 되었다. 미국과의 전력 차는 말할 것도 없지만 반년에 걸친 솔로몬 해전 끝에, 일본 해군은 대패하여 보급은 계속되지 않고 후퇴의 길을 걸었다. 거기에 「일본 패배」를 불길하게 점치듯 해군연합함대 사령장관 야마모토 이소로쿠(山本五十六)가 전사하고(1943년 4월 18일), 이어서 북태평양 애투섬(Attu Island)을 수비하는 일본군이 처음으로 전멸(1943년 5월 29일)하여, 승패의 갈림길이 분명해졌다.

그리하여 1943년 11월, 연합국의 수뇌들(루스벨트, 처칠, 장개석)에 의한『카이로 선언』이 발표되었다. 그것은 일본이 강탈한 만주와 타이완의 중국 반환, 조선의 독립, 그리고 무조건 항복이라는 조항이 담겨 있었다.

하지만, 이런 걸 일본 군인이 들어줄 리도 없다. 전쟁 시작부터 「미영 격멸」이라는 명목을 내걸고 쳐들어간 일본군으로서는 사생 결단할 뿐이었다. 특히 일본제국은 자신의 송곳니가 부러진다 하더라도 메이지(明治) 시대에 삼킨 「조선」을 스스로 뱉어내지는 않는다. 조선의 해방을 담은 『카이로 선언』을 적측의 '광언(狂言)'이라며 비웃었음은 물론이다.

그러나 심하게 억눌려 학대받은 조선인들은 「빛이 조금만 더…」하며 『카이로 선언』이래 몰래 가슴을 설레고 있었다. 그래서 전쟁에 미쳐 채찍질하는 일본 관헌 아래서는 어쩔 수 없이 면종복배(面從腹背)[71]하지 않을 수 없게 된다. 그것을 간파하고 있는 일본 측에서는 "그렇게는 놔두지 않겠다"고 하여 이제는 적극적으로 "조선인을 희생제물로 삼겠다"며 화가 났던 것이다.

이래저래 조선에서의 사람 사냥은 미친 듯한 양상을 띠게 된다. 즉 사람 사냥을 철저히 해서 태평양 전역에 뿌려 죽음에 이르게 할 속셈이었다. 조선인 남자를 이곳저곳으로 연행하여 혹사시키고, 소량의 양식을 주어 린치를 가함으로 인한 아사와 사고사, 객사 등은 그 좋은 예이다. 그래서 조선 민족의 무력화를 유도하는 것이었다.

조선에서의 사람 사냥은 매우 부당한 것이었다. 그것은 중세의 '노예사냥'을 연상시켜 마치 들개 사냥의 모습으로 나타났다. 들에서 일하는 사람을, 결혼식장에 서 있는 사람을, 게다가 한밤중에 잠든 사람을 덮쳐 밧줄로 묶어서 트럭에 태우는 상황이었다. 그것도 형식적인 징용 영장이라는 서류조각도 없이.

또한, 닥치는 대로 마구 사람을 사냥하는 세상이 되었다. 조선에서는 닥치는 대로 여자 동원이 강요됐다. 지금까지의 권유나 반강제라고 하는 간단한 것조차 없었다. 일본군의 전쟁터는 태평양 전역에 확산되었고 거기로 보내기 위한 여자(위안부)의 대량 배당이 은밀하게 전달됐다. 관헌의 역할은 사람 사냥과 같은 것이었다.

---

71 눈앞에서는 복종하고 등 뒤에서는 배반함.

식민지 조선에서는 「정신대」라는 이름이 범람했다. 점찍은 딸에 대해서는 사흘 전에 순경이 「정신대」로 지명된 통지를 전하러 간다. 총독부의 지시를 받은 말단 패거리들은 무슨 수를 써서라도 할당된 머릿수를 채워야 하므로 혈안이 되어 뛰어다녔다.

한 산촌 지역에서는 할당 인원을 채우려고 트럭을 몰고 다녔다. 그리고 「정신대」를 지명하는 통지를 보내고, 만약 도망갈 기미가 보이는 여자는 붙잡아 수갑을 채워서 유치장에 처넣었다.

붙잡아 온 딸들을 트럭에 태워 도시의 큰 건물에 가두어 놓고 항구의 배편을 기다리는 식이었다. 그 감금소는 휴업 중인 백화점이 사용됐고, 딸들에게 「정신대」라고 쓴 머리띠를 묶게 했다. 일본제국의 전쟁이 패하는 것으로 얼룩져 끝이 가까워지면서 식민지에서의 사람 사냥은 광포화 되어 갔다.

이런 험악한 분위기 속에서 앞날에 대한 불안과 섬뜩함 때문에 집을 피해 산속으로 도망쳐 숨어버린 여성도 많다. 그 경향은 크리스천으로서 부유층의 딸 등에서 볼 수 있다. 그런 만큼 총독부에서는 보상금이 붙는 밀고를 장려했다. 그러므로 친척에게 말해도 입을 다물어 말이 통하지 않는 세상이 되었다.

이리하여 결국에는 길거리에서도 여자를 강제로 잡아가므로 가족과 이별의 말을 주고받을 여유도 없었다. 그래서 각 마을 파출소 앞에서는 울부짖는 여인의 목소리가 넘쳐나는 비참한 모습이 되었다. 그리고 기차를 타고 북상하던 중 투신자살한 딸도 있었다. 사냥한 여자들을 태운 기차에 관헌이 경계를 서고 있었는데, 이는 창문으로 도망가거나 투신자살을 감시하기 위해서였다.

이 가공할 '처녀사냥'의 상황에서 조선 곳곳에는 처녀들의 혼인이 갑자기 유행했다. 즉 남편을 둔 여자들은 '정신대'가 될 수 없기 때문이다. 그러나 젊은 이라는 이들은 대부분 군대에 징용으로 끌려가 결혼할 상대가 없었고 배우자 찾기에 혈안이 되었다.

결국, 남아 있는 남자라고 하면 건장하지 못한 자로 생각되지만, 정신대에 끌려가는 것보다 낫다고 생각해서 남자라면 누구라도 좋다며 서둘러 결혼시켰다.

심지어 정신병 혈통의 남자와 결혼시키기도 했고, 평화 때라면 버려질 폐병에 걸린 남자나 불구자가 아내를 맞이하는 시대가 되었다. 혹은 손가락이 구부러진 나병 환자가 장가갈 기회를 얻거나 시골의 불구자가 교양 있는 딸을 얻는 어색한 결혼도 볼 수 있었다.

다른 한편에선 소년 소녀 간의 조혼이 급물살을 탔다. 딸의 부모들은 소녀의 집에 신랑을 맞이하여 「정신대」를 피하기 위해서였다. 또 소년의 부모들은 머지않아 아들이 군대에 가게 되면 자손이 끊길 염려가 있어 적어도 손자를 낳게 해 대를 잇게 하고 싶다는 안타까운 계산이었다. 이리하여 여기저기에 15~18세 정도의 소년 소녀의 혼인이 활발하게 된 것이다.

당시 조선에서의 비참한 사람 사냥의 모습과 남방행 배에 실린 여성들의 운명을 다음과 같이 적고 있다.

> 정부의 지시로 사냥하는 역할을 한 인간은 어떠한 수단을 써서라도, 특히 사냥으로 모아 할당된 머릿수만 갖추면 자신의 역할은 끝나고, 보내는 일을 담당한 사람은 배에만 실으면 자기의 사명은 끝이 났다. 정규 군인소속이 아닌 조선인은 순전히 소모품으로밖에 생각하지 않아 어쩌면 이름이나 인원수에 대한 기록 등도 아예 작성하지 않았을지도 모른다.
> 더욱 가엾은 것은 부녀자의 경우이다. 정찰부대나 노동력 보충을 위해 청장년 사냥을 하는 동시에 미혼 여자나 자식 없는 유부녀도 사냥 대상이었다. 그중 몇천 명은 근로봉사의 명목으로 일본에 보냈다.

그런데 이 근로봉사가 이상한 봉사로 바뀌어 군대는 그녀들을 위안부로 남방으로 보내기 위해서 수송선에 실었다. 아무것도 모르는 그녀들은 처음에는 일본의 어딘가의 군수공장으로 보내질 것으로 생각했지만, 배가 태평양으로 나가자 군인들은 그녀들에게 육체를 요구했다.

그녀들이 거부하자, 그들은 목적지에 도착해서 몸을 버리는 것이나 지금 버리는 것이나 마찬가지 아닌가 하면서 몸을 바칠 것을 요구했다. 거기서 비로소 처음으로 그녀들은 속았다는 것을 알았다.

그녀들은 정조를 잃기보다는 죽음을 택했다. 한 척의 배에서 수십 명, 수백 명의 여성이 연달아 성난 파도가 소용돌이치는 태평양의 거친 바다에 몸을 날렸다.

이에 놀란 군인들은 그 뒤로 더욱 엄중한 감시를 하고 손발을 묶어서 각 섬에 보내어 결국 백골이 되게 하였던 것이다(고성호 「잊혀진 역사는 호소한다」, 『조선평론』 제7호, 1953년 4월).

처음에는 미혼녀만 사냥하다가 나중에는 젊은 유부녀까지 데리고 가서 배에 태웠다. 얼마만큼의 수를 연행했는지 헤아릴 수 없다. 그 결과 오키나와 근방에 조선 여자들이 득실거렸다고 한다. 그런데 최남단의 기지 과달카날섬 철수(1943년 2월 1일) 이래 일본군은 필리핀으로 후퇴하는 상황이 되었다.

그래서 위기에 처한 전선 기지의 일본인 위안부 등을 해군의 주된 근거지 트루크섬으로 집결시켰을 정도였다. 그것과 상관없이 조선 여자는 계속해서 배로 각 섬에 실어 보냈다. 그 과정에서 적의 잠수함에 피격, 침몰하여서 희생된 여자도 많았다.

태평양 전쟁 중의
중국전선

태평양 전쟁 개시와 동시에 실전 경험을 가진 고참 병사는 진격 작전이 계속되자, 남방의 여러 전선에 차례차례로 옮겨가며 투입되었다. 홍콩을 공략한 부대는 자바로 출동하고, 다시 과달카날로 향했다.

중국에 있던 대부대는 필리핀으로, 화난(華南)의 군대는 뉴기니아 등의 남태평양 제도로 배치됐다. 이처럼 정예부대는 점점 남방으로 보내졌고 그 보충으로 보내진 사람은 나이든 소집병들이며 그중에는 총이 없는 자도 있었다.

중국 전선에서 일본군의 사기 저하가 두드러진 것은 1942년 이후라고 한다. 도망병이 눈에 띄기 시작했다. 손가락이 구부러진 병사가 방아쇠를 당기지 못하는 것을 괴로워해서 도망가기도 하고, 보초 근무 중에 졸던 초년병이 처벌을 두려워해서 도망가는 자도 있었다. 도망갈 수 없는 사람은 자살했고, 자살할 수 없는 사람은 스스로 총으로 손이나 발을 쏴 자학했다. 자학할 수 없는 자는 정신병이나 신경통 등을 가장하여 병원 입원을 시도했다.

이에 중공군(팔로군)은 강력한 게릴라전으로 일본군을 오지로 끌어들여 싸웠다. 남방 전선에 주력하고 있던 일본군은 경비 진지의 현상유지만을 원해 소강상태를 유지했다.

군대에서 도망처 중국군에 투항한 일본 병사는 당분간 조선의용대에 투입되어 사회주의 교육을 받았다. 조선의용대는 김약산(金若山) 등의 지도로 결성되어 황포, 기타 중국 군관학교에서 훈련받은 청년 군인을 근간으로 한 수백 명의 구성원이 있었다.

그들은 중국의 우한(武漢) 전선에서 싸운 뒤, 한 부대는 옌안(延安)과 화베이(華北)로 들어갔고, 다른 한 부대는 우한 방위를 위해 우한 선전대로 활약하며 도망온 일본군들의 교육을 맡았다(카지 와타루『일본 병사의 반전운동』).

그 와중에 중국 측은 「일본 군벌은 적, 인민은 벗」이라는 전술의 전환과 카지 와타루(鹿地桓, 1903~1982. 반전 운동가이며 소설가)의 노력으로『일본인 반전(反戰) 동맹』이 결성되자 지금까지 조선의용대에 속해 있던 일본군 병사들은 모두 여기에 하나로 통합되었다. 따라서 조선의용대와 반전 동맹은 밀접한 협력 관계에 있었다.

일본인 반전 동맹은 오로지 야간을 이용해서 일본군 진지에 접근해 전단을 배포하고 방송을 통한 반전을 호소하는 전술을 썼다.

예를 들어 "일본 병사 여러분, 우리들은 당신들을 곧 일본으로 돌려보내 드리겠습니다. 단, 도쿄행 패전 열차에서 당신들을 어머니 품으로, 아내 품으로, 애인 품으로 돌려보내겠습니다. 일본은 도조나 테라우치 등의 도깨비 같은 자들에 의해 무익한 전쟁을 하고 있습니다. 서로 죽이지 맙시다. 일본인 반전 동맹"(아카타니 타츠(赤谷達)의『팔로군과의 전쟁』,『비사, 대동아 전쟁』〈대륙편〉). 또 일본군 진지에 보낸 선전 전단(슬로건) 속에는 위안소에 관한 내용이 눈에 띈다. 예를 들어

○ 술을 파는 상인, 기타 병사로 인해 먹고사는 악덕 상인의 폭리를 단속하라!
○ 부대장은 얼마나 속았는가? 악덕 상인이나 P집과 한통속이 되었네!
○ 악덕 상인의 영업허가, P집의 개업권리허가 뇌물로 배 불리는 부대장을 해치워라!
○ 군 사단 담당자 3년만 하면 평생 놀고먹는 그 돈은 어디에서 나왔느냐? 하는

식으로 일본군 내부의 부패양상을 폭로한 것이 많다.

— 카지 와타루『일본 병사의 반전운동』

침략의 군대는 「위안부」를 허리에 차고 전쟁하고, 매춘 업자는 조선 여자를 상품으로 피를 빨아들이고 또 군 간부는 위안소의 포주로부터 공공연히 뇌물을 교묘하게 가로채고 있었다.

위안소의 표를 감독하고 군 방출 식량과 물자를 확보한 그들의 위압은 절대적이었다. 그 당사자의 심기를 상하게 한 탓에 도중에 무일푼으로 송환된 여랑집이나 심지어 행방불명된 포주도 있었다. 더구나 그 암묵적인 뇌물의 강요는 전쟁의 절박함에 비례해 노골화되어 상대방의 눈치를 보고 내미는 정도로는 부족했다고 한다.

그것은 뇌물이라기보다는 각 위안소의 매출액을 계산한 후, 거의 반은 공공연한 떼어먹기를 했다. 위안소를 담당하는 장교는 그 자리를 이용해서 상관을 초빙해 여자를 안겨주고 안주를 제공했다. 그 뒤통수를 맞는 것은 언제나 여랑집 쪽이었다.

각 부대의 많은 담당 장교나 하사관들은 거미줄처럼 조직의 그물을 둘러치며 군의 위세를 등에 업고 가차 없이 단물을 빨아먹었다. 그것을 보고 〈정의파〉의 모 대위는 군부 앞으로 상소문을 밀송했다. 하지만 그는 어느새 최전선의 사지로 쫓겨나고 말았다고 한다(니시구찌(西口克己)의『유곽』).

1942년쯤 되어 소위 일본군의 보안지구는 치안이 나빠지는 한편, 중공군(팔로군)과의 전투는 치열해지고 일본 병사의 사상자는 늘어만 갔다.

이 사태에 비례해 전투에서 돌아온 병사의 성욕도 극성을 부렸다. 말하자면 언제 죽을지 모르기 때문에 지금 실컷 여체를 즐기며 각자가 살아 있다는 증거로 '여자의 몸을 안는 것'이었다. 위안부 김춘자(하루코)는 다음과 같이 말했다.

토벌하러 나갔다가 돌아오는 날에는 힘들었어요. 그야말로 그들의 요구방식은 아주 달랐어요. 어떤 병사는 들어와서 갑자기 나의 젖가슴을 드러내어 거기에 얼굴을 비비며 "아아, 살아 있구나, 나는 살아 있구나"하고 신음을 했어요. 또 한 병사는 내 몸을 부둥켜안은 채 엉엉 울기 시작했고, 어떤 병사는 무리하게 벌거벗고 온갖 부끄러운 일을 시켰어요.

전사(戰死)에 대한 공포에 질려 무섭게 자포자기하고 있었다. 도저히 감당할 수 없는 마음과 부대의 멍에에서 벗어난 짧은 시간 동안의 위안을 찾는 그들은, 여자와의 접촉으로 어떻게든 힘든 장면을 벗어나려고 감정을 폭발시켰다. 비록 그것이 썩은 고기에 가까운 매춘부라고 해도, 여자의 살갗에 닿아 머리 냄새에 숨이 막히게 됨으로써 자신이 살아 있다는 간절함을 맛보는 것이었다. 일본군 부대 내에 도박이 성행한 것도 이때부터 생긴 현상이었다. 어떤 사람은 휘발유를 팔고, 식량 담당자는 담배를 팔아 막대한 사재를 모으고, 돈 은닉 장소가 마땅치 않아 위안부에게 맡기거나 주기도 했다.

일본군의 강적은 뭐니 뭐니해도 중공군(팔로군)이었다. 중공군과의 전쟁목적으로 특수훈련된 제59사단 111대대에서는 15명씩 소대를 이루어 적진을 교란하면서 각지를 전전했다. 이때, 각 소대는 취사나 세탁 등의 허드렛일도 겸한 위안부 한 사람을 데리고 함께 행군했다. 이것도 지금까지 볼 수 없었던 현상이었다(당시의 중사, 기쿠치 요시로(菊池義郎) 『주간 아사히 예능』, 1971년 11월 4일호). 말하자면 북지파견군의 제1군인 의(衣) 사단에서는 남방 전선의 전력 부족을 보완하기 위해 신병 교육을 위탁받아 담당하고 있었다.

1943년 4월, 많은 조선인 지원병을 맞아 신병 교육이 실시되었다. 대대본부는 교육 담당자들에게 "이번 입영자에는 아이누, 조선인, 전과자 등이 편입돼 있으니 유의하라"며 다음과 같은 '신병 취급 주의 항목'의 서류를 건넸다(「천황의 군대」 『현대의 눈』, 1973년 8월호).

(1) 조선인이라고 부르는 것은 멸칭으로 취급되니 반도인이라고 부를 것.

(2) 반도인이 말하는 일본어 중 탁음, 반탁음에 대해서 이를 놀리지 말 것.

(3) 조선인 위안부를 반도인 병사에게 접촉시키지 말것.

군대는 말할 것도 없고 일본 통치 기관 전부가 조선인에 대한 이중구조를 보여준 단면이다. 조선 청년을 군인으로 만들기 위해 일본인도 조선인도 천황의 적자라며 전쟁터에 내보내면서 말이 되지 않는 설명으로 차별을 했다. 조선 출신 병사에게 조선인 위안부를 접촉시키면 안 되는 것은 조선 위안부의 참상을 숨기고 싶었기 때문이었고, 서로 손을 잡고 도망가는 도피 방지 목적도 있었을 것이다. 따라서 조선 출신자에게는 중국 P를 안겨주었음이 틀림없다.

이해부터(1943년) 일본군은 더욱 광폭해져 '삼광작전'을 철저히 시행하였다. 신병 교육에 있어서 사단장은 산 인간을 찔르라고 명령하고 체포된 중국인들을 늘어놓고 찌르는 연습을 시켰다. 하지만 고향에 처자가 있는 훈련병 등은 잔인한 '삼광'에 견디다 못해 도망하거나 자살을 했다고 한다.

1945년 4월, 오키나와의 전황이 패배의 결정적 단계에 이르자, 부대의 장교 무리는 자포자기에 이르고 연일연야 술과 여자에 빠져 훨씬 강렬한 자극을 찾았다. 이미 육군 병원의 위생병까지 전선으로 배치하고 간호사에게 매일 일과에 총검, 겨루기, 죽창 훈련을 시켰다. 이윽고 환자들과 식량 수송 트럭 운전 중에도 군복을 입히고, 장화를 신고 허리띠에 칼을 차고 여자 나팔수로 등장시켰다. 이제는 간호사가 아니라 완전무장한 군인이었다고 하니, 전선에 배치된 위안부들은 단순한 성기의 노예만 있었을 뿐만 아니라 군대의 완전 노예로 전락하였다.

1945년 7월, 일본 군대는 중국과의 전쟁을 포기했고, 59사단은 갑작스러운 명령으로 산둥반도를 물러나 조선의 흥남으로 이동했다. 앞문 호랑이, 뒷문 늑대처럼 이번에는 소련군에 겁을 먹고 삼켰던 「조선과 만주 지키기」에 정신이 없었던 것이다.

제10장
남방 전선의 위안소

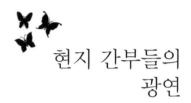

현지 간부들의
광연

　　남방 전선의 위안소는 중국 전선과는 양상이 달랐다. 일본 군대가 진격하여 이미 백인들이 자리를 잡고 있던 호화 저택과 별장을 모든 군 참모들이 한 채씩 사택으로 꾸몄고, 백인 처녀를 첩으로 삼아 귀족의 기분에 젖어 주색을 즐기고 있었다. 그리고 '서양인으로부터의 해방'을 강조하는 문구를 내세우면서 현지 여성을 위안부로 만들고 있었다.

　　일본군 간부들은 처음부터 약탈과 여색의 스릴을 만끽했다. 예를 들어, 미얀마 모가웅(Mogaung, 미치나에서 서쪽으로 약간 떨어진 도시)에서 전멸한 제53사단 포병 제35연대장 타카미 유타카타로(高見豊太郎) 대령의 시체에서 발견된 일기에는

　　4월 16일, 드디어 9시 반에 싱가포르에 도착했다. 상륙 후 영국인으로부터 몰수한 큰 호텔에 머문다. 호텔에 연금된 영국 소녀 1명이 욕실에 와서 등을 씻고 해상 생활 반 개월의 생리적 욕망을 해결한다. 오후에 프랑스 유녀(遊女, 일종의 창녀)를 불러 술을 따르게 하고 밤에도 함께 묵는다.
　　　　　　　　　　　　　　　— 노무라 야스시 「장군과 여자들」 『진상』 1946년 6월호

어느 사단장은 사령부 내에 위안부를 두고 각지로 싸우러 다녔다. 이른바 경비대장이나 헌병 대장, 특무기관장이라는 패거리는 현지 이권을 빼앗으면 주위의 여자에게 요정을 운영하게 해서 이익을 챙겼다. 밤낮없이 주색 광연(狂宴)에 취한 한 참모는 여자가 없으면 머리가 나빠서 작전 상태에 영향을 줄 것이라며 중얼거렸다(앞의 「장군과 여자들」).

일본군이 직무의 부정한 행위와 약탈은 일반화돼 있었으며, 경비대장 고다 구라로쿠(중령)는 주둔지구에서 하는 일 자체가 제대 후의 준비를 위한 공작이라고 말했다(「교도통신」 특파원, 규도 사쿠).

남방 전선의 실상은, 일본 군대의 광분함과 죽음의 상인들의 이권 챙기기와 요정이라는 고급군인의 위안소로 주색 광연의 독무대라고 해도 과언이 아니다. 우선 싱가포르의 예를 보면 그곳을 자국 영토로 간주하여 <소난(昭南)>으로 개명하고, 장교와 상사원이 북적거리는 가운데 일본인 경영의 요정들이 즐비해 광연을 밤낮없이 계속했다.

시내의 초등학교, 여학교, 교회가 개조되어 일본인 전용의 요정과 대기소가 되었다. 적측의 방송이 '일본군은 여학교를 기생과 여자의 가게로, 교회를 카페로 만들었다'며 절규했던 이유였다(『도쿄신문』 특파원, 요코타 야스오).

모든 요릿집에는 예외 없이 육·해군 중 어느 쪽이든 연줄이 닿았고, 군의 목소리로 시내의 훌륭한 호화 건물이 요릿집으로 개조되고 기생의 아양 떠는 소리와 샤미센(현악기)이 울려 퍼졌다. 그중에서도 화제를 던진 것은 이즈(伊豆, 현재의 시즈오카 현)의 온천마을에서 여관을 하던 야마토야(大和屋, 옛 일본집)의 진출이었다. 군 간부와 결탁해 싱가포르의 호텔이라는 호텔은 모두 접수하고 대량의 여성을 <야마토 부대>라 부르며 일본 국내에서 사냥해 데려와서 장교용 위안소를 닥치는 대로 설립했다.

이것은 당시 유행하던 남방 열기에 사로잡힌 일본 국내의 여자 수십 명을 모집해서 연대부대와 비슷한 깃발에 '야마토 부대'란 이름으로 찬란하고, 당당하게 대오를 지어 싱가포르에 들어온 하나의 단체였다. 야마토 부대의 활동은 상륙 후 즉시 개시되었고 그 기세는 눈부신 것이었다.

두드러진 것은 아침에 큰 성, 저녁에 작은 성채, 싱가포르 호텔, 요릿집, 음식점 등 삽시간에 야마토 부대에 의해서 경영이 탈취되어 부대의 낭자군(위안부)이 거기에 배치됐다. 싱가포르 유흥가에 대한 야마토 부대의 공격 방식은 확실히 야마시타(山下) 장군의 말레이시아 작전에 못지않게 뚜렷했다.

— 「교도통신」 특파원, 츠요시 히데오

일본에서 온 여성 중에는 현지에서 사무원이나 타이피스트 일을 한다고 하는 감언이설에 넘어가 '야마토 부대'에 응모한 자도 있었다. 그런데 와서 보니 장교 상대의 작부 겸 위안부로 강요당하자, 이런 약속은 없었다고 비탄에 빠진 여성도 있었다.

미얀마의 안방이라 불렸던 제일의 피서지 메이묘[72]의 제15군 간부들은 영국인이 남긴 고급차를 요정에 대고 주색에 빠졌는데 이 요정이라는 이름의 위안소는 오사카 일대의 유곽 업자의 것이었다.

무타구치(牟田口) 군사령관으로부터 청명장(淸明莊)이란 이름의 큰 별장을 인수하고, 그곳을 여러 개의 작은 방으로 꾸며 장교 전용으로 주색 서비스를 했다. 병사들은 물론 출입 금지였고…. 취한 장교들은 자주 '우에노역에서 9단까지…'의 노래를 샤미센에 맞추어 부르고 있었다. … 병사들의 주점에서는 '누가 고향을 생각하지 않겠는가'가 대유행해서, 견딜 수 없는 전쟁의 비애감이 깃들어 있었다.

일본 국내에서는 부인들이 몸빼 바지에 불 지피는 여성스러운 생활을 과감하게 벗어던지고 있을 시기에, 메이묘의 청명장에서는 파마를 한 여자들이 아름답게 화장하고 비단옷에 하얀 양말을 신고 술 한 잔 더 하고 잔을 내밀고 있었다.

술은 원산지에서 만들어졌지만 사케(일본 정종), 위스키, 브랜디 등 담는 용기들은 하나같이 일본 국내에서 가져온 훌륭한 것들이다. 총알을 운반해야 할 배에서 어떻

---

72 만델레이의 동쪽에 있는 영국인 마을로 현재는 '핀우린'이라고도 함.

게 이런 접시를 이만큼 날랐을까 하고 놀랐다. … 매일의 생활은 호화롭고 화려함 속에 지내고 있었다.

—『아사히 신문』특파원, 나리타 리이치

일본 군대의 뒤를 잇는 것은, 앞서 말한 바와 같이 요정이라고 하는 고급 위안소였다. 미얀마 양곤에서는 육·해군이 경쟁적으로 전용 요정을 소유하고 거기에 매춘 업자가 조선이나 일본에서 여자를 데려와서 만든 '여랑집'이 우후죽순처럼 쑥쑥 생겨났다.

양곤에서의 고급 위안소 중 최고는 육군 장교 전용의 <수향원(粹香園)>이었다. 수향원은 큐슈의 구루메 사단 소재지인 구루메 지방의 요정업자가 진출해 있는 곳이다. 이 업자도 군의 비호 아래 일류 건물에 진을 치고 150명의 인원을 거느리고 있었다.

그곳에 진을 친 한 업소는 총 150명이나 되는 큰 인원이다. 기생, 어린 기생은 말할 것도 없이 하녀, 머슴, 요리사, 이발소, 노래방, 단란주점에 세탁집, 부인과 겸 비뇨기과 의사는 물론 거기에 파란 다다미, 방석, 병풍, 칸막이 문, 회의실까지 갖추고 머나먼 바닷길을 감시초소의 비호 아래 호화선으로 아무 탈 없이 랭군에 도착한 것이다. …(중략)… 등불이 켜지면 파랑, 빨강, 노랑의 작은 깃발을 단 도요타를 탄 사람이 문 앞에 나란히 서고 티크 바닥에 파란 다다미를 깐 연회장에서는 아카시(비단 여름 옷감)나 로치리면(오글오글한 얇은 천)의 홑옷을 입은 구루메 기생의 오자츠키(샤미센의 연주)로 시작해서, 노래와 춤이 매일 밤 성황을 이루었다. S 기생은 X 참모, M 기생은 Y 대장이고…. 우리 군무원들이나 민간인이 계집들을 만나기는 정말 하늘의 별 따기였다.

—『요미우리신문』특파원, 와카바야시 마사오

해군 쪽에서는 반둥(인도네시아) 강변에, 기륭(타이완) 기지에서 탑승해 온 업자들이 <요지정(遙地亭)>을 설치하여 주색 광연을 벌이고 있었다. 그 밖에 아리랑(조선녀), 미얀마, 인도차이나 반도(베트남 등) 여자들을 앞세운 위안소가 있어 '마음 가는 대로' 흥청대며 술과 여자에 정신을 잃고 있었다.

1931년 만주사변으로 시작된 일본 전쟁터에 몰려든 여체 업자는 일본군과 표리일체가 되어 이제는 남방 전선의 각 도시에 집중되었다. 일본 국내의 군 연대 소재의 거리나 군항의 요정은 말할 것도 없고 이름난 요정, 유곽, 도쿄나 오사카의 바, 카바레 등의 여자도 진출해 있었다.

일례로, 도쿄 가야바쵸(茅場町)의 오래된 요정으로, 요미우리신문 옆 스기야료(數寄屋寮, 일본식 다도를 위해 지은 집)는 마카살에 <오카와(大川)>라는 고급 요정을 운영하고 있었다. 일본 국내에서 복숭아를 공수해 와 일본 술 양조까지 했다. 또 히가시 긴자(東銀座)에서 '야마토'라는 붉은 등불을 달고 있는 어묵집던 싱가포르 조호르바르의 싱키라쿠(新喜楽)라는 요릿집을 운영하였고, 유명한 기후(岐阜, 혼슈 중서부의 현 이름) 지방의 아사노야(淺野屋)도 트루크섬에 진출해 있었다.(전 해군 중령 시계무라 미노루)

또 일본 군대를 따라다닌 '죽음의 상인'(일본인 상사원들)도 군인 못지않게 주색의 광란에 몸을 날리고 있었다. 그들은 약탈자원을 취급하여 살찌웠다. 일본인이라고 하면 자신들끼리의 군표 조작(軍票操作)으로 돈을 벌어 펑펑 썼기 때문에 대개 여자를 '첩'으로 두었다. 여자들은 중국인, 유라시안, 말레이인이었는데 특히 중국인 여자가 가장 많았고, 또 싱가포르에서는 말레이시아 부인을 두고 있었다.

당시 보도 기자로 미얀마에 있었던 요미우리신문 와카바야시 마사오(若林政夫)의 체험에 따르면, 미얀마 중앙의 파고다(불교의 탑)가 많은 도시 만달레이의 위안소에는 장교용과 병사용이 있었다. 장교용 위안소에서는 밤이 되면 홀에 이상한 녹음기가 울려 퍼지고 여자들은 원피스를 입고 여기저기 테이블에서 애교 소리가 들렸고, 춤을 못 추는 여자를 억지로 끌고 스텝을 밟고 있는 모습, 술주정하는 장교, 그러다가 그것이 끝나면 남녀 한 쌍씩 침실 방으로 들어가는 시스템이었다.

홀의 옆을 들어서면 계단 위, 아래로 나누어 깨끗한 방이 줄지어 있었다. 방문 옆에는 각자의 이름을 적은 명패가 있었다. '켄코 요시코', '켄코 하루코' 모두 '켄코(건강)'의 두 글자가 붙어 있는 것은 이상하기도 했지만, 위안소의 여자를 깔본다며 싫어하여 화를 내기도 했다.

> 나는 '켄코 토미코' 방에 들어갔다. 싸구려 커튼을 사이에 두고 왼편에 침대가 있고 작은 탁자와 의자 두 개가 침대 옆에 있었다. 커다란 방을 여러 개로 나눈 새 대나무 판의 칸막이벽이었다.
> '평양의 카페에 있었다'고 얼굴이 못생긴 게 아니다. 말도 의외로 사투리가 적었다. "인천에서 배를 타고 싱가포르에 와서…." 그녀는 여기 오기까지의 그동안 힘들었던 일이 갑자기 생각난 것일까? 고개를 갸우뚱하며 생각에 잠겨버렸다.
> ― 이케다유 편 『비록, 대동아 전사』: 말레이시아, 미얀마 편

미얀마의 중앙도시 만달레이 위안소의 여자들은 평양에 있던 여자들을 모아 인천에서 배에 태워서 싱가포르에 상륙시켜, 다시 양곤에 상륙, 만달레이로 옮겨 일본군의 오락물로 제공한 것으로 알고 있다.

남방 각지의 군대 사정관(司政官)에 얽힌 '에로 만끽'의 사례도 적지 않다. 일본 국내에서 타이피스트 등 특기가 있는 아가씨들이 각지의 사정부 군속으로 보내지자 현지의 사정관, 장교들이 차례차례 '노리개'로 삼았다.

영문 타이피스트인 가나스기 다에코(金杉妙子)는 3명의 여사무원과 함께 보르네오의 세라제스(사라왁) 마을에 도착했다. 모두 18세, 19세였다. 그곳의 사정관은 전직 육군 중령이었던 노인이지만 "상관 명령은 절대복종", "상관의 명령은 천황폐하의 명령"이라고 하면서 3명의 여자들에게 명령해, 아침에 일어나면 욕조에 들어가 자신의 몸을 발끝에서 머리까지 씻게 했다. 그는 네덜란드 여자를 둘이나 첩으로 두고 있었다. 전 네덜란드 영사의 부인(40세)인 미인과 17, 8세로 보이는 전 주둔군 장교의 딸이었다. 그는 저녁 식사 때 네덜란

드 여자를 벌거벗겨 옆에 앉혀 놓고 온갖 추잡한 행동을 하며 즐겼다.

결국, 3명의 일본 처녀는 차례차례로 색 사냥의 희생물이 되었고, 드디어 네덜란드 여성과 함께 알몸으로 저녁 식사의 접대를 수종 들었다. 일본 패전 후 이 남자는 네덜란드 여자의 신고로 총살당했고, 일본의 여성 셋도 네덜란드 여자를 박해했다는 이유로 '2년간의 중노동'에 처해졌다(시오미즈 쇼지로, 『여자의 뒤 창』).

수마트라 팔렘방의 남방파견 제9육군 병원장(군의관 대령)은 종군간호사 40명을 차례로 색 사냥의 희생물로 사용했다. 그래서 현지 병사들 사이에선 〈팔렘방의 감옥부대〉라고 불렸다.

팔렘방이라고 하면, 개전 직후인 1942년 2월 중순, 일본군의 낙하산 부대가 내려와서 점령한 싱가포르 건너편에 있는 도시로, 그 주변이 석유 산지이다. 육군 병원은 무시 강변에 있는 네덜란드 성을 접수하여 설치하였고, 광대한 부지는 두꺼운 성벽으로 둘러쳐져 있으며, 단층 막사를 그대로 병동으로 사용하였다.

남방파견 제9육군 병원장은 군의관 대령 토비타 하치로(가명, 당시 47세) 체중이 75kg 이상의 당당한 체구이다. 그는 전쟁초기부터 군의관으로 복무하면서 명성을 쌓았지만 일본인 간호사를 강간하기를 좋아하였다. 그는 취임사에서 "내가 부대장 토비타 하치로다. 잘 기억해 두면 나중에 차츰차츰 알게 된다"라고 한 후, 이어서 장교와 하사관을 모으고 "나는 병사를 죽을 때까지 부려먹을 것이다."라고 말했다.

일본 국내에서는 종군간호사를 싱가포르로 보냈고, 다시 팔렘방의 제9병원에 육군 간호사 22명을 배치하였다. 모두 20대의 처녀이다. 그런데 원장인 군의관 대령은 간호사들을 밤낮없이 불러 자기 수욕의 희생물로 만들었다. 점령지의 일본 군대에선 부대장이 절대 권력을 갖고 있었다. 다시 말해 상관의 명령은 절대복종, 상관의 명령은 천황폐하의 명령과 같다는 것이 죄를 짓는 근원이었다. 그는 '병'을 핑계로 부대장 관사(병원에서 2km 떨어진 네덜란드인의 저택을 접수한 것)에 틀어박혀 간호사 2명씩을 2, 3일 교대로 간병 명목으로 숙직을 시켰다. 그리고 2명의 여자를 아침과 저녁으로 교대시켜 술을 마시게 하고 어깨를 주물렀다가 다짜고짜 껴안고 색 사냥을 하였다. 새파랗게 질려 울부짖으며 달아난 간호사도 있었다. 그럴때마다 부관은 차로 뒤쫓아가서 흐느끼는 여인을 억지로 끌고 다시 데려갔다.

또 어느 날은 당번 간호사 2명이 다 생리일이었다. 그러자 부대장(원장)은 부관을 불러 얼빠진 놈이라고 호통을 치고 모든 간호사의 '생리일 일람표'를 제출하라고 명령했다. 그의 명령 일체는 자신의 수욕을 성취하기 위한 장치였다. 그는 "부대장의 결재는 오전 10시까지로 하며 이후에는 부대장 소집 이외에 어떤 경우에도 절대 부대장실에 출입을 금지한다"라고 명령했다. 결재시간도 짧아 매일 아침 원장실 앞에는 대원들이 서류 도장을 받기 위해 줄을 섰다.

그리고 서류 미비를 이유로 반드시 간호사를 남겼다. 거기에는 엄청난 노림수가 있었다. 붙잡아 둔 간호사를 옆 밀실에 처넣어 엽색 행각을 했다. 적도에 가까운 열대지역이라서 간호사는 백의의 근무복 아래에 슈미즈 하나밖에 걸치지 않았다. 그래도 계속 저항해 탈출했다가 돌아온 여자가 있었다. 그러자 그는 나중에 병동을 순시하는 척하고 그 간호사 앞으로 가서 근무 태도, 복장 등을 트집 잡으며 욕을 했다.

이 과정에서 거의 모두가 부대장의 수욕에 사로잡혔고 어떤 간호사는 백의에 핏자국이 생생했다. 그래서 간호사들은 "모두, 죽자!"며 투덜거렸다. 하지만 만세를 외치며 고국을 출발한 일이나, 자신의 무사함을 계속 빌고 있는 고국의 혈육을 생각하면 죽을 수도 없었다. 그로부터 1년 후, 팔렘방의 병원에 일본 국내로부터 일본적십자 간호사 22명이 부임했다(1943년 11월). 그러자 원장은 바로 이들에게도 눈을 돌렸다. 군의관 토비타 대령의 비리는 여자뿐만 아니라 부대에 배급되는 보급품(담배, 통조림, 술, 기타)까지 대량으로 가로채, 병사들의 유일한 즐거움을 빼앗았다. 그는 빼돌린 물품을 현지 화교에게 팔아 일본으로 송금했다. 너무 송금액이 많아 헌병대에서 몰래 조사받기도 했다. 그러나 토비타 부대장의 간호사 능욕 사건이 천하에 드러나는 날이 왔다. 후루야(古屋) 상병이라는 정의감에 투철한 사나이가 '백의의 감옥방'에 우는 간호사를 동정해 도조 당시 총리에게 상소장을 보낸 것이 계기가 됐다. 이리하여 제25군 군법회의가 부나켄에서 열렸다.

비밀리에 열린 군법회의 결과, 마침내 토비타 부대장은 전선에서의 강간죄로 징역 3년에 처해졌다. 판결과 함께 계급장, 관직, 연금의 권리, 의사 자격을 박탈당하여 일개 민간 죄수가 되어 후쿠오카의 형무소로 보내졌다. 그런데 군법회의 다음 날엔 부대장 비리를 상소한 후루야 상병에 대해 상관협박죄를 적용해 군법회의에 회부되었다. 개정 직후 단상의 장성들(군사령부 참모)은 후루야 상병을 내려다보며 "이놈, 후루야! 용케도 25군의 치욕을 전군에 알려줬군. 네놈, 건군(建軍)의 본의를 무엇으로 아는가? 여자 40명이나 50명의 목숨이 뭐야, 죽어도 괜찮은 거야!"라고 계속 외쳤다.

이것이 천황의 이름으로 재판하는 군법회의였다. 재판관 회의 결과, 후루야에게 금고 1년 6개월이라는 판결을 내렸다. 참고로 당시 싱가포르의 형무소에는 수용자가 약 100명이고, 남방군 전역에 1,500명에 이르는 수형자가 있었다고 한다. 결국, 군대 자신으로도 차마 볼 수 없을 정도의 많은 범죄인이지만 그것은 빙산의 일각에 불과할 것이다. 후루야 상병은 복권 후 남알프스[73]의 북단에 있는 스가와라 촌장에 추대되었다가 도농 합병으로 시라스 읍장에 선출되어 통산 16년간 그 직무를 수행했다.

한편, 전 부대장인 군의관 토비타 대령은 후쿠오카 형무소에서 만기 복역한 후, 전쟁이 끝난 지 얼마 지나지 않아 죽었다(니이나 타케오 「간호사 40명을 범한 제9육군병원장 사건」 『주간 현대』, 1970년 10월 8일~11월 5일호).

---

73 일본 중부 고산 지방의 야마나시현에 있는 산악지대로, 도쿄도와 인접한 곳.

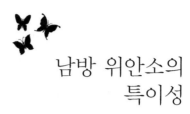

남방 위안소의
특이성

지금까지의 전쟁터라고 말하면 일본 육군만의 전투였으나, 이번에는 해군과 항공대 및 수송 선단이 주력이 되었기 때문에 위안소는 육군용과 해군용으로 분리되었다. 해군에서는 위안부를 다시 사관과 병사 전용으로 구별하고, 그 위안소를 'OO장'으로 명칭을 붙인 것이 특색이다.

전쟁터가 동남아시아에서 남태평양 전역으로 확산하면서 위안부는 조선인과 중국인 외에 필리핀인, 베트남인, 미얀마인, 인도네시아와 보르네오 종족의 여자가 더해지고 게다가 네덜란드, 미국 여자까지 투입되어 그 피부색은 다종다양하였다.

남방 전선의 일본군은 미군의 공습을 받고 '언제 죽을지 모른다'는 비장감에 싸여 있었고, 섹스행위도 생의 마지막이라는 무서움에 휩싸여 있었다. 모든 위안소가 공습을 받아 천장과 벽에 구멍이 뚫렸으므로 병사들은 밤하늘의 별빛을 보며 여자를 품에 안았고, 남방 특유의 스콜이 내리면 비를 맞으면서도 여자를 안았다. 그러면 여자의 가랑이나 아랫배에는 수십 명이 지나간 정액이 밀가루 풀처럼 젖어 있었다고 한다.

일본 군대는 메이지 이후, 승리한다는 자신감이 몸에 붙어서 싸우면 반드시 이긴다고 하는 신들림에 사로잡혀 있었지만, 태평양 전쟁이 되면서 처음으로 참패를 당하고 패배로 기울어짐에 따라 사생 결단하는 처지가 되었다. 필사적 몸부림으로 변한 일본군의 전쟁터는 어떤 측면에서 말하면 맹렬한 음행으로 위안부를 괴롭히는 또 하나의 전쟁터로 이어졌다.

남방 전선의 기지라는 기지의 음행소(위안소)에는 모기퇴치 철망이 처져 있었고, 그곳 창문에 매달린 여자들의 얼굴은 마치 연옥 속의 죄인처럼 보였다고 한다. 그러한 '죄수'의 주역을 맡게 된 것은 조선의 여자들이었다. 수가 너무 많아 군대에서는 <도라지꽃>이라는 별명으로 불렸고 대부분은 하사관과 병사 및 징용 공원에게 할당되었다. 전 해군 중령 시게무라 미노루(重村実)는 이렇게 말했다.

> 징용공이나 하사관들 상대는 오히려 조선반도 출신의 여자들이 많았을 겁니다. 그녀들은 그녀들끼리 한 단위로 묶어서 거주하며 일본어는 물론 할 수 있고 체격도 좋았으며, 게다가 당시의 인종적 감정에 비해서 일본 출신의 병사에 대한 서비스가 좋고, 터프하며 순진해서 일반적으로 호평을 받았어요. 그러나 반도라고 해도 상당히 시골변방에서 온 듯한 그녀들의 일본말이 병사가 한 말투 그대로를 기억하여 말하고 있는 것은 애절하면서도 호감이 갔어요. 그녀들이 전쟁의 형세가 나빠지고 나서도 정성을 다한 눈물겹고 순진한 이야기는 각 지역에서 많이 전해져 감회가 깊습니다.
> ― 「특요원이라는 이름의 부대」, 『특집 문예춘추』 1955년 12월호

천황의 군대는 철두철미하게 계급과 차별을 가지고 묶은 조직체이지만, 그것의 비참한 희생물인 철망 속의 수인(위안부)들 사이에서도 공공연한 차별이 횡행했다. 그런 짓을 조작해 이용하는 것은 여체 업자(포주)였다. 전 일본군 아카츠카 료조(赤塚亮三, 도쿄 미나토구 거주, 50세)는 실상의 단면을 다음과 같이 말했다.

조선인과 일본인은 노골적으로 차별했어요. 오키나와인은 그 중간에 두었고, 그 것이 그대로 가격 차가 되는 것입니다. 조선인 위안부는 처녀가 많았으나, 그에 비 해 일본 국내에서 온 여자는 막벌이를 노린 닳고 닳은 것들이 많았어요.

게다가 일본인 위안부는 엘리트 의식이 있어서 냄새가 나고 불결해도 조선인에겐 경쟁의식이 있고 서비스가 좋았어요. 그렇지만 오히려 조선 여자가 더 많은 사랑을 받지 않았을까요?

— 『주간 아사히 예능』 1971년 7월 3일호

같은 처지의 위안부들끼리도 차별 감정은 더 심해져 갔다. 현지인 위안부는 일본인이나 조선인으로부터도 멸시받고 있었다. 그런가 하면 다른 한편에서 는 복잡한 양상도 보인다. 반둥(자카르타)의 기지에서 위안소를 운영했던 어 떤 업자는 회고담을 다음과 같이 서술했다.

일본인 위안부는 소수를 제외하고 조선인 위안부에 동정과 연대감을 갖고 있어서 여러가지로 감싸고 있었어요. 특히 성 경험이 없는 조선인, 여기에는 언니가 여동 생을 보호하듯이 대하고 있었어요. 하지만 그녀들이 현지인 위안부를 볼 때는 분명 히 차별감을 갖고 있었습니다. 자신들보다 못한 존재라고 여겼지요. 일본인과 조선 인이 공동전선을 펼쳤습니다. 그곳에서 현지인 위안부의 요금을 일본인, 조선인 위 안부보다 싸게 주는 일이 위안소 운영을 잘하는 비결 같은 것이 되어 버렸습니다. 차별을 가지고 하는 것입니다.

수많은 매춘 업자들은 최전선의 군대가 패하기 직전까지 '나라를 위한다'는 문구를 내걸고 영업을 계속했고, 조선의 여성들을 데리고 남방의 맨 끝 섬(과 달카날)까지 건너갈 계획을 세웠다. 한 사람 S라는 남자(후쿠오카시 거주)는 1942년 8월 초, 과달카날 쪽에 군대 위안부(조선 여자 20명, 일본 여자 6명)를 강제로 데리고 갔다. 다음은 각 지방 또는 지역의 위안소 개요와 현지 상황의 한 단면을 소개한다.

미얀마의 대규모 위안소는 모울메인, 통구(타웅우), 핀마나(네피도), 메이크틸라, 만달레이, 메이묘, 양곤 등에 줄지어 있고, 그곳 각 지역의 젊은 여자들을 사냥해 모으고 섹스처리를 맡겼다. 그곳의 위안소는 마치 인종 전람장의 양상을 띠고 있었다. 그 비율은 조선 여자 10, 버마 여자 4, 중국과 인도 여자 2, 일본 여자 0.8 정도였다.

미얀마 전역에서 일본 군대에 속한 위안부의 수는 센다 가코(千田夏光)씨의 『종군 위안부』에 의하면 "추정하여 모두 3천 2백 명, 그중 2천 8백 명 정도가 조선 여성, 이와 비슷한 수의 미얀마 여성 위안부가 있었다"고 말한다. 그리고 북부 미얀마에도 위안부 1천 3백여 명이 있었다. 하지만 격전 지구의 규모로 볼 때, 끌려간 조선 여성은 훨씬 많은 수에 달했을 것이다.

모울메인(미얀마의 남동쪽에 위치한 항구 도시) 지역에서는 선박 공병대의 방갈로에 위안부가 있어서 병사와 숙식을 함께 했다. 그런데 어떤 병사는 "가끔씩 다른 여자를 훔쳐 먹자"라고 의논한 뒤 대오를 짜서 강간하러 나갔다. 이것에 호응하여 병단(兵団)에서는 비밀리에 병사의 강간을 인정하고 있었다. 그럼에도 불구하고 '강간 사건은 없다'고 하며 은폐하기 위해 강간 후에는 반드시 여자를 죽이라고 지시하였다.

이건 미얀마의 이야기인데, 모 병단에서 아무리 해도 강간 사건이 끊이지 않는다고 보고 은밀히 강간을 시인했어요. 군무(軍務) 6년, 7년 되는 병사는 제대 당일, 예비역 소집이라는 형태로 일본 국내로 입국시키지 않고 전쟁터에 있게 합니다. 이들에게 군기 엄정, 강간 필벌(반드시 벌함)과 같은 공식은 적용되지 않았어요. 사실 미얀마는 친일국가로 민중은 열성적인 불교도이며 강간은 할 수 없었습니다. 할 수 있다면 증거 인멸, 범한 상대를 그 자리에서 죽여버리는 것이었어요. 이 때문에 문제는 일어나지 않았어요.

— 이토 케이이치 「전쟁터와 성 그리고 여자들」

이렇게 해서 표면적으로 폭행 사건은 없다는 팻말을 내세워 '버마와의 친선 우호'의 증거로 했다. 그런데 어느 버마 여자가 일본군에게 폭행을 당했다며 부대에 신고하며 옷자락을 걷어붙이고 저지르는 형태까지 나타내 보였다. 그 래서 부득이 조사했더니, 병장 등 3명이 윤간했다고 자백했다. 이에 담당 준위 는 "왜 죽이지 않았느냐?"고 책망했고, 3명은 "정 때문에 도저히 죽일 수 없었 다"라고 대답했다. 이것이 일본 군대의 기묘한 관례였다.

미얀마의 수도 양곤(옛 수도)에는 약 100명의 위안부가 있었다. 장교용 위 안소 <수향원>에 큐슈 여자 약 30명과 병사용 3곳에 조선 여자들 70여 명이 있었다. 일본인 위안부는 미얀마에서는 귀중품으로 취급하여 군 최고 간부용 이었고, 요정의 하녀나 기생, 작부 형태로 하는 경우가 많았다. 그래서 일본인 여자들은 하사관이나 병사는 상대하지 않는 경우가 많았고, 병사를 상대할 때 는 호불호나 어떤 조건으로 이용했다고 한다. 그러니까 병사가 놀아달라고 할 때는 그녀들이 아주 서투른 솜씨로 비위를 맞추고 있었다.

미얀마의 중앙에 위치하고 파고다 사원이 많은 도시인 만달레이에는 큰 위 안소가 있었으며, 병사용으로는 미얀마인, 중국인, 조선인, 인도인, 파이상메 마(현지인의 여자를 가리킴)가 있었다.

일본군은 미얀마를 침범하는 것이 아니라 통치자인 영국세력을 축출하여 독립시킨다는 환상을 심어주고 있었기 때문에, 현지 여성들은 일본군에게 '호 의적으로' 열정을 기울여 대했다고 한다. 중국 전선과는 다른 점이었다.

미얀마의 젊은 여자들은 섹스가 끝나면, "마스터, 아지 카우네(어땠어요? 기 분 좋았어요?)"라고 일본 병사에게 물었다고 한다. 그러면 병사도 "카우네, 카 우네(좋았다, 좋았다)"라고 대답했다고 한다(당시 병사의 이야기).

미얀마의 중심도시 만달레이 위안소의 여자들은 평양의 여자들을 모아 인 천에서 배를 태워 싱가포르에 상륙시켰다가 다시 양곤군에 상륙, 만달레이로 옮겨져 일본군의 향락물로 제공되었다. 태평양 전쟁이 시작된 이후 조선에서는 관헌의 입김까지 넣어서 대대적인 조선 여자 사냥이 계속되었던 것이다.

덧붙이면, 미얀마 중남부에 있던 제33군의 제49사단(늑대 병단)은 그 3분의 1이 조선 출신자의 '지원병'으로 편성되었다. 또 츠지 마사노부(辻政信, 전 미얀마군 참모)에 따르면, 늑대 병단은 한국에서 편성된 것으로 일본인 5명당 1명 정도의 비율로 조선인 지원병이 포함되어 있었다. 생김새도, 말도, 전투 동작도 거의 구분되지 않지만 부상해 입원한 뒤 수술을 받을 때 "아이고!"를 외치니 알아볼 수 있었다고 군의관이 말했다.(츠지 마사노부『15대 1』

트루크섬의
위안소

미국에 도전한 일본 해군의 근거지, 트루크 섬에는 몇 개의 위안소가 있었고, 한때는 300명이 넘는 위안부가 모여 있었다. 동 캐롤라인 제도에 속하는 트루크 섬은 크고 작은 약 400개의 섬과 대환초(大環礁)로 둘러싸여 있어 일본 해군은 요새로 삼았다. 제4함대의 근거지이자 연합함대 기지이기도 했다.

트루크 섬은 남태평양의 전선 기지로 데려온 위안부의 중계 기지이기도 했다. 트루크 섬에는 제1남월료, 제2남월료, 트루크장 외에 민간경영의 위안소(요코스카의 여랑집의 출장 영업) 등 여러 채가 번창했다. 거기서 위안부는 육군용, 해군용으로 나뉘고 또 해군의 위안부는 장교용과 병사용으로 구분하고 있었다. 이 섬은, 말하자면 수병과 항공대원이 생명의 세탁을 하는 근거지이기도 했다. 육군 위안소는 어디서나 볼 수 있는 풍경이므로, 태평양 전쟁 이후 등장한 해군과 항공대의 위안부 접촉만을 소개한다.

태평양 전쟁에서는 함대와 항공대의 결전이기도 한 관계로 그들에 대한 '위안'도 우선해서 대우하고 있었다. 미국과의 전쟁을 목표로 일본 국내에서는 가미가제 특공대 육성으로 소년항공병을 대량으로 단기 훈련하여 근거지인 트루크 섬으로 보졌으며 그곳에서 정신교육을 받았다. 정신교육이 끝난 소년 항공병들은 인솔자를 따라 위안소로 보내진다. 소년항공병들은 위안소 마당에 2열 종대로 정렬해 부동자세를 취하며 인솔자는 "내일 아침 출동을 앞두고 너희들은 앞으로 여기서 충분한 휴식을 취해도 좋다. 시간은 저녁 6시까지"라고 명령을 한다. 이들 소년항공병에게는 전쟁터도 처음인 동시에, 처음으로 여자를 알게 되는 장소였다. 말하자면 트루크 섬 위안소는 소년병들의 동정을 여는 첫 번째 장소이자 성이 깨어나는 장소였다. 따라서 소년병의 경우는 늑대를 연상시키는 일반병과는 전혀 달라서, 여자들의 어안이 벙벙할 정도로 순진한 동안(童顔)의 신선함으로 동생 같은 애처로운 손님이기도 했다.

소년항공병의 상당수는 아직 여자 경험이 없다고 하는 자. 어차피 죽을 거니까 보상으로 경험을 하자고 하는자, 그런 것 싫다고 불평하는 자, 동정을 지키고 죽겠다는 자 등 다양한 소년들이 많았다고 한다. 어쨌든 이렇게 해서 소년항공병들은 트루크 섬의 위안소를 뒤로하고, '편도 잠자리(비행기)'라는 출입구가 없고 휘발유가 부족한 누더기 비행기를 타고, 남쪽 바다의 끝으로 가서 침몰해 버린다.

다른 한면으로는, 트루크 섬은 태평양의 온갖 노련한 병사들도 모이는 처참한 색 지옥이기도 했다. 선박의 기항이 반현 상륙(半舷, 군함 승무원 상륙을 좌, 우현의 한 쪽씩 교대로 상륙시키는 일)이라고 하지만, 그때야말로 트루크 섬의 위안부는 아침부터 밤까지 비틀비틀하게 되어 반쯤 죽는 상태가 되는 것이다. 더욱이 전선에서 귀환한 항공대원의 경우는 더 처참한 꼴이 되어 왔다고 한다. 항공대의 난폭함은 수병들에 비할 바가 아니었다. 그들은 하늘에서 뛰어내리자마자, 부상자들을 영사(營舍)로 넘겨주면 휴식을 취하기는커녕 그대로 한 덩어리로 뭉쳐 폭풍처럼 위안소로 몰려오는 것이다. 그래서 육상근무병은 물론 함대의 장병들조차 종기를 만지듯이 조심스럽게 피하고 있었다고 한다.

개전 이후 대본영 발표의 전과는 항상 과장된 것으로 '승전'을 알리고 있었지만, 어떤 의미에서는 대 근거지의 위안부들이 승패의 사정을 가장 잘 알고 있었다. 그 말은 '황취(荒鷲, 거친 독수리)'라고 불리던 항공병이 다시 모습을 보이지 않고, 자신들을 괴롭히는 함대의 수병 수가 날로 줄어드는 것을 보고 전황을 알 수 있었기 때문이다.

일본인이 많았던 트루크 섬의 위안부들은 낯익은 병사(자신과 1회 이상 접하고 얼굴을 기억하고 있는 군인)가 전사하면 자신의 손으로 위패를 만들어 방에 장식하고 있었다. 이 섬에는 예전부터 야스쿠니 신사의 분사(分社)와 본원사(本願寺)의 설법 장소가 있고 장교용 '난화 기숙사(료)'에도 전사자를 모신 신단이 마련되어 있었다.

위안부들은 전사자들을 위한 개인 위패를 만들어 자신의 방안에 놓기 시작했다. 그것은 반지(半紙)나 권지(卷紙)를 짧은 책 모양으로 잘라 만든 것에 서투른 붓으로 이름을 기록한 것이다.

한편, 대근거지 트루크 섬의 위안소는 여랑집 보스들의 달러 박스이기도 했다. 그 함정의 반현 상륙에서 수병, 수백 명이 한꺼번에 몰려들면 여자 포주(점주)는 계산을 바로 발표하지도 않고 위안부들의 엉덩이를 찌르며 재촉한다.

"아, 너희들, 무엇들하고 멍하니 있는 거야. 얼른 같이 잘 상대를 결정해서 2층으로 올라가!"라고 하며 정신이 없다. 그리고 남자 포주는 눈을 반짝이며 몰려든 병사 무리에게 한턱내듯이 으스대는 소리를 하는 것이다.

"자, 나란히. … 서로 다투지 말고, 여기는 계급이 없다…"고 말하는 것이다.

트루크 섬으로 위안부를 데려온 스즈키 문(鈴木文)은 다음과 같이 말하고 있다. 거기에는 조선인 위안부와는 다른 감정이 꿈틀거리고 있었다.

섬에는 제1남월료, 제2남월료라고 하는 건물이 있어 방은 장어의 잠자리처럼 즐비하고 길게 늘어섰고 도착 다음 날 바로 개업했습니다. 더울 때는 슈미즈 내의 한

장, 게다가 손수건으로 머리띠를 두르고, 차례로 군인들을 받아들이는 겁니다.

한 사람이 끝나면 털썩털썩 화장실에 뛰어들어가서 자주 씻습니다. 또 방에 되돌아가면 또 병사. 남자, 남자…. 이것이 반복됩니다. 그래도 거기는 바다가 푸르고 주위에는 산호초가 가득 있어서 참 좋았지요. 초록색의 야자나무, 흰 모래…, 지금도 꽤 기억나요.

우리들은 한 시간 동안 했어요. 뒷사람이 밀려 있으면 실제로는 40분 정도 했을까? 어쨌든 될 수 있는 대로 많은 숫자를 소화하여 돈벌이도 되고 해서, 유곽의 하녀들까지도 이해시켜 그렇게 했던 것입니다.

영업을 시작하는 시간은 아침 10시경부터 빠를 때는 9시 반경부터 줄을 섰고, 점심때가 되면 이미 붐비기 시작합니다. 저녁이 되면 귀함 시간이 되지요. 그래도 '침착해지'하고, 아무래도 점심 때쯤에 집중하게 되니까…. 이렇게 해서 트루크 섬에서는 하루에 몇 명이 아니고, 하루에 65명을 상대한 '기록'이 있었지요. 그래도 일본에서 장식품처럼 전전했을 때보다 트루크 섬에 있는 동안 훨씬 기분이 좋았지요.

대체로 비행기나 배를 타는 사람은 돈을 잘 썼지요. 언제 죽을지 알 수 없으니 돈보다 쾌락이 제일이지요. 그러니까 우리들도 그런 사람에게는 최상의 서비스를 했어요. 특히 내일 적진에 돌격한다는 사람에겐 자연히 그런 기분이 들었어요. 이제 절대로 살아서 돌아오지 않을 거야…. 그렇게 생각한다면, 이쪽에서 최선으로 열심히 해야지요.

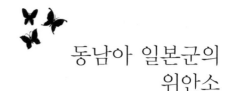

동남아 일본군의 위안소

필리핀 위안소

한 사람이 자동차 한 대씩 타고 약탈하러 갑니다. 은화, 시계, 옷감 같은 거 말이지요. 고참병이라 군의 안팎을 잘 알고 있기 때문에 이런 건 아무렇지도 않아요. 그래도 강간죄로 두 번 정도 총살당하는 걸 봤지만, 우리들은 만일 해도 꼬리를 잡히는 짓은 하지 않지요. 지금 가족에게도 전우에게도 말할 수 없는 일이 여러 가지 있어요….

— 전 일본군 오카모토 마사오 대담, 『주간 아사히 예능』 1971년 3월 18일호

필리핀에서도 약탈이나 강간은 곳곳에서 행해졌다. 마닐라의 위안소는 매우 강력했다. 위안소는 마닐라 시의 블루버드 거리 근처에 있는 '레나우드 호텔'을 접수, 이것을 <나니와장(浪速莊)>으로 이름하여 사용했다.

반면 위안부의 다른 별도 그룹으로 춤 부대가 일본에서 밀려들고, 그 근처에 있는 카바레와 카사 마닐라를 위안소로 만들어서 위안부의 합숙소로 하고 마차를 타고 다니며 군인을 위안했다.

필리핀 전선의 독립 자동차부대인 제38대대의 중위(위안소 관리)였던 오야마 마사고로(大山正五郎, 도치기현 아시카가시 거주. 66세)는 위안부의 배치, 할당, 급여 등을 취급하고 있었다. 그는 당시의 실정을 말했다.

> 처음은 필리핀인을 모집하였지만, 이어서 조선인이 오고, 일본인이 오고…, 일본인 중에서는 아마쿠사 사람이 많았지요. 위안부 관리는 여랑집의 주인이 하지만, 예를 들어 15인의 '여자배급'이 있다면 오늘은 ○○부대라고 명령을 내립니다. 그러면 병사들이 15열로 줄을 서요, 제일 긴 줄은 150명 정도가 되고, 병사는 미리 표를 사서 있고…
>
> ─『주간 아사히 예능』1971년 3월 18일호

오야마 마사고로는 위안부 관리 담당이었던 만큼 만주 → 중국대륙 → 필리핀으로 전전하면서 가는 곳마다 여자의 몸을 즐겼다고 말했다.

> 중국, 조선, 스페인, 러시아, 인도네시아…, 여러 나라의 여자와 함께해 보았지만 일본 여자가 최고예요. 역시 말의 미묘한 표현을 모르면 그쪽의 느낌도 파악하지 못하겠지요.
>
> ─『주간 아사히 예능』1971년 5월 27일호

제14군 특수부대의 기병으로서 만주 국경경비(관동군)에서 필리핀으로 전전했던 오카모토 마사오(岡本正雄, 치바현 나가레야마시 거주)에 의하면,

> 제1차 바탄(필리핀 루손섬의 한 지역) 공격 때, 나는 마닐라 경비로 있었지만, 마닐라에는 각국의 여자로 가득했어요. 유학생도 송금이 끊겨 매춘부가 된 경우도 많았고. 그렇지만 섹스는 하위층 사람이 역시 몸 상태가 좋았어요. 중국에서도 돈 많은 여자보다 역시 하위층 쪽이 더 좋았어요.
>
> ─『주간 아사히 예능』1971년 3월 18일호

그런데, 연합군의 진격으로 과달카날섬(솔로몬제도)에서 처참한 체험을 한 병사들은 생존을 위한 몸부림 뿐 여자 생각은 전혀 떠오르지 않았다고 한다. 그러나 부대 재편과 휴양을 위해 필리핀의 마닐라로 후송돼 그곳에서 휴식을 취하고 어느 정도 회복됐을 때, 비로소 성욕이 살아났다고 한다.

> 마닐라의 위안소에서 그냥 미친 듯이 여자를 안았지요. 돈이 있는 동안은 계속 다녔습니다. 자는 데 조선인 3엔 50전, 일본인 5엔 50전, 스페인계 11엔, 미국계 13엔을 한 것으로 기억하는데, 어쨌든 여자를 안고서야 처음으로 "아, 나는 살아 있구나"하고 생각했습니다.
>
> ―『주간 아사히 예능』1971년 5월 27일호

스페인계와 미국 여성의 '위안부'라고 하는 것은 원래 필리핀 섬에 체류하는 자를 잡아 와서 '위안부'로 투입한 것이다. 그 희소가치가 동양인에게 없는 특유의 흰 피부라 업자가 높은 가격을 매겼을 것이다. 내일 목숨이 붙어 있을지도 모르는 전쟁터에서는 여자를 안고 있을 때만 살아 있다는 증거인 것이다.

다바오(필리핀 민다나오 남동부의 섬) 위안소에는 소수의 일본 여자와 다수의 조선 여자가 있었으며, 반수 가까이는 현지인 위안부였다고 한다. 다른 한편에선 일본 군대 장교들이 억류한 네덜란드 여성을 첩처럼 두고 있었다.

그러다 철수할 때가 되면 위안소를 해산하면서 "일본인 위안부에게는 어느 정도의 돈과 물건을 주고 일본으로 데리고 돌아갔다. 그러나 조선인 위안부는 현지에 남았다"라고 한다(센다 가코 씨의 이야기).

일본 군대는 위안부 없이 전투도 못할 정도의 상황이라서, 그 선전반이나 보도부의 활동 소재도 '여자'에 관한 것이 많았다.

제16사단의 선전반 요원으로 훈련을 받아 필리핀의 아티모난(로페즈만)에 상륙, 적에 대한 선전 활동을 담당한 히토미 쥰스케(見潤介, 교토시 후시미쵸 거주, 56세)에 의하면, 상륙과 동시에 <아시아인으로 아시아를 되찾자>는 선전 전단을 대량으로 뿌렸다. 이 선전반은 히틀러의 선전부대를 본떠 만들어진 것이라고 한다.

일본에서는 이시자카 요지로(石坂洋次郎), 콘 히데미(今日出海), 오자키 시로(尾崎士郎) 등의 작가도 징용되어 왔다. 하지만 선전(프로파겐다)을 영역하면 '거짓말쟁이'라는 의미도 있어 '보도부'로 명칭을 바꿨다. 바탄반도(마닐라 서해의 건너편)에 버티고 있던 미국의 필리핀 주둔군을 향해 계속 투항 권고의 삐라를 뿌렸는데, 모든 재료는 '여자'에 관한 선정적인 그림이었다.

> 여자와 남자가 침대에서 얽혀 있고 "고향에서는 부인이 바람피우고 있어, 빨리 돌아가는 편이 좋다"라고 설명을 붙인다든지, 아기를 안고 침대에서 몸부림치는 여자가 "왜 나를 이렇게 두고 가버렸니? 참기 어려운 외로움, 이 솟아나는 채워지지 않는 정열에 왜 나 혼자 괴로워하지 않으면 안 되는 거야? 왜? 왜? 당신은 돌아오지 않는 거야?"라고 호소하는 그림이었다. 지금 문단의 대가라고 불리는 사람들도 예전에는 이런 싸구려 작문을 신나게 지었다.
>
> ─『주간 아사히 예능』 1971년 3월 18일호

미국 하면 섹스밖에 생각하지 않는 패거리라고 생각했는지, 아니면 일본 군대 자신의 심정을 반영했던 것일까?

마리아나 제도의 위안소

1942년 12월, 도쿄 타마노이의 유곽 거리에 있는 창녀들을 태운 수송선은 나고야에 기항해서 또 여자 요원(위안부)을 태워서 총 120명을 마리아나 제도에 도착시켜, 하나의 섬에 20명씩 수비대의 '위로 담당'으로 배당했다.

다마노이(愛知県) 여자들은 선수금을 갚기 위해 돈을 모아 돌아오는 것이 목적이어서 전쟁터 행을 희망한 자가 많았다. 마리아나 제도의 위안소 사정의 일면을 다음과 같이 전하고 있다.

남쪽 섬에서는 니파 야자나무 잎사귀로 짠 지붕 밑에 종려나무를 깐 침대 바닥에 얇은 이불을 깔고 눕는다. 불빛은 촛불의 빛뿐이고, 위안부가 가랑이를 벌여 놓고 있으면 병사들이 차례로 덤벼든다. 눈 깜짝할 사이에 행위는 끝난다.

보통의 위안부는 하룻밤에 3~4명을 상대하면 나무 침대라서 등이 얼얼해서 비명을 지른다. 위안소 요금은 2엔 정도인데 2엔을 못 내는 병사는 '세 번 문지르기'라도 해서 촉감 같은 것을 느끼고 만족하였다.

도쿄의 유곽에서 건너간 아키코(昭子)라는 위안부는 풍성한 큰 몸의 미인이었고 그녀는 "국내로 돌아가서 요릿집을 하겠다"라고 하며 꿈에 부풀어 있었다. 그러나 약 2년간 근무한 후, 군용선으로 돌아오는 도중(1944년 4월) 미군 잠수함의 어뢰를 맞고 다 함께 최후를 마쳤다(『주간 실화』 1971년 8월 23일호).

티니안섬의 위안소

사이판 섬 전멸 이후, 두 달 만에 모두 전사한 티니안 섬(서태평양 북 마리아나제도에 속함)의 일본군 부대에는 60명 정도의 위안부가 배치되어 있었다. 작은 섬의 수비대 진지에 멀리 일본으로부터 여자가 도착하면, 전원은 생기가 돌아온 것처럼 환희했고 마중을 나온 부대장은 정중한 '훈시'를 늘어놓았다.

어느 전쟁터에서도 위안부가 도착하면 한결같이 하는 대장의 인사가 있지만, 태평양 한복판의 섬이고 보면 그 기쁨의 감정은 한층 더하였다.

티니안섬의 위안소는 좁고 긴 단층 건물이 3개 동으로 이루어져 있었다. 각각의 건물 안에는 다다미 석 장 정도 넓이에 합판으로 구분한 방이 20개 정도 있고 짚으로 만든 침대가 놓여 있었다. 방마다 60명의 여자가 있었던 셈이다.

여자들이 일본에서부터 흔들리는 배 밑바닥에 갇힌 채 겨우 상륙해서 방을 개방하면, 기다리던 병사들이 쉴 틈도 없이 들이닥쳤고 곧바로 성행위가 시작됐다. 뭐니 뭐니해도 병사의 수에 비해 여자의 수가 압도적으로 적은 만큼, 여자들의 '육체노동'은 초인적인 것이었다. 거기서 차례를 정하는데 병사들은 제비를 뽑아 꼬리표를 나눠줬다. 그리고 월·수·금은 병사의 차례, 화·목·토는 장교, 일요일은 자유 시간으로 했다. 밤에는 위안부들이 장교들의 연회에 참석했다고 한다. 그녀들은 일본을 떠날 때 1년 계약이었지만, 군인과 함께 전멸(1944년 9월 27일)한 것이다(카토미타 가와라키오, 『숨겨진 여자의 전쟁기록』).

수마트라의 위안소

인도네시아 수마트라의 위안소는 북부 중국이나 중부 중국보다 더 풍요로웠다고 한다. 반가라, 플랜턴에 사령부가 있고 군 병참부가 관리하는 위안소에는 상당수의 인원이 있었다. 전 육군 병장으로서 통신부에 있었던 야마다쇼조(山田正三, 1944년 1월 출정)는 다음과 같이 말했다.

> 위안부를 말레이어로 '쟈란 삐'라고 합니다. 쟈란이란 '걷는다'고 하는 뜻이고 P는 창녀, 즉 부대가 움직임에 따라 데리고 이동하는 여자들이라는 뜻입니다. 한 곳에 머무르지 않고 방랑한다는 뜻의 말에 천한 뉘앙스가 담겨 있었지요. 국적은 가지가지로 다양했어요. 그 중에 일본인 위안부는 장교 전용이라고 해서 우리 손이 닿는 곳이 아니었어요. 여자에게도 등급이 있고 맨 위가 일본인, 그 아래에 타이완인, 조선인이었어요.

술라웨시섬의 위안소

보르네오의 동쪽으로 인도네시아 중앙부에 있는 술라웨시 섬(큐슈와 시코

쿠를 합친 정도의 넓이)에는 제2방면군의 사령부가 있었으며, 아난(阿南) 대장이 있었다.

아난은 '고결한 인품'으로, 위안소 개설에 대해 극구 "그런 것 필요 없다"라고 거절했다. 그런데 참모가 '위안소의 효용'을 이해할 수 있도록 잘 설명한 끝에 겨우 개설했다고 한다.

술라웨시 지구에는 북단의 메나도와 남단의 마카사르 등에 위안소가 있고, 술라웨시 전역에는 상당수의 위안부가 와 있었다.

메나도의 위안소에서는 10개 동에 각 10명 정도의 여자가 있어서 육·해군이 함께 이용하고 있었다. 건물은 네덜란드인의 집을 접수해 사용했기 때문에 방의 가구도 유럽왕조 형식의 품격을 갖추고 있었다.

위안부는 현지인들도 많았고, 특히 미나아사족은 일본 여성과 닮아서 일본의 기모노를 입혀놓으면 구분이 안 가 병사들에게 평판이 좋았다. 이곳은 군 직할이 아니라 매춘 업자에게 하도록 맡겼던 것이다(센다 가코 씨의 이야기).

인도네시아의 위안소

인도네시아에서는 반둥, 자카르타, 수라바야, 마랜(말랑)에 위안소가 있고 한 곳에 20명 정도의 위안부가 있었다. 이곳도 군 직할이 아니라 매춘 업자가 경영했다. 그중에는 30대 네덜란드인 억류 부인도 있었다. 그녀는 불행하게도 남편이 일본군에 사로잡히고 자신은 남편의 사진을 머리맡에 세운 채 일본 병사를 상대했다.

인도네시아 현지인 중에는 유럽인과의 혼혈인 여자가 있는데 그녀들은 미인이었다. 그런데 미군 잠수함이 출몰하면서 선박의 항행이 불가능하므로 조선인 위안부를 보내는 것이 어려웠다. 그래서 업자는 현지 여성을 임시로 모아 위안소를 만들었다고 한다. 이와 같이 일본군은 진격한 곳마다 위안소를 만들어 위안부를 데리고 있었다.

태평양 전역이 일본군 기지라 해도 손에 꼽을 정도의 예외는 있었다. 마셜 제도의 변두리인 제(Wotje)섬, 밀리(Mili)섬, 말로엘라프(Maloelap)섬, 콰잘레인(Kwajalein)섬 그리고 알류샨 열도의 키스카 섬, 애투섬, 이오지마 섬들(도쿄 남쪽 해상의 화산섬), 또 뉴기니아의 라에, 웨와크, 사라모어는 위안부가 없었다. 이오지마를 제외하고 상기 섬들과 지점은 아주 먼 맨 끝 기지로, 적에게 습격당해 전멸할 위험이 예상되는 고도(孤島)인 곳이다. 거기까지는 여자를 보낼 수 없었을 것이다.

설령 위안부를 보낸 곳이라도 뉴기니아의 경우, 군대 자체가 기아에 처해서 정글을 방황하고 있었기 때문에 성욕이란 없었다. 그들의 말처럼, "여자보다 타로 토란(태평양 제도에서 주식으로 이용함) 하나에 눈의 색깔이 바뀌었다"고 한다. 말하자면 군대의 고유 임무인 '자기국토의 방위'를 위해 싸우는 군인이었다면, 전쟁터에 위안부인 여자를 두었을 리 없는 것이다.

오키나와의 위안소

오키나와의 위안소에는 조선의 젊은 여자들이 범람할 정도로 상당히 많았다. 덧붙여서 오키나와 수비의 일본군은 약 11만 명이다. 원래 일본 국내의 군대에는 위안소가 절대로 있을 수 없었다. 그런 것이 군대에 있을 리 없다고 국민은 생각했다. 그러나 일본 국내에 해당하는 오키나와는 해외 기지와 비슷한 위안부가 배치되어 있었다. 그 말은 오키나와를 '준외지'[74]로 취급하고 있었다는 증거이기도 하다. 나하시(那覇市, 오키나와현 소재지)의 도로 거리에는 전쟁 전부터 번성했던 유곽 거리가 있으며, 수백 명의 창녀가 있었다.

오키나와의 일본군은 이곳 동네 여자를 그대로 위안부에 충당하도록 했지

---

74 準外地 : 나라 밖의 땅.

만, 그곳 사람들(창녀와 유곽의 주인)의 대부분은 그것을 거부했다는 것이다.
오키나와 현은 일본의 일부라고 하지만 역사와 전통이 다르고 차별정책에 시
달린 경험도 있어서인지 횡포한 일본 군대에 대해 음으로 양으로 저항을 표시
하고 있었다. 사실 나하시의 창녀 대부분이 '군대 위안부'가 되기를 싫어한 것
은 몇가지 이유가 있다.

그중 하나는, 조선 처녀는 하루에 몇십 명이라도 상대할 수 있는데, 이곳 동
네의 여자는 단 한 사람이나 둘 정도를 감당하고서도 손들어 버린다고 한다.
두 번째는, 일본군이 제대로 돈을 지불할 의사가 있는지 도저히 믿을 수 없었
기 때문이었다. 이것은 횡포와 차별과 눈속임의 쓰라린 경험 때문이다.

이런 까닭에 위안부로 강요당하는 것을 싫어하고, 가혹한 선수금에 매여 있
음에도 불구하고 일본 군대 위안부가 되고 싶지 않다며 온갖 연줄을 더듬어
찾기에 분주하고, 형식적인 결혼 상대를 찾거나 혹은 중증의 진단서를 만들기
도 했다. 그러나 포주들 중에는 위안부가 되면 해방한다는 말로 선금을 받거
나 후불을 받기로 하고 지원하는 경우도 있었다. 당시 동네의 창녀였던 M 여
자(현재도 나하시의 뒷골목에서 술집경영)는 말했다.

> 우리는 확실하게 말하면, 위안부가 되는 것보다 불에 타죽는 쪽이 낫다고만 생각
> 했어요. 정말 이곳 마을에서도 간 사람이 있지요. 돈이 마구 들어온다고 하니까요.
> 하지만 그렇게 할 수 없었지요. 나도 얼마든지 유혹될 수도 있었지만, 아닌 것은 아
> 니니까….

오키나와의 창녀 호칭은 '즈리(흙구덩이)'라고 해서, 한자로 '미류(尾類)'라
고 쓰고 일본의 유곽 여자와 달리 일본의 기생과 같은 관습이 있었다. 손님을
선택하거나 소개자가 없는 손님을 대하지 않았고, 또 소개가 있어도 바로 성
행위와는 연결되지 않는 기풍이 있었다.

M 여자는 1944년 당시, 오키나와에 일본 군대의 사기 앙양의 여자 병기로

조선 여자가 다수 왔다고 다음과 같이 증언하고 있다.

> 몇 명인지 모르지만, 조선에서 끌려온 여자들이 20명씩 함께 행동하여 이 부대에서 저 부대를 옮게 다니고 있었어요. 아주 좁은 울타리 안에서 행렬을 지어 기다리는 병사들을 차례로 맞이하고 있었어요. 녹초가 되어 움직이지 못하는 데도 다음 부대에 가기 위해서 트럭에 담아 실었지요."

그런데 어느 날 모 부대의 특무 상사라는 군인이 와서, 나하 경찰서의 이름으로 '즈리(창녀)'들을 모으고 다음과 같은 연설을 했다.

> 이제 국민 총동원 체제이다. 전선과 후방이 없이 여성도 훌륭한 병기이다. 여성이 병사를 격려하고 위문하는 것은 그만큼 전쟁의 승리로 이어진다. 유감스럽게도, 우리 부대에는 한 명의 오키나와 여성도 오지 않았다. 우리는 오키나와를 방위하러 왔는데 한 사람의 오키나와 여성도 위문하러 나타나지 않아 너희들 오키나와를 지킬 마음이 없어진다. 그에 비해 조선 사람은 진심을 담아 병사를 위문하고 있다. 너희들 오키나와 현민은 조선인(여성)에 부끄럽지도 않은가!

그 자리에서 이곳 창녀들에게 정신 위안부[75]가 되기를 재촉했다고 한다. 이런 사정으로 보아도 오키나와 군대 위안부로 조선의 여자가 충당된 것, 나하의 창녀들이 색 지옥의 위안부를 기피하고 있다는 것을 알 수 있다. 그래서 일본인, 오키나와인, 조선인이 놓인 미묘한 입장을 잘 알 수 있었을 것이다.

이윽고 사이판 옥쇄(죽음), 이오지마 옥쇄가 되어 오키나와의 위기가 다가왔을 때, 오키나와의 부녀자를 큐슈로 분산시켰다. 그리고 미군의 공습 속에 모두 산으로 격리됐지만, 군대 위안부만은 부대 주변에 남겨져 있었다. 황폐된 일본군 장병들이 위안부를 어떻게 다루었는지 상상하기는 어렵지 않다.

오키나와에는 일본 군대 외에 1만이 넘는 군인 가족과 군속이 근무했는데,

---

75 병사를 위문하는 데 앞장서서 나아가는 창녀.

그들도 '위안부'를 이용하게 했다. M 여자에 의하면 오키나와의 초등학교 고등과를 갓 나와서 탄약운반이나 곡물 배급을 맡은 어린 군속들에게도 한 달에 한 장의 위안소 티켓이 주어졌다. 바로 담배 배급 수준이다. 전시는 배급제이므로 담배를 피우지 않는 사람에게도 일단 배급되고 그래서 피우기 시작한 사람도 많다. 마찬가지로 겨우 털 달린 듯한 소년들에게 '위안부'를 안긴 것이다. 이것을 보더라도 얼마나 많은 조선 여자가 동원되고 배치되었는지를 알 수 있다.

'일본인' 아래에 오키나와인을 두고, 그 아래에 조선인을 앉히고, 다시 남방으로 가면 현지인을 앉히고 있었다. 말하자면 일본 천황과 그 군대는 '차별구축'의 상징이었던 것이다. 그녀들이 성기 지옥 같은 위안부로부터 도망친 때는 미군의 맹폭이 있고 나서 미군이 상륙(1945년 4월 1일)한 이후였다고 한다.

전시 하에서 일본군 '위안부(그 대부분은 조선의 여성)'에 대해서는 일본 국내에 알려질 것을 극도로 두려워해서 비밀로 취급했다. 군인과 신문특파원, 보도 반원을 막론하고 현지사정을 전혀 말해서는 안 된다는 엄격한 함구령이 내려져 있었다. 때문에 일본, 조선을 막론하고 일반 민중에겐 군대 위안부란 것이 전혀 알려지지 않았다. 이를 알리면 군에서는 군 기밀 누설인 셈이었다.

당시 엄격한 함구령을 받은 필리핀 보도 반원 콘 히데미(今日出海, 작가) 씨의 술회에 따르면,

타이완의 타이베이(臺北)에서 비행기로 귀국하니 집은 불타고 가족들은 불상 넣는 방(장롱 같은 곳)으로 격리해 있었지만, 이미 도쿄 보도부에서 다우라 헌병대에 재빨리 연락했고, 헌병이 집으로 찾아와 필리핀 섬에 대해서 글 쓰는 것은 말할 것도 없고, 누구에게도 말하지 말 것은 물론 될 수 있는 한 친구들과 어울리지 말 것 등 엄중한 명령이 내려졌다. 게다가 마을회장이나 이웃들에게 우리 집에 출입하는 자를 감시하도록 명령하고 간 것 같았다고 한다.

제11장
라바울의 장병과 여자

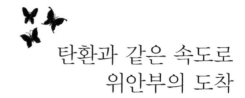

탄환과 같은 속도로
위안부의 도착

　　일본군 최남단의 근거지인 라바울(파푸아뉴기니의 뉴브리튼 섬 북동쪽에 있는 하나의 시)은 육·해군의 장병 약 17만 명이 있었다. 4개의 비행장과 약 300대의 비행기가 주둔하고 있어 육·해군 위안소가 여러 군데 있었다.

　　1942년 1월 22일 일본군이 시가지를 점령하자 대대장(중령)은 호주군 수비대에 버려진 라바울 시장의 딸(19세)을 잡아와 먼저 범하고 부하 장교도 차례로 똑같이 강간했다. 몸을 다쳐 충격을 받은 시장의 딸은 그날 밤 목을 매 자살했다.

　　군대의 상륙, 점령과 동시에 병참부는 일본에서 수송선으로 운반된 조립식 '간이 위안소'를 세우는데 용의주도하고 신속함이 있었다. 그것은 일본 국내에서 치수대로 재단된 연립 주택 형태의 간이 건축물이다. 하나의 동에 다다미 3장 넓이의 방이 10실이 있고, 그런 것이 3동 만들어졌다.

　　간이 위안소는 라바울 항에서 동남방향으로 십수 km에 떨어져 있는 코코포에 있으므로 코코포 위안소라 불렸다. 이에 맞서 해군에서는 산 중턱의 호주인 저택을 접수해서 라비안 산장, 부나카나우 산장으로 이름 지어 전용 위안소로 삼았다. 그만큼 일본군의 위안소 만들기는 긴요하고 중요한 것이었다.

대포의 총알과 같은 정도의 속도로 위안부가 도착했다고 할 정도로 전파 감청 팀보다 먼저 위안부가 오고 있었다고 한다. 최남단의 라바울에 위안부 제1진으로 조선 여성 14명 정도가 코코포 위안소에 인계된 것은 2월 하순이었다. 제1진의 위안부가 도착한 날, 위안소 앞에는 한 달 가까이 금욕했다는 군인들이 몇 줄로 끝없이 장사진을 이루었다. 이 여성들은 연일 색 지옥에 시달렸다. 라바울 기지에서 극렬한 색 지옥을 체험하고 일본에 살아 돌아온 위안부(조선인)에 따르면, 하루에 90여 명의 군인과 접촉했다고 한다. 밥 먹을 시간이 없을 정도로 군인들이 줄지어 몰려들었다. 그것을 예상한 관리부 병사가 주먹밥을 들이밀었고, 정작 여자는 배 위에 병사를 올려놓은 채 밥을 먹었다고 한다. 그녀들은 변소에 갈 틈도 없이 오줌을 참다가 누운 채 오줌을 쌌다. 그녀들의 아랫배는 병사들의 정액과 오줌으로 뒤범벅이 된 상태였다. 하지만 색욕에 굶주리고 있던 병사들은 인간으로서 더럽다는 말도 하지 못하고, 성욕 채우기에 정신이 없을 정도로 갈급해 있었다.

> 아랫도리가 계속 찔러서…. 힘껏 찌르기 때문에 뱃속이 이상해져서, 주먹밥을 먹으면서 하고 있으면 토하고 싶어진다. 목까지 올렸다가 또 삼키고, 우리는 가랑이를 벌리고 잠만 잘 뿐. 병사들은 차례로 바지를 내려놓고 들어와 찌르고 나간다. 통증도 느껴지지 않는, 가끔씩 실수로 엉덩이 구멍에 넣는 병사도 있었다. 하지만 그것도 모른다. 이제 아무렇게나, 중국에서는 이런 일이 없었는데….
>
> — 센다 가코 씨의 이야기

강간과 약탈의 전쟁터를 뛰어다녔던 병사의 맹렬한 수욕과 새빨간 남근의 찌르는 모습이 보이는 것 같다. 붉은 정욕의 성급함이 성기와 항문의 경계도 없이 마구 사정하고 있었던 것이다. 이쯤 되면 더 이상 인간이라기보다는 전쟁의 노예로서 성의 노예라고 할 수 있을 것이다.

나카노 무선학교 속성과(1년)를 졸업하고 16세에 군속이 된 오츠카 토요미

(大塚豊美, 현재 도쿄도 신주쿠구 거주, 49세)는 1942년 6월 필리핀 다바오를 경유하여 라바울 기지로 이동했다. 상륙하기 직전에 구명조끼와 '돌격 제일'이라는 고무제품을 건네받았지만, 그게 무슨 용구인지 알 수 없었다. 나중에 비로소 일본 군대의 실상을 알고 잠에서 깬 것이다. 그의 체험에 의하면,

> 민다나오섬 다바오는 이민자가 많은 곳으로 일본인 거리도 있고 스페인, 중국, 필리핀인의 피가 여러 대에 걸쳐 섞여서 여자 미인이 눈에 띄게 많았어요. 상륙한 일본군들은 강간하는 식으로 이들 혼혈 여인들에게 쉴새 없이 달려들었어요.
>
> 하지만 여기까지예요. 라바울이 있는 뉴브리튼 섬에는 토인(파푸아계)밖에 없었기 때문에 아무리 굶주린 일본군도 손을 떼지 않을 수 없었어요. 피부가 새까만 것은 그렇다고 해도, 온몸이 엽전에 벌레 묻은 것 같은 지저분한 피부라서 말이에요, 오히려 저쪽이 돈을 준다고 해도…"
>
> ―『주간 아사히 예능』1971년 6월 3일호.

두 개의 화산에 둘러싸여 강이 있는 라바울은 점령 전에는 호주의 신탁통치를 받은 인구 약 1만 명의 항구였다. 그러던 것이 일본군의 침공 이후, 항 내에는 엄청난 선박이 정박해 굴뚝의 연기는 일본 게이힌(京濱)[76] 공업지대를 연상케 할 정도로 1만 톤급 선박이 여러 척, 500톤급 배 70척, 대형발동기의 소형선박 등이 헤아릴 수 없을 정도였다. 그만큼 엄청난 물자를 실어 나르고 전력을 쏟아부은 기지다. 일본으로 돌아갈 수 없는 배도 있었다. 적도 근방이라 눈이 부실 정도로 아찔한 더위지만, 해안 거리의 트럭 왕래는 개미 행렬처럼 그 수는 게이힌 국도 이상으로 혼잡했다.

라바울에서 약간 떨어진 코코포에는 위안소 외에 병참병원, 항구에서 서쪽으로 7㎞ 떨어진 아카네자키에는 화물창고와 방역 급수부가 있는 대기지로서, 등사판으로 만든 라바울 신문까지 있었다. 라바울의 일본군과 위안부는

---

76 일본 도쿄와 요코하마 지역을 가리키는 합성어로, 일본 최대의 공업지대.

만주 → 중국본토 → 마닐라 → 싱가포르를 거쳐서 온 사람들이 많았다.

라바울은 계속 적의 공습을 받았기 때문에, 위안소 천장은 물론 다른 건물들도 기관총탄이 관통한 구멍이 군데군데 뚫려 파란 하늘을 드러냈다. 위안부들은 밤낮의 색 지옥에 있으면서도 편안한 잠을 잘 수 없었다. 끊임없는 공습경보 사이렌, 대공고사포 소리, 포탄의 파편 낙하, 방공호로의 대피, 게다가 사시사철 모기에 물려 다리를 긁었다. 그곳 모기는 말라리아를 옮긴다. 이때 독일전을 위해 이곳에 날아와 부겐빌섬으로 비행하던 중, 일본군의 패배를 예견하듯 연합함대 사령관 야마모토 이소로쿠(山本五十六)가 적의 매복을 만나 전사하였다. 남방 전선 병사들이 지나치게 여자의 얼굴을 찾아 위안소로 밀어닥쳤던 원인 중 하나는 이른바 '남방 병'을 피하기 위한 몸부림이기도 했던 것 같다. 그곳의 위안소도 오후 4시까지가 병사, 8시까지가 하사관, 그 외는 장교로 정해져 있었다. 육군의 경우는 '육군 위안소'라는 것이 정식 명칭이었지만, 해군 쪽은 '○○장'이라는 식으로 격식을 차린 이름을 붙여서 고급스러운 인상을 주었다.

전성기의 라바울에는 약 7만 명의 해군과 그 두 배의 육군이 있었는데, 어떻게 된 건지 위안소의 수는 비슷했던 것 같다. 따라서 해군에는 여유가 있지만, 워낙 사이가 나쁜 육·해군이라서 위안소 이용을 교류할 수 없었다. 앞에서 말한 군속 오츠카 토요미 소년은 병사와 동등하게 위안소를 이용할 수 있었다는 위안부 체험을 다음과 같이 말한다.

아, 대충 다녔어요. 열여섯 살쯤 된 아이도 있었어요. 대검을 빼어놓고 차례를 기다리다가 후다닥 뛰어들었으니 분위기가 없었어요. 게다가 여자는 "빨리, 빨리" 하며 계속해서 다그치길래, 그렇게 재촉하면 안 된다고 해도. 어차피 오래가지는 않을 텐데…. 창녀라고 하는 것은 이따위로 밖에 못하는 거야?

라바울 기지는 주변 지역의 출격 근거지이자 '위안'의 보급지였다. 당시 일본 국내에서도 라바울 항공대의 노래를 자주 불렀던 것처럼 항공 기지로도 알려져 있다. 항공대원은 출격할 때 먼저 위안소로 몰려가 남근의 욕망을 채우고 출격했다. 탑승원은 금욕이 계속되면 사고를 일으킨다고 한다. 그것이 일본군의 전법이다. 라바울 기지에 있던 군의관은 출격 직전의 상황을 다음과 같이 말했다.

머릿수로 400명 정도, 여기서 과달카날이나 부겐빌 섬으로 출격할 부대라고 생각합니다만, 거적으로 다다미 2장 정도의 울타리를 만들고 문도 없는 위안소였습니다. 그곳의 여자는 머리를 안쪽으로 해서 하복부를 앞으로 내놓고 뒹굴고 있었던 겁니다. 거기에 병사가 움켜쥐어 땀으로 축축해진 티켓을 여자에게 건네며 달려들어요. 수백 명이 단시간에 처리를 끝내니 여자는 누운 채 지붕을 통해 남방 하늘을 올려다본 채로 있고, 오른손에 '부채질'을 하는 병사는 선 채로 군화도 외투도 착용한 그대로였어요. 온몸이 장렬했어요. 여자는 일일이 처리하면 늦기 때문에 몇 사람 간격으로 기다리라고 하며 부채질을 멈추고 휴지를 사용하여 처리할 뿐입니다.
— 센다 가코 씨의 이야기

해군 보도부 촉탁으로 중령 대우를 받고 계속 라바울에 있었던 히노 후지요시(日野藤吉 62세, 도쿄도 나카노구 거주)는 해군과 육군 위안소의 차이점과 돈 벌 목적으로 온 일본 여성에 대해 다음과 같이 말했다.

위안부의 인력면에서도 해군은 풍족했어요. 산 중턱에 있는 호주인의 저택을 라비안 산장, 브나카나우 산장이라고 불리는 위안소가 있었어요. 가장 육군과 다른건, 사관용과 병사용으로 나누어졌다는 점이고. 육군 위안소는 같은 시설을 병사는 낮, 하사관은 저녁, 사관은 야간이라는 식으로 시간대를 나누는 것이 보통이었는데, 해군에서는 그것을 엄격하게 구별하더군요. 일본 국내에서 온 여자는 사관이 독점해 버려요. 병사에게는 조선인이 배정되는 셈이지요. 그리고 병사들은 어떤 일이 있어도 사관용 위안부에 접촉하는 것이 허용되지 않아요. 다만 사관이 병사 전용 위안소에 가는 것은 자유라는 식으로…. 그런 비교보다는 첩을 둔 기분으로 위

안부를 찾는 것이니까, 아무래도 조선 사투리나 오키나와 사투리보다도 일본 여자
와 접촉하고 싶지 않았을까 생각했어요.

　글쎄, 일본 국내에서 온 여자들은 물자가 없고, 유흥가도 없고, 술도 없고, 없는 것
투성이인 국내에서는 돈을 벌 수 없어서 실속 있는 전쟁터로 왔으니까, 어쨌든 악
착스럽다고 하면 악착스러웠어요. 하지만 악착스럽게 돈을 벌러 오는 사람은 창녀
뿐이라고는 할 수 없지요. 운송선에 흔들려 비틀거리며 상륙하는 여자 중에는 처녀
까지 끼어 있었으니까요.

　위안부가 도착하면 반드시 성병 검사를 해요. 그런데 군의관이 진찰하다가 틀림
없는 처녀가 있으면 눈여겨 보고 왜 위안부가 됐냐고 물으면, 여자는 여기 타자치
는 일을 하려고 왔다며 어리둥절해 있었대요 그 여자들은 악질 업자에게 속아서 끌
려온 거라며, 군의관은 업자를 질책하고 즉시 국내로 돌려보냈어요.

— 『주간 아사히 예능』 1971년 6월 3일호

　이것은 위안부의 수가 부족한데도 마음씨 상냥하고 착한 군의관이 있었다
고 생각할 것이다. 이에 대해 앞의 전 보도부 촉탁은 다음과 같은 변명을 하고
있다.

　라바울의 위안부는 하루에 30명에서 50명의 고객을 받지 않으면 안 돼요. 처녀로
차마 근무할 수 없는 일이거든요. 군의관은 숙련공을 요구했는데 기술도 없는 신출
내기를 보내와서 화를 냈을 뿐이에요.

　이러한 말은 맞는 말이다. 그러나 처녀가 조선인이었다면 그런 배려와 분노
는 없었을 것이다. 말하자면 중국과의 전쟁 초기부터 '처녀인 조선 여자야말
로 군대 위안부로서 최고라고 적극적으로 권장한 것은 바로 현지의 군의관이
었다. 조선인 여성들이 여자 애국 봉사대원으로 내몰려 멀리까지 운송되어 정
신을 차렸을 때는 이미 위안부가 되어 있었다.

어떤 젊은 군의관의
조선인 위안부 체험

　도쿄에서 의대를 졸업한 젊은 의사 A는 말라리아 연구를 겸하여 군의관 중위가 되어 라바울 기지에 있었다. 그는 자존심을 지키며 동정을 고집했지만 끝내 정욕을 참지 못하고 여자를 사기 위해 위안소를 찾았다. 도착한 위안소는 집 안을 합판으로 칸막이를 했을 뿐 공동변소 같은 곳에 있는 여자가 있었고 게다가 조선인으로 제대로 말 상대도 되지 않았다. 그는 실망감과 자존심이 허락하지 않아서 발걸음을 돌렸다. 그리고 얼마 뒤 A군의관은 정욕에 사로잡혀 다시 위안소로 발길을 돌렸다.

　다음은 그가 조선인 위안부를 접한 '첫 경험'을 상세하게 기록한 것이다.

　이전에 희롱하러 왔을 때는 쉰 듯한 냄새가 코를 찌르고 여자들의 초라한 모습이 안쓰러워 도저히 올라갈 기분이 나지 않았다. 하지만, 해소할 수 없는 불만과 분노로 가득 차 있어 무엇인가를 향해 몸을 마음껏 내던지고 싶었다. 입구 카운터는 우체국과 같은 창구가 되어 있었다. 거기서 표를 샀다. 거친 종이 같은 얼굴을 한 아저씨가 나에게 쉰 목소리로 물었다.

　"어떤 여자를 원합니까?" 여자의 이름을 적은 나무 팻말이 십여 개 눈앞에 걸려 있었다. 손님이 있는 자는 뒤집혀 글자가 빨갛게 변한다. 빈 여자가 서너 명 있었다. 어떤 이름이 어떤 여자인지 알 수가 없었다. 방을 기웃거리며 확인하면 확인할 수 있지만, 그것도 귀찮았다. 그는 매정하게 말했다.

"아무나 해주세요"하며, 말하니 아저씨는 내 뜻을 알았다는 듯이 고개를 끄덕이고 손톱이 갈라진 손가락으로 한 장의 표를 내밀었다. 표에는 아이코(愛子)라고 적혀 있었다. 그걸 들고 복도를 지나갔다. 양쪽 방에는 여자들의 이름표가 걸렸고 그 안에 아이코라는 글자가 붙어 있었다. 이 여자는 서투른 일본말 밖에 못하는 조선인이다. 그래도 그나마 나을 것 같다고 생각했다. 일본 여자가 있는 집도 가능했지만, 말이 잘 통할 필요는 없었다. 원하는 것은 여자의 육체뿐이었다. 그것을 생각한 채 마음대로 가지고 노는 것이다.

아이코는 시종 거의 입을 열지 않고 인형처럼 순종했다. 표를 건네주자, 여자는 그것을 베개 모양의 종이 상자에 넣고 "불 끌까요?"라고 물었다. 나는 "끄지 마라"고 하며 나 스스로 놀랄 만한 흥분된 목소리로 말했다. 여자의 몸이 가늘게 떨리고 있었다. 방은 좁아서 다다미 3장 정도밖에 되지 않았다. 짚방석의 침대가 깔려 있어 앉을 자리도 없다. 침대 가장자리에 걸터앉아 아이코의 동작을 응시하고 있었다. 그 여자는 "쉿!" 소리를 내며 벨트를 내리고, 유카타를 벗어 못에 걸었다. 벗은 하얀 육체가 드러났다. 그리고 별로 부끄러워하는 기색도 없이 그 육체를 침대 위에 뉘었다…. 눈앞에 여자의 그 부분이 내던져졌다. '마음대로 하세요…'라는 태도였다. 가볍게 눈을 감고 한 손으로 부채를 부치고 있었다. 슬픈 표정도 지어 보이지 않았다. 그녀 역시 '아무나 좋다'고 생각했을 것이다.

합판 벽을 사이에 둔 옆방에서 음탕한 웃음소리가 들렸다. 일어나 상의를 벗어 던지고 바지도 벗었다. 여자를 접하는 것은 처음이었다. 물론 의대생 시절에 부인과 실습을 해서 학문상 상당한 경험이 있었지만, 실제로는 오늘까지 동정이었다. 성욕에 결백했기 때문은 아니다. 너무나 자신을 존중했기 때문이었다. 접대부와 함께 자는 것은 자신을 그 여자와 같은 위치로 떨어뜨리는 것이라고 생각했다.

하지만 그날 밤은 인간의 굴레를 벗어나 한 마리의 야수가 되고 싶었다. … 사냥감을 노리듯 하얀 육체를 응시했다. 아이코는 여전히 눈을 감은 채 있었다. '너는 인형이다, 물질이다, 나는 야수다.' 떨리는 몸을 채찍질하듯 사납게 돌진해 갔다.

일이 끝나자 아이코는 이불에 드러누운 채, 담배를 두 개피 입에 물고 불을 붙였다. 그 하나를 말없이 내밀었다. 담배는 싫었지만, 그녀가 권하는 방식이 너무 자연스러워 거절하지 않고 그것을 받아들고 피웠다. 그제야 비로소 담배 맛을 느꼈다. 아이코는 아래 볼이 볼록한 조그만 여자였다. 그 표정은 시종 아무런 움직임이 없었다. 두 사람은 벌거벗은 시체처럼 나란히 누워 있었다. 담배 연기는 향연 같기도 했다. 오늘 내 안의 두 명이 죽은 것이다. 카부라기(鏑木) 중위와 동정. 갑자기 슬픔이 북받쳐 눈물이 맺혔다. 그 슬픔에 저항하기 위해 다시 여자의 육체에 달려들었다.

— 아사다 히코 『말라리아 전쟁기록』

마지막으로 이 군의관은 "라바울의 수확은 여자와 담배의 맛을 알게 된 것 뿐인가?"하고 자조적으로 뇌까리고 있었다.

라바울의 장병 17만이 충격을 받은 것은 '애투섬(북태평양 베링해 남단) 수비대 2천 수백 명의 전멸(1943년 5월 29일)'이었다. 말하자면 내일은 자기들 차례라며 비장감에 휩싸였던 것이다. 그리고 소련과 만주 국경지대에 있던 축성부대(진지 건설)가 라바울에 도착하여 우리 기지는 마치 토목공사장을 연상케 하는 정황을 보였다. 연일 적의 맹렬한 폭격을 받는 가운데 직원들에게 차 봉투 같은 것이 전달되어 손톱을 넣으라고 했다. 손톱은 전사자의 유해를 대신한다. 동시에 인식표도 건네졌다. 인식표란 엽전형의 원판에 본인의 이름을 새긴 것으로 전사해 백골이 되어도 이것이 있으면 이름을 확인할 수 있다. 각자는 목욕하여 몸을 깨끗이 하고 백지를 펼치고 손톱을 깎아 넣고, 봉투에 자신의 이름을 쓴 인식표를 밴드로 연결하는 행동을 했다.

이렇게 라바울의 장병들은 적의 상륙과 '죽음의 운명'을 두려워하는 가운데, 혹자는 '여한이 없도록…' 위안소 가기에 열중했다. 그들의 주장으로는 전쟁터에서 죽음에 직면했을 때 가장 안타까운 것은 '그때 그 여자와 해 둘걸'하는 것이었다. 하지만 이렇게 되면 적에게 당하기 전에 위안소에서 병으로 멍이 들어 쓰러질지도 모르는 상황이다.

그런데 군에서는 라바울 결전 임박으로 보고, 비전투원인 여자들(간호사와 위안부)을 모두 후방으로 돌려보내는 밀명을 내렸다. 군에서는 걸림돌을 모두 돌려보내고 진지를 사수할 각오를 한 것이다. 그리고 병원선이 들어오는 대로 승선시킬 준비가 되어 있었다.

이 사실이 알려지자 장병들은 "여자를 안는 것도 지금뿐이니 여한이 없도록 하자"며 갑자기 위안소 앞이 문전성시를 이루기도 했다. 적의 공습이 시작되면 모두 방공호로 대피하게 되어 있었지만, 위안부를 품고 있는 병사는 공습이 시작되어도 이미 멍석을 깔아 놓았으니 안 된다며 여자를 놓지 않았다. 장교가 위안소로 달려와 호통을 치면 마침내 여자는 풀려나고 방공호로 도망가는 형편이었다. 하지만 방공호 안에서도 성행위는 계속됐다. 방공호 안이라고 해서 여자와 병사 둘만이 있는 것은 아니다. 많은 병력이 보고 있는 눈앞서 하는 행위였다. 그것을 묵인하고 있는 것이다.

한 조선인 위안부는 "조금도 부끄러워하지 않았다"고 술회하고 있다. 병사들의 심리로 보면 어차피 죽을 목숨이라면 좋은 것을 하고 죽는다는 것이다. 이제 어차피 죽을 몸이라면 염치도 없는 모양이다. 이미 인간 세상이 아닌 미친 전쟁터였다.

솔로몬해 전역에 걸친 미군의 맹공 아래, 섬에 있는 일본 수비군은 차례로 쫓겨 부겐빌 섬에서 철수하고 파푸아뉴기니의 라에(Lae)나 사라모어(Salamaua)는 반 정도가 함락(1943년 9월)되었다. 도망갈 곳을 잃은 일본군은 해발 2,000m의 산맥을 넘어 마당(Madang)을 향해 비극의 패주를 계속하고 있었다. 이미 제공, 제해권을 상실한 채 라바울을 출항하는 배는 있어도 입항하는 배는 없었다. 출항해도 일본에 도착할 수 없는 상태였다.

1943년 10월 이후가 되니 미군은 200여기의 편대를 이루어 연일 라바울을 습격했다. 라바울 북쪽의 애드미럴리 제도는 적에게 점령당했고 수비대는 전멸했다. 이제 라바울 비행기는 트루크 섬으로 옮겨져 한 대도 없었다.

드디어 11월 1일, 부겐빌 동해안에 적의 상륙이 임박했다. 이미 병원의 간호사는 일본으로 귀환하고 위안부는 트루크 섬과 사이판으로 이동했다. 항구로 들어오는 배도 나가는 배도 없었다. 시가지에 살고 있던 화교를 교외로 옮겨 연금 상태로 만들었다. 라바울을 결전장으로 내세울 각오를 한 것이다.

미군의 폭격은 매일 계속됐고 탄약 더미는 폭발을 유도해 하루 종일 펑펑 폭음을 냈고 쌀가마니는 숯불처럼 붉게 타올랐다. 군대에서는 1만 명의 1일분 식량을 1궤수라 하는데, 실제로 200궤수가 불에 탔던 날도 있었다고 한다.

모든 부대는 연일 공습의 틈바구니에 주야로 군수품을 정글 속으로 운반하고, 각 부대는 분산하여 낮에도 어두운 정글로 이주하여 육·해군을 합해 10만 명의 군대가 수개월 걸려서 파낸 터널식 방공호를 주거지로 삼았다. 동굴의 총 길이는 도쿄에서 나고야에 이르는 거리라고 한다. 그리고 동굴 안에서는 일본군이 최후의 날을 기다리고 있었다.

하지만 미군은 라바울의 일본군을 그냥 지나쳐 중계 기지인 트루크 섬을 덮쳤다. 트루크 섬은 라바울과 일본을 연결하는 중계지였다. 이리하여 라바울의 십 수만 장병은 완전히 고립된 채 매일 공습을 받아 진로도 퇴로도 없는 외딴 섬이 되었다. 그렇게 사이판, 괌을 결전장으로 택한 미군은 일본군을 전멸시켰다.

고립된 라바울의 십 수만 일본군은 정글 속에서 자급자족 생활에 들어갔다. 즉 산호초를 부수어 치약을 만들고 야자유로 비누를 만들었으며, 군사령부에선 창의적 연구를 장려해 각 부대가 경쟁적으로 물건을 만들어냈다. 급기야 라바울에서 못 만드는 건 아기뿐이라고 했다. 초원을 개간하여 밭으로 삼고 고구마와 타비오카(식용 녹말)를 재배하기 시작해 밭 재배에 성공하였다고 한다.

일본군은 1인당 하루에 담배 배급은 두 개피였다. 담배 허기는 심각하고 음식 허기보다 강하다. 담배를 피울 수 없으면 초조하여 부질없는 일로 시비와 싸움이 끊이지 않았다. 그래도 담배가 물물교환의 기준이 되고 화폐의 대역을 했다. 모두 담배에 굶주려 고통을 받았지만, 그것은 실의를 달래는 친구였다.

결국, 고립된 라바울의 십수 만 장병들이 고통을 당한 것은 담배와 말라리아 모기 그리고 여자였다. 특히 여자에 대한 굶주림이 심각했다. 원주민인 파푸아 뉴기니인이 1만 명이나 있었는데 원주민 여자가 너무 흉하고 불결해서 아무리 굶어도 손을 대지 않았다고 한다. 뉴기니의 정글로부터 살아 돌아온 전 일본병은 이렇게 말했다.

파푸아족의 여자가 알몸에 가까운 모습으로 눈앞에 있어도 아무 것도 느끼지 못했었지요. 그렇지 않아도 여자가 모자라니까 토인끼리 싸우고 있고 야자수 기름을 모기 퇴치로 발라서 나는 그 체취, 게다가 피부병과 상처에 있는 고름…. 도저히…, 그 악취에 질렸어요. 그런데도 예외로 파푸아 여자에게 반한 병사가 한 명 있었어요….

위안부가 귀환한 후의 이야기

       일본 군대는 중국 전쟁 이후, 속여서 데리고 온 조선의 여성들을 주로 창녀로 만들어 즐기거나, 현지 강간이 일상적 습성이 되었지만 이제 섹스는 전부 끊겼다. 라바울의 정글에 야한 책이 유행하며 인기를 끌었다. 거기서 에로 작가가 나타나 읽고 즐기는 이야기를 썼다. 군대 축성부의 군속 중에 에로소설을 만드는 재능자가 있어 각 부대에서 주문이 있었고 원고료는 담배였다.

  한편 정글의 모 부대에서는 답답함을 풀기 위해 연예 대회를 열었다. 이때의 여자역에는 온화한 젊은이가 선발됐다. 홍안의 예쁜 소년 오츠카(大塚, 18세) 이병은 「만주 처녀의 노래와 춤」에서 딸 역을 맡았고, 「덩거리스(올이 굵은 삼베)의 중국 옷에, 야자수 열매로 짠 가발, 거기에 붉은 분필로 입술과 뺨을 칠하고 흰 분필로 손발을 발라서」 멋지게 미녀로 둔갑시켰다. 그래서 여자가 없는 라바울의 정글 안에 아양 떠는 소리가 터져 나왔다. 그 이후 그 소년병은 '여자'로 비추어지고 말았다.

  이 연예 대회 직후 참모인 S중령은 이 소년병을 자신의 당번병으로 앉혔다. 그러던 어느 날 밤 S중령은 오츠카 이병의 침상으로 들어갔다. 즉 '여자'로 여거 섹스행위를 했다. 그 밤의 일을 본인은 다음과 같이 말했다.

막 잠들었을 때, 느닷없이 "훈도시를 잡으라"는 거예요. 처음에는 의미를 몰랐는데, 궁둥이질을 하라는구나 하고 깨달았어요. 물론 명령이니까 어쩔 수 없죠. 20분쯤 걸렸나, 단지 빨리 끝나기를 염원했지만요. 처녀를 잃은 여자의 괴로움을 알 것 같았어요. 그것이 첫 경험입니다만 다행히 한 번뿐이었습니다. 뭐랄까, 여자가 없는 괴로움에 충동적으로 한 S 중령도 그다지 좋지 않다는 것을 안 것 같은데요···. 이때 설사 증상이 있었어요. 라바울은 물이 안 좋아서 자주 설사를 해요. 그래서 더욱 비밀이 알려질 뻔한 것을 참느라 고생했어요.

—『주간 아사히 예능』1971년 6월 3일호

그 이후 오츠카 이병은 S 중령과의 '하룻밤의 비밀약속' 덕분에 1946년 2월 말, 라바울에서 철수하는 복원선 제1편에 탑승토록 배려해 주었다고 한다.

일본이 무조건 항복을 했을 때, 라바울의 일본군 십 수만의 무장해제는 1945년 9월 10일경 호주군에 의해서 행해져 병사들은 수용소로 들어가 집단 생활을 시작했다. 거기서도 기분 전환으로 연극이 만들어졌다.

일찍이 일본 국내에서 지방 순회단체의 배우를 했던 사람이 제일 먼저 극단을 편성했다. 가발과 의상, 악기를 만들고 그 유명한 「아버지 귀환」, 「금빛 야차」, 「눈에 새긴 어머니 모습」 등이 연출되어 박장대소했다.

그때 여장을 했던 오쿠무라(奧村)라고 하는 위생병에게 비정상적으로 인기가 몰렸다. 그것은 단순한 인기가 아니다. 모두가 분장실로 몰려가 그 여인의 손을 잡거나 껴안거나 하는 소동이 있었다. 억압된 여인에 대한 갈망의 폭발이다. 라바울의 일본 장병이 본국으로 철수할 때, 병사 10만 명이 각자 짊어지고도 감당하지 못할 물자가 남아 있었다. 무엇을 취하고 무엇을 버릴까, 모두 망설였다고 한다. 이리하여 일본 국내의 귀환 장소인 오타케(大竹, 히로시마현에 속한 시) 항구에 도착했을 때, 거룻배에서 일하고 있는 할머니의 모습을 보고서야 "아, 여자다!", "여자가 있다!"고 외치는 자도 있어 모두들 눈이 부신 듯 쳐다보았다고 한다. 그것은 남방 현지에서의 일본 병사의 반사적인 습성 때문이었을까? 라바울 기지에서 한층 더 남방의 최전선에 해당하는 '비극의 과달카날 섬' 일본 병사에 대해 한 번 써보고자 한다.

> 1943년 6월 과달카날에 상륙한 일본 해군과 육군은 총 3만 수천 명이지만, 그 후 보급이 이어지지 않아서 기아지옥으로 변했다. 일본 장병의 약 60%는 기아 병으로 죽고, 일부는 미군의 포로가 되어 수용되었다가 곧 미국 본토 샌프란시스코 교외의 감옥으로 옮겨졌다.
>
> 그 감옥소로 일본인 포로가 속속 실려 가서 1944년 11월에는 모두 7,000명에 달했다(그밖에 200명의 독일인, 이탈리아인이 있었다고 한다). 이렇게 많은 수의 일본 병사들이 감옥 생활을 하는 동안 울분의 감정이 폭발해 갈등이 끊이지 않았다.

한편으로는 강제 남색 행위가 극성을 부렸고 그 피해자가 미쳐서 자살했다. 과달카날섬에서 포로가 되어 샌프란시스코 감옥소로 옮겨진 모리 요시토미(森義富)의 『포로일기』에는 다음과 같이 기록하고 있다.

> 일본인끼리의 추악한 싸움은 계속되었다. 과거의 사소한 원한을 풀기 위한 난투극이 여러 가지 있었지만, 아무래도 여자가 없는 집단이었기 때문이다. 일부 하사관, 고참병들은 그 더러운 항문을 젊은 병사에게 요구했다. 지원병인 젊은 수병이 오로지 표적이 돼 폭력이 저질러졌다. 늦은 밤까지 안하무인의 치태가 전개되고, 젊은 병사들은 점차 젊음을 잃은 표정을 보이게 되었고, 개중에는 자신의 불운을 한탄하며 하나, 둘 미쳐 죽는 자도 있었다.
>
> — 『주간 아사히 예능』 1971년 5월 13일호

마지막으로 라바울의 일본 군대가 인도 병사에 대해 행한 학대와 학살에 대한 이유와 결과를 덧붙인다.

라바울에는 싱가포르에서 데려온 인도군이 약 3,000명 있었다. 그들은 지휘관까지 일본에 충성을 맹세하고 설영대(기지 건설대)로서 작전에 협력하고 있었다. 그래서 겉으로는 일본군의 일원이 되었지만, 일본의 전세가 패세로 기울자 식량과 의약 공급을 제대로 하지 못해 영양실조와 말라리아 열대병에 시달리어 사망자가 속출했다. 심지어 인도 병사에게는 키니네(말라리아 특효약)를 주지 않았다. 게다가 군의관들은 인도 병사를 동원해 생체실험을 통해 죽이기도 했다.

라바울의 일본군은 기지 설영대로 인도 병사를 연행해 쓸 만큼 사용하다가 전세가 나빠지자 애물단지로 취급했다. 영양실조 등으로 작업 능력이 반으로 줄어들자 이들을 노골적으로 해로운 존재로 보아 말살하려 한 것이다.

그 이유의 하나는 '현지 자활'의 견지에서 그 생산과 소비의 차감은 제로에 가까운 것이고, 둘째는 라바울 기지의 축성 건설이 끝나고 더 이상 '인도 노무부대는 필요 없다는 것'이다. 그리고 세 번째로 적이 상륙해 왔을 때 그들이 '반란'을 일으킬 것이라는 추측 때문이었다.

그래서 일본군 참모들 사이에서는 적이 상륙하기 직전, 인도 병사를 "동굴에 처넣어 폭약으로 없애 버리면 좋겠다"라는 의견이 제기되었고, 또 참살할 방침도 정해졌었다. 그렇게 해서 상당수의 인도 병사를 말살한 것 같다. 똑같이 연행한 조선인, 중국인 설영대와 병사들도 무참히 말살했을 것이다.

일본군이 항복한 후, 호주군의 상륙부대에 의해 인도 병사에 대한 학대와 살상에 관한 전범 혐의로 일본군 장병 6백여 명이 라바울의 컴파운드(전범수용소)에 수감되었다. 컴파운드 수용소에서는 연일 사형이 선고됐다. 그리하여 95명이 처형되고 다수가 종신형과 25년형으로 처벌을 받았다. 이는 태평양 전쟁을 통해서 일본인 전범(사형자)의 10%에 해당한다고 한다.

제12장

패주하는 군대와 위안부

북미얀마,
죽음의 전쟁터에서의 위안부

　　미얀마 방면의 일본군은 '인도 제패'를 기도하여 "임팔(Imphal, 북미얀마에 인접한 인도의 도시) 작전"이란 걸 계획하고, 지금까지 아무도 밟아보지 못한 지옥을 넘나드는 인도 침투 작전을 시도하고 있었다.

　　미얀마의 우마(牛馬) 1만 필을 징발해서 짐을 지게 하고 병사를 침입시켰지만, 그 결과는 '미라와 같은 병사', '취사 그릇과 대검만 있는 병사'가 되었다. 보행 불능이 된 소를 양식과 탄약을 짊어지운 채 천길 골짜기 아래로 떨어뜨림으로 비통한 우마의 외침이 버마의 아라칸 계곡에 메아리쳤다. 병사들은 힘이 없어 쓰러지고 길가에 시체가 나뒹구는 결과로 끝났다.

　　애당초 미얀마에서 일본군 역할은 미국이 지원하는 장개석 정권의 유일한 보급로였던 미얀마 루트를 완전히 차단해서 충칭(重慶) 정권을 고립시키고 궁핍화시키는 데 있었다. 중국 측 노강(怒江) 서쪽의 윈난성(雲南省), 북미얀마, 티베트에 걸친 비경 지대의 여러 곳에 약 1개 사단 병력을 배치하고 2년에 걸쳐 견고한 진을 구축하여 전선을 확보하고 있었다.

　　일본군 사령부는 윈난성(芒市)[77]에 있었고, 부대는 용 56사단으로 큐슈의 구

77　더훙 다이족 징포족 자치주의 현급 시이며, 전에는 '루시시'라고 불렸음.

루메군 병력이었다. 비경의 진지 일대는 '세계적인 산악공원으로 지정해야 할 만큼 멋진 풍경이 있는 곳'으로 노강이 바로 아래에 흘러 웅장한 협곡을 눈 아래로 내려볼 수 있는 5,600m의 고지였다.

각 진지에 배치되어 용맹하기로 소문난 용 병단은 전투를 하거나 난동을 부리지 않으면 '좀이 쑤셔서 미치겠다'라고 할 정도의 기상을 갖추고 있었다. 행군 도중 갑자기 몰고 있는 소의 넓적다리를 잘라내서 그날 밤의 식량으로 하는 것을 예사롭게 한다는 군인이었다. 그런 만큼 이들은 여자를 안지 않으면 날을 새지 못하는 사나운 사람들이기도 했다.

용 병단의 군인들은 북미얀마 산악 지역의 진지까지 위안부를 데리고 있었다. 그녀들은 큐슈의 아마쿠사 여자와 조선 처녀였다. 여자의 기가 없으면 기운이 없다는 이들은 낮에는 악전고투하다가 밤이면 피와 흙투성이 모습으로 돌아와 맹렬하게 여자를 안고 다시 떠난다. 이 병사들의 성행위는 무시무시한 것임이 틀림없다고, 또 여자들도 자포자기하여 장렬하게 안겨서 몸을 맡겨 버렸을 것이다.

북미얀마 일대의 일본군에 배치된 위안부의 수는 추정하면 1,300명이었다. 그 가운데 가장 장렬한 사투지가 된 3개 거점 수비대인 윈난성의 랍맹(拉孟)[78], 등월(騰越)[79] 및 북미얀마의 미치나 상황과 그 결과를 소개한다.

랍맹(라모우) 진지에는 장병 1,300여 명이 배치돼 있었다. 지하 4m에 탄약과 식량 저장고가 있었고 12개의 진지는 지하벙커로 연결되어 야간에도 자유롭게 왕래할 수 있었으며, 주위는 철조망으로 둘러쳐져 있고 3km에 이르는 수도(水道)까지 만들어져 있었다. 그것은 진지라기보다는 요새에 가까웠다. 여기 20명의 위안부(일본 여자 15명, 조선 여자 5명)가 있어 벙커를 다니며 병사들의 성욕 처리를 맡아 했다.

---

78 일본 이름으로는 '라모우', 중국어로 '라맹(Lameng)'으로 표기하며, 푸얼시와 쿤밍시의 중간 위치에 있는 곳.
79 텅충(騰冲)이라고도 하며, 고대에는 실크로드 상업 중심지였음.

이 랍맹 진지에 근대 장비와 신예 병기에 의한 중국군 대군이 쳐들어간 것은 1944년 봄 이후다. 5만에 달하는 중국군은 포위태세에서 하루에 수천 발의 포탄을 퍼붓고 하늘에서는 폭탄 비를 쏟아부어 끝내는 진지 내에서 장렬한 백병전이 일어났다. 대군의 총공격 아래 땅속의 굉음과 함께 진지는 하늘로 흩날렸고 연기와 흙먼지로 뒤덮여 한 치 앞도 보이지 않았다.

일본 진영에서는 4인 1조씩 7개 반(29명)을 선발하여 적진으로 결사 기습대를 투입했다. 그들은 중국 복장으로 변장하고 수류탄과 권총을 차고 야간 습격을 나갔는데, 결사대가 나갈 때는 특별히 위안부를 안겼다. 일본군은 최후까지 전투행위와 섹스행위를 결합시켰던 것이다. 심한 전투로 인해 진지 내의 살아남은 병사 중에는 갑자기 정신 이상을 일으켜 진지를 뛰쳐나가는 사람도 있었다. 이미 병력은 절반 이하로 줄어 20명의 위안부는 죽은 병사의 군복을 입고 벙커 속에서 탄환을 나르며, 300명의 환자를 간호하고 주먹밥을 만들어 날랐다. 이제 랍맹 진지는 죽음을 기다리는 운명이었다.

수비 대장 카네코우(金光) 소령은 오래전부터 20명의 위안부를 딴 곳으로 이송할지 자유롭게 해방해 주어야 할지 골머리를 앓고 있었다. 이 사정에 대해서는 우메키 스테조(楳木捨三)의 『미얀마 방면군』이 가장 자세하게 전하고 있다. 이하는 그 기록에 따른다.

카네코우 소령은 농민 출신이므로 이런 불행한 운명의 입장을 잘 알고 있었는데, 부관인 마나베(真鍋邦人)라는 일본인 대위는 다음과 같이 진언하였다.

"대장님, 이 여자들은 여기서는 대장님보다 먼저 온 선배들입니다. 이미 랍맹을 제2의 고향이라고 생각하고 있으니까, 만약 어딘가로 옮기겠다고 하면 물어 뜯깁니다." 끝까지 여자들을 죽음의 길로 인도하기를 바라고 있었다.

이 말은 큐슈 출신 일본 여자의 경우(혹은 일부)에는 해당할지 모르나 조선 출신들에게는 치명적이었다. 그래서 카네코우 대장은 부관의 진언에 따라서 여자들의 피난을 없던 것으로 한 것 같다. 이는 중국군에 포위되기 직전의 일이었다. 그 단계에서는 이미 너무 늦은 것이다. 이제 '자결'만 남겨졌을 뿐이다.

랍맹의 '자결'을 앞두고 미친 듯한 사투 중에 위안부인 간 아키코(管 昭子)와 실명 환자인 도야마(戶山) 하사는 카네코우 대장에게 "두 사람의 결혼을 허락해 주세요"하고 급히 간청했다. 물론 일본군에서는 위안부와 병사의 결혼을 허락하지 않는다. 그러나 지금으로는 사실상 위안부와 병사의 구별은 없다. 또 군의 규정이 통용될 상황이 아니다. 모두가 죽음만을 바라보고 있을 때다.

그래서 대장도 모든 것을 헤아리고 그것을 허락했다. 간 아키코 여자는 위안부에 종지부를 찍고 한 사람의 아내로서 죽고 싶다라는 것이 여자로서 유일한 소원이었을 것이다. 대장의 허락을 받은 이들은 토기에 물을 부어 잔을 서로 교환했다.

랍맹 진지의 일본군은 수만의 중공군과 사투를 벌인 백여 일, 마침내 1944년 9월 7일 생존자 전원이 사지로 뛰어들었다. 이때 실명한 도야마 하사는 '새댁 아키코의 목측(目測)에 의지하여' 수류탄을 던지고, 두 사람은 서로 부둥켜안고 장렬하게 전사하였다. 위안부 간 아키코는 임종 때에 당연히 제국 군인의 훌륭한 아내라는 말을 듣고 싶었던 것이다.

다음으로, 개죽음이 된 사람은 조선 출신의 여성 5명이었다. 전 미얀마군 참모 츠지 마사노부에 의하면 "마지막 날, 일본 처녀는 옷을 곱게 차려입고 청산가리를 먹고 십수 명이 단체로 사라지고, 조선 처녀 5명만이 생존하여 적군에 투항한 것은 감청 전보를 통해 밝혀졌다"고 말한다.

그러나 그것은 기적에 가까운 것이다. 일본군이 전멸하는 20일에 어떻게 사투가 벌어졌는지는 진지 정면에서만 파괴된 적의 병력이 2개 사단에 이르렀다고 할 만큼 처참하였다. 어느 전기에서는 조선인 위안부는 군인과 함께 사라졌다고 전했다. 어찌 되었든 속아서 고국에서 끌려온 그녀들이야말로 비참한 운명이었다.

랍맹의 전멸이 있고 7일 만에 똑같이 '자결'한 등월 진지의 조선인 위안부들은 더 불쌍한 죽음을 결행했다. 일본군은 등월 진지를 구축할 때 중국인 포로를 비참하게 이용했지만, 이 변방에 이용되는 포로는 살아도 사형당한 것과 같은 운명이었다.

등월(텅충)은 윈난성의 옛 수도로 거리가 성벽으로 둘러싸여 있고 중국과 미얀마를 잇는 요충지이지만 이미 주민은 피난해서 비어있는 상태였다. 이 등월의 일본 수비 부대에 1개 대대와 7명의 조선 출신 위안부가 있었다. 6월 말, 중국군에 포위되어 진 앞에서 백병전이 시작되어 3일 후에는 일본 병사가 반으로 줄었다. 이로 인해 7월 말, 외곽 진지로 철수하여 성벽 진지가 축소되었다. 이곳 성벽은 등월의 거리를 정사각으로 둘러싼 높이 약 5m, 폭 2m 정도의 성벽이지만 사수를 명령받은 수비대는 그곳을 최후의 저항선으로 해 죽기를 각오했었다.

등월 진지에서 조선인 위안부의 말로(末路)를 가장 극명하게 쓰고 있는 것은 전 중위인 나가오 유이치(長尾唯一)의『자결』에 나타나 있다. 다음은 그에 따른 것이다.

중공군은 전투기로 폭격을 가하고 인해전술로 공군과 육군이 합동으로 일제히 공격을 가했다. 8월 15일, 중국군은 성 내로 진입했고 격렬한 전투 끝에 일본 병력은 3분의 1로 줄고, 중상자는 600명에 이르렀다. 탄약도 식량도 떨어져 하루에 3번의 죽도 먹을 수 없는 상태가 되었다.

그런데 이제 군의관도 위생병도 수류탄으로 싸우는 단계가 되었기 때문에, 여기에 속했던 7명의 조선인 위안부들을 임시 간호사로 만들어 그녀들에게 부상병의 식사와 대소변의 시중을 시켰다. 그러나 그것도 적이 성 내로 침입할 때까지의 일이고, 중국 병사가 성안으로 침입해 백병전이 일어나자 7명의 그녀들은 간담이 서늘했는지 자신들의 목숨을 생각한 듯 방공호 바닥에 웅크린 채 움직이려고 하지 않았다. 거센 수류탄 응수가 방공호 200m 앞에서 전개

되자 그녀들은 죽음의 운명을 깨달았는지 "아이고, 아이고" 하며 조선 여자 특유의 비탄한 소리를 내며 울부짖었다. 이 단계에서 일본 측의 운명은 명백해져 하늘에서는 중공군이 투항권고의 전단을 떨어뜨리고 있었다.

여러분, 무익한 전쟁은 그만둡시다. 당신들은 군부와 재벌의 등에 떠밀려 고귀한 삶을 희생시키려 하고 있습니다. 이런 말도 안 되는 이야기가 또 있겠습니까? 총을 들거나 수건을 흔들며 진지를 나와 중국군 쪽으로 오십시오. 당신의 생명을 보장하고 우대할 것을 약속드립니다. 고국에서는 사랑하는 부모님과 처자식이 당신이 돌아오기를 기다리고 있습니다. 무익한 피를 흘리는 것을 멈추고 이 전단을 가지고 지금 바로 나오세요.

투항 전단이 지하벙커에 있었던 조선인 위안부의 눈에 띄었을까? 만약 그녀들이 주워 읽었다면 사경에서 도망치려고 몸부림쳤을 것이다. 그러나 탈출을 시도했더라도 배후에서 권총으로 사살됐을 것이다.

허나 일본 병사는 이에 동요하지 않았고, 이에 중공군 4,000명이 성벽으로 밀려들었고 동남 성벽에서 격렬한 백병전이 일어났다. 그 결과 일본 병사 200명이 전사했다(8월 30일).

여기에 이르자 27세의 대위 오타(太田) 수비대장은 군 깃발과 중요서류 및 병기 처분에 착수했다. 보유 수류탄 500발 가운데 마지막 돌격용과 자결용이 방공호에 보관되어 있었다. 그리고 중상 환자에게 먼저 자결용 수류탄을 나눠줬다. 마침내, 전원 자결에 돌입할 때가 왔다. 적의 거센 폭음과 총탄이 빗발치므로 27세 대장의 결단만이 남았을 뿐이다. 그런데 대장에게는 한 가지 걸리는 게 있었다. 그것은 7명의 조선인 위안부를 어떻게 할까 하는 것이었다. 쉽게 말해 비전투원인 그녀들만은 탈출시켜야 하는가, 아니면 동반자로 만들 것인가 하는 것이다. 즉 환자의 조치와 마찬가지로 자결용 수류탄을 주어 '자결' 처치를 할까 말까…

그러나 대장은 자결의 동반자가 되는 것이 좋다는 판단으로 기울었다. 그녀들이 살아남을 경우, 적인 중국군에 투항해 일본군의 속사정이 알려질 것을 두려워했기 때문이다. 그래서 자결용 수류탄을 줄 생각을 했다.

수류탄을 건네준다고 해도, 그녀들이 과연 자결할 수 있을지…. 그것이 의문이 되었다. 또 설사 그렇게 한다고 해도 무기 조작을 할 수 없을 것으로 보아 죽지 않을 수 있다고 판단했을 것이다. 그래서 단숨에 죽여버려야 한다고 결심한 것이다.

이때 여자들은 공포와 피로로 방공호 속에서 잠들어 있었다. 그것을 지켜본 오타 대장은 측근 중사를 향해 "여자들의 벙커에 수류탄 2개 정도 던지면 되겠다. 아무도 모르게 보내 주어"라고 하며 심야에 결행하도록 명령했다.

그날 한밤중, 중사는 수류탄을 움켜쥐고 여자들의 호 속을 살폈다. 7명의 여자들은 낮의 공포와 피로로 죽은 듯이 잠들어 있었다. 소리 하나 안 났다. 그것을 확인하자, 중사는 수류탄을 발화시켜 굴리듯이 호 속에 집어넣었다. 그리고 2발의 작렬 음이 터져 나왔다. 벙커에서 작렬한 탓인지 소리는 크지 않아서, 그 소리를 들은 사람은 적었다고 한다.

속아서 고향에서 끌려 나와 매춘업소의 '상품'이 되어 중국 땅을 떠돌아다니며 수천, 수만 명 군인의 정욕을 처리하고 장난감이 된 끝에 아무런 보수도 없이(있어도 휴지와 같은 전표) 최후에는 수류탄에 의해 어두운 호 속에서 순식간에 참혹하게 사라진 것이다. 고향에서 끌려온 사연을 생각할 때 눈물 없이는 들을 수 없는 끔찍한 비화들이다.

조선인 위안부를 심야에 '처분'한 다음 날 아침, 환자들에게 자결용 수류탄을 돌렸다. 수류탄은 대장이 직접 나눠주며 다녔고, 나눠주기가 끝나자 "모두, 잘해 주었다. … 살아남은 전원은 적진에 돌격해서 '야마토(大和)혼'의 진수를 발휘할 작정이다. … 자유롭지 못한 사람은 지금 분배한 마지막 한 방으로 무인으로서 훌륭한 최후를 맞이해 주었으면 한다"라고 통고했다.

그날 밤, 걸을 수 있는 자는 호를 파고 움직일 수 없는 중상자는 그 자리에서 혀를 깨물거나 총검으로 목을 찌르는 것으로 절명하여 약 100명이 자결했다.

그 후 건재한 병사는 전투를 계속하여 적 아군을 분간할 수 없을 정도로 혼란스러웠다. 이틀 후인 9월 13일 저녁, 오타 대위가 칼을 빼 들어 선두에 서고, 생존 장병 70명이 환성을 지르며 적군 속으로, 그리하여 전원이 죽음에 뛰어들었다. 단 한 명의 생존자도 없었다고 한다. 등월의 요새(높이 5m, 사방 4km의 성벽)는 그대로 일본군 2,000명의 무덤이 되었다.

북미얀마의 용 병단에 속했던 전 중위 나가오(長尾唯一)는 조선인 위안부에 대해서 "그녀들은 무참히 살해되었어요. 그것은 보통 죽음이 아닙니다. 그녀들의 처음부터의 전말을 생각한다면 통곡 없이는 들을 수 없는 비화입니다. 그러나 어디에도 묘비명은 없었어요"라고 말하고 있다.

마찬가지로, 북미얀마의 미치나는 만달레이에서 북상하는 철도의 종점 근처로, 일본군은 주력 부대 외에 2개의 비행장, 철도부대, 탄약집적소, 야전 병원과 위안부 약 60명이 있었다.

여기에 영국과 인도군 전차부대가 육박해서 처참한 사투가 계속되고 사상자가 쌓여 갔지만, 일본군은 비전투원인 위안부를 후방으로 대피시키지 않고 이를 안고 성욕의 도구로 삼았다. 약 60명의 여자들은 성욕 처리 역할뿐만 아니라 군복 차림으로 취사를 하고 탄약을 나르고 병사들을 간호했다.

그런데 수비대의 지휘관 미즈카미(水上) 소장은 '이제 더 이상 장병을 무의미한 싸움에서 죽게 할 수 없다'고 판단하고, 진지 포기와 생존자의 철수를 결의했다. 이 항명은 츠지 마사노부(前 참모)에 따르면, 인사문제 상의 불만이 폭발한 것으로 철수는 야유와 같은 하나의 빈정대는 조치였다. 생존 철군이라고 해도 완전 포위 하에서는 죽음의 철군이다.

손발이 감긴 중상 환자는 자결하고 일부 환자와 위안부를 먼저 뗏목에 태워서 목숨을 하늘에 맡기며 이라와디강에 흘려보냈고, 그 후 병사도 뗏목에 탔다. 이를 지켜본 뒤, 미즈카미 소장은 항명의 책임을 지고 권총을 입에 물고 장렬하게 자결을 했다.

이때 철수의 뗏목에 올랐다고 해도 드럼통 2개를 연결한 판자를 이용한 것으로, 부력은 있으나 조종할 수는 없고 다만 강의 탁류에 맡길 뿐이다. 미치나에서 하류인 바모까지 약 150km나 되지만, 그 사이에 급류와 폭포가 있고 다수가 소용돌이에 휩쓸려 물속으로 내던져져 간신히 강변의 바위를 잡으면 강변에 있는 적병으로부터 습격을 당했다.

당시 미얀마 지역의 참모였던 후하히로(不破博, 현 방위청 전사실 편찬관)에 따르면, "미치나 철수가 결정됐을 때 움직일 수 있는 생존자 1,200명이 조명탄과 예광탄이 난무하는 가운데 뗏목을 타고 철수했지만, 무사히 넘어온 사람은 약 800명이었어요. 뒤에 남아 엄호하는 포병대는 포위되어 철수 불가능하여 자결했습니다. 뗏목을 타고 살아남은 병사 800명 중 패전 때까지 살아남은 자는 그 5분의 1도 되지 않을 겁니다"라고 한다.

하물며 위안부들은 과연 몇 명이 살아남았을까? 그중 상당수는 이라와디강의 탁류에 휩쓸렸을 것이다. 또 몇몇 여인이 무사히 하류에 도착했더라도 미얀마의 산속을 끝없이 걸어 다니며 굶주림과 겁에 질린 채 떠돌았을 것이다.

북미얀마의 수비대 진지 가운데 전멸을 면한 것은 평알(平戛, 망시에 북동쪽에 있는 마을) 지역뿐이다. 평알 진지에서는 위안부 10명이 있었다. 그중에는 만삭인 여자도 있었다. 평알이라는 땅은 '튼튼한 중국 말(馬)조차 추위와 피로감으로 풀을 뜯을 기력이 잃어버릴 정도로 혹독한 한랭지'이다.

거기에 보병 제146연대 제1대대가 주둔했지만, 5월 중순부터 적에게 포위되고 격전으로 병자도 많고 탄약과 식량의 궁핍 속에 위안부들은 군대와 함께 섞여 취사, 세탁부터 총알 배달, 진지 수리에 이르기까지 실로 분골쇄신 일했다. 여기도 전멸위기의 난국에 몰렸지만 30km 떨어진 망시(芒市)에서 평알 구원 부대를 파견, 3일 후에 중국군의 포위망을 뚫고 가까스로 부상병과 10명의 위안부를 빼돌리는 데 성공했다. 그곳 부대 지휘관의 배려 여부에 따라 병사와 여자의 운명이 결정되는 것이었다. 그곳은 혹한과 진흙탕의 험한 길이 하나의 퇴로였다. 퇴각 중 현지 노동자 3명은 모두 동사했다고 한다. 그리고 망시에 도착한 다음 날 만삭의 여인은 아기를 낳았다. 물론 누구의 아이인지는 알 수도 없다. 후에 그녀들은 일본군 총 퇴각 때 산속을 떠도는 중, 원숭이 무리에 아기를 유괴당했다고 한다.

영국과 인도군이 하늘과 육지에서 맹공을 가하며 만달레이를 함락하고 남하하자, 일본군 사령부 수뇌들은 가장 먼저 양곤을 포기하고 비행기로 도망갔다. 최전선에서 여자를 데리고 싸우는 수비대에게는 사수와 자결을 명령하면서, 그들은 친숙한 여자를 데리고 퇴각하여 모울메인(미얀마 남동쪽 태국 국경에 위치한 도시)으로 도망쳐 그곳 산속 파고다(불탑)에 숨었다(패전 4개월 전).

당시 미얀마의 수도 양곤에는 약 100명의 위안부가 있었다. 장교용 위안소 수향원(특히 큐슈 여자가 약 30명)과 군 위안소 3개소에 조선 여인 등 약 70여 명이 있었다. 그런데 어떤 사령부 수뇌들은 양곤을 철수할 때, 역시 친숙한 여자들만 데리고 도망가거나, 간호사로 위장해 배에 태워 모울메인으로 도망가게 하거나 혹은 트럭에 태워 도망갈 채비를 시켰다. 그러나 양곤에 있던 조선인 위안부들에게는 철수를 비밀로 했고 무엇 하나 유출시키지 않았다.

양곤의 군사령부가 비밀리에 퇴각 준비를 하던 중, 조선 여자 위안소에는 일본 병사의 발길이 뚝 멈추고 쥐 죽은 듯이 고요해지면서 섬뜩한 적막에 휩싸였다. 일본군은 그녀들을 그대로 내팽개치고 철수 중이었다. 그 위안소 옆에 일본 영화사와 일본 영화 배급사의 지사가 있었으며 많은 영화 필름이 있었다.

철수 전날 밤, 영국에 발각돼 이용당하는 것을 막기 위해 이 필름을 처분해야 할 2명의 보도원이 들렀을 때, 조용한 그녀들과 잡담을 나누면서도 "여기는 위험하니 도망가라"는 말 한마디조차 하지 않았다. 보도원 타쿠야마(澤山勇三, 아사히 신문 현지기자)는 그날 밤의 상황을 다음과 같이 기록하고 있다.

양곤 철수 전야, 그 밤도 매우 맑고 푸르고 푸른 달이었다. 나와 또 다른 대위는 콘크리트 인도에 걸터앉아 길게 다리를 내뻗고 있었다. 맞은 편에 4, 5명의 조선 출신 위안부가 쭈그리고 앉아 있었다. 처음에 위안부들은 우리들이 머물러 있자 치근대며 나왔다.

"돈 없어도 괜찮아요, 외로우니 묵고 가세요"하고 그녀들은 말했다. 내일 군사령부가 철수한다는데 그녀들은 아무것도 모르고 있었다. 단지 뭔가 이상한 분위기만은 느끼고 있었던 것이 틀림없다.

"공짜라도 좋아, 아침까지 놀다 가세요"라고 하며, 내 앞에 있던 스무 살도 안 될 것 같은 여성은 마침내 그렇게까지 말했다. 넓적다리까지 드러난 슈미즈 한 장의 모습으로, 때때로 가랑이를 찰싹찰싹 치며 벌리고 있었다….

일본군은 미얀마인의 반란 속에서 타일랜드(태국)를 향해 천리 길을 도망갔다. 그러나 위안부들은 일본의 병사와는 다르고 아무런 명분도 없다. 패잔병의 도피 속에 섞인 불쌍한 위안부들, 해방된 그녀들은 일본 군대와는 다른 심정으로 이제 본능적으로 고국의 방향으로 길을 걷는 것뿐이다.

패주하는 일본군 본대에 뒤따라간 『요미우리신문』 기자 사이토 신지(齋藤申二)는 그 도중에서 만난 위안부에 대해 이렇게 썼다.

일행의 옆쪽을 후다닥 쫓아가는 여자에게 모두가 감탄했다. 그녀는 조선 여자였다. 말할 것도 없이 위안부로 끌려온 불행한 여자들 중의 한 사람이다. 그 여자는 커다란 트렁크를 머리 위에 얹고 맨발로 철로 위를 척척 걸어간다. "혼자도 괜찮아, 함께 간다면 더 좋아요"라고 대답했고, 그 여자는 무섭게 빠른 걸음으로 어둠 속으로 사라져 버렸다. 날이 밝아왔다. 잿빛으로 펼쳐진 평지의 길목에 큰 강이 가로놓여 있다. 철교는 폭파되고 건너는 것은 불가능하다.

시탕강의 도하점(渡河点)에는 수백 명의 일본군이 앞다퉈 몰려들고 있었다. 패주하는 일본 병사들은 연일 철야 보행으로 피곤에 지쳤고, 길거리에는 원한을 가진 미얀마인에게 살해당한 일본인의 사취(死臭)가 감돌고 있다.

위험한 도피행으로 혼잡함에도 속옷 한 장을 걸치고 도하점에 서 있는 조선인 위안부의 모습은 처절하였다. 어떤 사람은 더러운 통바지 차림으로, 머리도 얼굴도 흙투성이로 볼품없는 여자가 되어 있었다.

초라한 모습의 여자들(조선 여자와 중국 여자)은 단지 대량의 지폐(군표)를 가득 넣은 것을 머리에 쓰고 있었다. 전선에서 몸을 던져 얻은 혈육의 '보수'였다. 그것이 이제 단순한 휴지조각이 된 것이다. 말하자면 그녀들은 단순한 휴지나 다름없는 것을 긁어모으기 위해 육체를 걸고 도박을 한 것이다.

망령처럼 초라해진 몸으로 휴지나 다름없는 지폐를 머리에 이고 패주 천리를 계속하여 시탕강을 건너가지만, 불쌍한 그녀들은 빈정거림을 당하듯 혈육의 결정체인 '휴지'의 무게 때문에 물속에서 몸을 가누지 못해 상당수는 탁류에 휩쓸리고 만 것이다. 아무도 모르게 비참한 수장을 당한 것이다.

당시 시탕강의 도하점에는 여자들 100여 명이 있었다고 전한다. 이 도하가 얼마나 지옥문이었는지는 「당면한 영국군과 인도군보다 오히려 시탕강에 더 골치가 아팠다」는 데서 짐작이 간다. 그리고 많은 일본 병사들이 시탕강에 빠졌으며, 하류에서는 '하루에 250명의 익사한 시체를 봤다'고 전하고 있다.

『아사히신문』종군 기자인 마루야마 시즈오(丸山靜雄)는 당시 현장 상황을 다음과 같이 자세히 알려주었다.

슬픔을 남긴 것은 위안부와 음식점의 여자들이었다. 그녀들은 따로 조를 편성했지만 모두 군복, 군화, 전투모를 쓴 병사와 분간할 수 없었다. 아라칸 산에서부터 이라와디 강, 델타로 심지어 페구 산으로 부대와 함께 끝까지 행동했던 그녀들은 이제 고난의 길을 뚫고서 시탕 강변에 이르렀지만 그들을 기다리는 것은 탁류와 뗏목 뿐이었다. 발로 땅을 걸어서 여기까지 왔지만, 손의 힘이 200m의 탁류를 지탱

할 만큼 그녀들은 강하지 않았다. 피로와 몸무게에 다섯 손가락이 견디지 못하고 뗏목을 놓쳤을 때, 그 몸은 순식간에 탁류에 말려들고 말았다. 구원을 청하는 처량한 소리가 어둠을 뚫고 흘렀지만 거의 모든 여자가 다시 떠오르지 않았다.

그녀들은 모두 군표를 몸에 단단히 두르고 있었다. 군표는 몸으로 벌어 모은 수확이고 보면 몸에서 한 치라도 떼려야 뗄 수 없을 정도였다. 폐구 산에서는 비가 갠 틈을 타서 말리는 일도 있었다. 정글, 진흙탕, 탁류 그리고 포탄, 게릴라 속을 계속 가지고 다닌 것이 군표다. 다만 이것 하나를 붙들고 계속 지금까지 걸어서 한 걸음으로 마지막 난관을 돌파하려고 했는데, 비웃듯이 군표의 무게로 익사한 자가 적지 않았다.

참혹한 결말이었다. 마찬가지로 죽는다고 해도 어디에도 호소할 곳 없는 비참함이다. 시탕 강변에서 해군 탐지부대 700명은 미얀마 게릴라 부대의 습격을 받아 겨우 3명이 탈출하고 전원이 숨졌다고 한다. 또 병참병원 환자는 영국군에 발견돼 모두 쓰러져 죽었고 일본 적십자 아카야마 출신의 종군간호사 7명은 미얀마군에 습격당해 2명은 자결했다. 하지만 그녀들에겐 국가의 부름에 따른 명분과 묘비명이 있었다.

처음부터 속아 납치되어 누구에게도 말할 수 없는 치욕을 몸에 받은 조선인 위안부들은 그 이름도 알리지 않아 묘비명도 없다. 완전히 개죽음이나 다름없었다. 덧붙이면 미얀마의 중앙 평원에서 조선 출신 병사들도 많이 죽었다. 츠지 마사노부에 의하면, 제33군에 배속된 늑대 사단은 남조선에서 편성되었고 그중 3분의 1은 조선 청년이었다. 일본군 사령부는 남하하는 영국군과 인도군의 진격을 저지하기 위해 늑대 사단을 북상시키고 참수를 명했다.

이에 적의 전차 50대를 태웠으나, 적의 전차 1대를 몰살하기 위해 늑대 사단은 화포 1문과 인간 50명의 희생을 치렀다. 그리고 마침내 늑대 사단은 비극 속에 실종됐다고 한다. 전멸한 것일까? 어쨌거나 명분 없는 개죽음을 당한 것이다.

트루크섬,
위안부의 말살 조치

일본군의 대 근거지인 트루크 섬에 있는 큰 위안소의 보스들은 뇌물로 결탁한 군기지의 경리장교와 끊임없이 연락을 취하고 있었다. 그들의 뇌물에는 3가지 노림수가 있었다.

① 유리한 조건을 얻기 위해,
② 값싼 군수물자를 받기 위해,
③ 최악의 상황을 대비하여 정보를 얻기 위해, 즉 재빠르게 도망치기 위해서이다.

특히 전선에서는 예기치 않은 사태가 터지고 있는 터라 뇌물은 더욱 긴요한 것이었다. 그러나 이들은 긴박한 전황에 대해서는 여자들에게 조금도 입 밖에 내놓지 않으려 한다.

미군이 마셜제도에 대공습을 가하여 메이킨(Makin)과 타라와(Tarawa)의 두 섬(1943년 11월 25일), 콰잘레인과 윗제 두 섬(1944년 2월 4일)의 분쇄라고 하는 절박한 위기가 닥쳤을 때, 트루크 섬의 포주는 매일 기지의 경리본부나 사령부를 뻔질나게 다녔다고 한다. 그들은 일본으로 귀국을 애원하기 위해서이다.

더러운 근성의 그들은 얼마 전까지는 군 요원의 완장을 차고 여자들 앞에서 '애국'를 부르짖고 보란 듯이 행동하였지만, 이번에는 '비전투원'이라서 일본에 보내달라고 촉구한 것이다.

전쟁속에서 군 매춘을 선동하고 돈벌이에 혈안이 돼 있던 그들은 생명의 위기에 대해 매우 민감했고 비겁할 정도로 소심하게 움직였다. 그러나 태평양 섬들의 군대는 그들의 요구대로 돌려보낼 리도 없어 다음과 같이 반복해서 대답했다고 한다.

"일부러 되돌려 보내는 한가한 배는 없다. 우두머리인 너부터 만일의 경우, 깨끗하게 자결하는 거다. 여자들에게도 각오를 잘 말해 두어라. 당신은 여랑(창녀)이 아니니까"하며 반은 위협, 반은 본심일 것이다. 그런데 포주 남자의 맹렬한 뇌물의 효과도 있어, 주변의 전세가 절박해지기 전에 일부의 포주와 위안부만 비밀리에 할당된 수송선과 수송 항공 모함의 배 밑에 숨겨 들이는 것이 가능했다. 제1진은 『아사히 마루』로 귀국했다(1943년 12월). 거기에는 몇 곳의 장교용 여랑집 포주와 위안부가 포함되었다.

결국, 이 기지에서도 평소 경리 장교들에게 뇌물을 적게 준 여랑집들만 남겨진 것이다. 그러나 승선한 일행 중 일부는 도중에 사이판에 하선시켰고 나중에는 자결하게 되었다.

궤멸적인 대규모 공습이 이어지고 푸른 눈의 미군이 상륙한다고 들은 일본인 위안부들은 "우리들이 면도기로 목을 베어 죽이겠다"며 중얼거렸고, 어떤 한 여자는 슈미즈(속옷) 차림으로 울음을 터뜨리고 "바보, 어른들 바보, 우리를 속여서 이런 곳에 데리고 왔어"하며 위안소 보스(포주 남자)에게 심하게 욕을 했다. 같은 위안부로 조선에서 갑자기 끌려온 여자들도 이런 통곡을 하였을 것이다.

트루크 섬은, 미국 측에서는 일본의 진주만이나 태평양의 지브롤터라고 불렀을 만큼 일본 해군에게 태평양 최대의 근거지이다. 이 기지의 안전을 확보하기 위해 개전 직후 일본군은 라바울까지 진격했다. 라바울을 비롯한 솔로몬 해전도 결국 트루크 근거지를 지키기 위한 것이었다. 트루크가 태평양의 본거지인 만큼 요릿집, 위안소가 줄지어 있었고 제4함대 장병들은 여체의 서비스에 녹아 있었다.

1944년 2월 17일 오전 5시가 되기까지 미군기 70대가 1차로 트루크 섬을 폭격했다. 아홉 번에 걸쳐 모두 450대로 미군 폭격이 있었고, 트루크 기지는 이른 아침부터 저녁까지 화염으로 뒤덮였다. 다음날 2월 18일, 미군 비행기는 트루크 항 상공을 누비며 도망치는 함선을 엉망으로 부수어 가라앉혔다. 이틀간의 공습으로 격추된 일본기는 약 300대, 함선이 대부분 격파되고 저장식량 2,000톤과 1만 7,000톤의 연료를 채운 탱크 3개가 불에 타 육상에서만 약 600명의 사상자가 발생했다.

일본군은 트루크 섬에 근접 중인 수송 선단과 군인 1,200명이 함께 수장되었다. 트루크 섬 공습과 동시에 섬 북동쪽에 있는 마셜제도의 셜에니웨톡섬(수비병력 3,980명)도 함포 사격을 받았고, 20일 미군이 상륙하여 생존자 34명을 남기고 전멸했다.

이처럼 트루크 섬에 천지를 진동하는 대공습이 시작되자, 위안부들은 뒷산의 빵나무(뽕나무과) 수풀에 파놓은 방공 수조에 몸을 숨겼다. 하지만 위안부의 보스는 뇌물용 지폐 다발을 안고 한참 떨어진 활주로를 향해 달려갔다고 한다. 거기엔 언제든 이륙할 수 있도록 폭음을 터뜨리며 대기 중인 도주용 중형 군용기 한 대가 있었기 때문이다.

"나라를 위하여"라고 외치며 거짓말로 여자를 모았던 여랑집 보스라는 자는 속앓이를 하며 여우처럼 날렵하고 근성이 더러웠다. 공습 사이렌이 울리자 자신만 살아 보려고 비행장으로 달려나갔다가 안 된다는 걸 알자 탄성을 지르며 탈주할 배를 찾아 군항으로 달려갔다.

2월 17일, 18일의 끊임없는 맹폭이 반복된 후에, 드디어 섬 전체가 불길에 휩싸였다. 하늘도 바다도 조명탄으로 훤하게 빛났고 비행장도 요새도 고사포 진지도, 야자수와 빵나무 거목조차도 무시무시한 굉음과 함께 날아가 모든 것이 타올랐고, 대부분 시설이 잿더미로 변했다.

위안소(제1남월, 제2남월, 제3남월) 3채가 벌그스름한 밤하늘을 배경으로 마치 요화의 꽃 춤처럼 불탔다. 여자들은 피난 방공호에 숨어 들어가 있었다. 방공호는 현지인을 이용해 판 동굴에 가까운 허술한 구축물이었지만 100명 정도의 여자를 수용할 수 있을 만큼 대규모였다.

마찬가지로 남아 있던 사령부와 병사들은 간신히 지하 깊숙한 방공호 속에 숨어 애벌레처럼 살아 있었다. 군 참모와 젊은 장교들은 위안부들을 부담스러운 짐으로 생각한 것 같다. 이제는 트루크 섬이 죽음의 전쟁터가 되어 자결해야 할 차례라고 판단했기 때문이다. 일본군은 여자들을 없애는 수단을 강구했다. 당시의 트루크 섬 위안부에 대한 사정을 상세히 언급하고 있는 니시구치(西口克己)의 『곽(廓)』이란 책은 다음과 같이 묘사하고 있다.

공습이 중단되는 사이에 밀명을 받은 시다(志田) 소위는 2명의 병사를 데리고 여자들이 있는 동굴로 다가갔다. 여자들에게 물어볼 필요도 없다. 결코 말을 걸어서는 안 된다. 말없이 일을 처리해야 한다. 그 녀석들은 풋내기 여자가 아니라 장사꾼들이다. 적이 상륙해 오면 무엇을 할지 모른다. 나라의 수치다.

긴장한 소위의 속삭이는 소리에 두 병사는 말없이 고개를 끄덕였다. 구두 소리를 죽이고 호 입구에 접근한 소위는 다시 한번 기관총을 움켜쥔 뒤 날카롭게 피리를 불었다. 호 내부에 과연 여자들이 있는지 확인하기 위해서였다. 벙커는 조용했다. 이어 다시 한번, 이번에는 저음으로 일본국가(기미가요)를 불었다.

돌연, 그때까지 아무런 반응이 없었던 호 속에서 짐승의 비명소리 같이 이상한 훌쩍거리는 울음이 일제히 터져 나왔다. 어둠에도 판단할 수 있는 방공 두건을 쓴 5, 6명의 여자들이 산산이 흐트러진 모습으로 입구에서 뛰어나왔다.

'다다다다, 다다…' 빈틈없이 소위의 기관총이 불을 뿜었다. 거의 고함을 지를 틈도 없이 여자들은 부리나케 몸을 뱅글뱅글 돌리는 자세로 땅바닥에 쓰러지고 말았다. 동시에 소위도 병사도 맹렬한 기세로 호 입구로 돌진했고, 그다음 여자가 뛰쳐

나오기 전에 암흑천지의 동굴 내부로 맹렬한 기총소사를 가하고 있었다.

동굴에 메아리쳐 귀를 먹먹하게 할 정도의 무시무시한 총탄의 울림과 섞여 토막 토막 끊어지는 날카로운 비명과 신음소리가 잠시 들려오더니, 이윽고 미친 듯이 마구 쏘아대던 소위가 간신히 방아쇠를 멈췄을 때, 휑하게 호 내부에는 말 그대로 죽음의 침묵이 꽁꽁 얼어붙은 듯 멈춰 서 있었다.

그래도 여전히 조심조심하며 2, 3분 동안이나 귀를 쫑긋 세우고 있던 소위는 이제야 준비한 회중전등으로 재빨리 호 내부를 비춰보았다. … 울퉁불퉁한 흙벽에 도마뱀처럼 찰싹 달라붙어 피를 뿜어내는 여자, 거친 빵나무 지주에 매달린 채 우두커니 목을 부러뜨리고 있는 여자, 약간 떨어진 곳에는 한 덩이의 육포 덩어리처럼 겹쳐져 죽은 여자, 껴안은 채 죽은 여자, 통나무 막대기처럼 굴러다니는 여자, 대충 비춘 것만 해도 6, 70명 이상의 여자들이 완전히 토막이 나서 피범벅이 되어 죽어 있었다. 게다가 문득 소위가 알아차린 바로는 이미 주검이 된 여자가 한 손에 면도기를 움켜쥐고 있었다. 위안부들의 유일한 무기인 그 작은 면도기는 어지럽게 내던져져 있었다.

"임무 완료, 이번엔 우리가 죽을 차례다. 철수해"라고 말하고 소위와 2명의 병사는 다시 돌아갔다.

하지만 트루크 섬에 예정된 미군의 상륙작전은 없었고, 동시에 '자결'이라는 이름의 비극도 없이 지나쳐 버렸다. 트루크 섬의 위안부 비극은 결코 이 섬에 국한된 것이 아니었다. 일본이 점령하고 있던 섬 곳곳의 여자들이 이런 종류의 처지에 시달린 것은 확실하다.

트루크 섬에서 재빠르게 일본으로 돌아온 위안소 경영 보스들은 여자들의 목숨은 염두에 두지 않고 자신의 금전욕으로 인해 끊임없이 한탄한 것일까?

"우리는 트루크 섬이란 아주 지독한 섬에 평생에 걸쳐 모아둔 돈을 버리러 갔다 온 것이 아니잖아." 이것이 그들이 내뱉는 푸념이었다고 한다. 미군은 트루크를 그냥 지나치고 사이판을 덮쳤는데, 사이판에서의 여자들이 당한 비극에 대해 한마디 하고자 한다.

사이판은 미군이 상륙하고 잔존 일본군이 최후의 참수에 돌입하기 전, 대부분의 일본 부녀자들은 '입수(入水) 자살'을 했다. 입수 자살이란 산호초 물가에 마치 목욕이라도 하듯 검은 머리를 뒤로 늘어뜨리고 깊은 바닷속으로 들어가서 가라앉는 것이다. 아기들을 안은 어머니, 어린아이, 단발머리 소녀 등이 섞여 있었다고 한다. 미군에게 붙잡혀 수모를 당하기보다는 죽음을 택한 것이다. 이는 일본 군대가 전쟁터에서의 부녀강간에 대한 자기투영이라고 할 수 있는 행위이다. 그것은 곧 직간접적으로 일본군으로부터 강요받았다고도 할 수 있다.

'입수 자살'은 며칠 동안 계속되었고 그 모습을 지켜보던 앞바다에 정박 중이었던 미군의 선박이 사진을 찍어 『라이프』지에 게재, 일본인의 집단자살을 진기한 뉴스로 다루어 미국 전역에 유포했다.

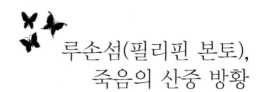

루손섬(필리핀 본토),
죽음의 산중 방황

　　미군의 반격이 심해져 '루손섬 결전'이 가까워졌을 때, 일본 해군 측에서는 1944년 9월 비전투원인 부녀자(위안부) 모두 일본 국내로의 귀환 명령을 내리고 병원선 히카와 마루에 일부의 여자를 강제로 태우고 철수시켰다. 그러나 육군 측에서는 철수 명령도 하지 않고 여자를 데리고 있었다. 해군은 해상수송을 관장했던 사정도 있고, 게다가 육군과 불편한 관계로 인해 사정이 달랐다. 따라서 현지에는 상당수 여자가 여전히 잔류했고, 급기야 비극의 길동무가 됐다.

　　먼저 마닐라의 비극을 보면, 필리핀 전선에서는 일본군이 쳐들어온 직후인 1942년 5월경부터 적군과 아군의 격전이 시작되어 중상병이 속출했으며, 죽음의 공포에 질려 자살한 자도 있었다. 연합군이 레이테섬(필리핀의 남동쪽에 위치)에 상륙한 그해 10월 20일경부터 일본 장병들은 자포자기가 되어 총을 버리고 야전 병원의 간호사들을 범하기 시작했다.

　　빌어먹을! 이렇게 된 바에야 좋은 상대를 만나서 미련 없이 재미나게 놀아야지. 자결하는 것은 아니지. 당장, 필리핀 여자들부터 시작할까?

이 말을 듣고 간호사들은 겁에 질렸다고 한다. 그리고 곧 성욕에 미친 장교들은 종군간호사를 차례차례로 위안부같이 희생물로 삼았다. 전 마닐라부대의 야전 병원 간호사 와자오카 야에(技岡八重, 가명, 44세)의 신변 사정은 이렇다. 그녀들의 평균 연령은 21세의 젊은 나이로 마닐라 외곽(바부타의 초등학교)을 접수한 야전 병원에서 일하고 있었다(남방연대 3대대 파견 이와타 부대 병력 1,350여 명, 종군간호사 54명).

어떤 통신기사는 주임 간호사의 허락을 받고 밤마다 드나들었고, 함포사격이 병원 건물을 뒤흔들고 있을 때 일부 장교들은 미친 애욕을 토해내기 시작했어요. 마닐라만이 하루 밤낮 적기의 강하 폭격을 받은 다음 날, 마닐라 시내의 필리핀인들이 집안 살림을 등에 지고 우왕좌왕하는 인파가 교외로 연일 이어졌어요.

M 장교는 복통약을 숙소로 배달해 달라고 내게 말했어요. 민간 호텔을 리모델링한 숙소에 가니, 갑자기 내 위를 덮쳤어요. 반사적으로 발버둥 쳐 달아나려 했지만, 거구인 38세 중년 남자인 M 장교의 힘을 당해 내지 못하고 마침내 백의를 빼앗겼어요.

"용서해 주세요. 제발요 그것만은 용서해 주세요"하며, 나는 필사적으로 외쳤어요. 한순간 내가 마지막 힘을 다해 M 장교를 물리치려 했을 때, 나는 하복부에 심한 통증을 느끼고 그대로 의식을 잃고 말았습니다.

뿐만 아니라 내가 의식을 차렸을 때는 M 장교가 아닌 다른 Y 장교가 입맛을 다시는 얼굴로 왠지 짐승의 추악함과 함께 내 눈에 희미하게 비치는 것이었습니다. 처녀를 빼앗겼다는 안타까움보다 모국의 승리를 놓고 생명을 걸고 싸우고 있어야 할 장교들에게서 더 큰 절망감을 느꼈기 때문입니다. 또 장병들로부터 인간적으로 신뢰할 수 없는 공허함을 지겹게 깨달은 슬픔도 있었지요.

그 후, M과 Y장교는 그녀의 몸을 계속 요구했고, 눈 깜빡할 사이에 2명이 3명이 되고 3명이 5명이 되는 식으로 장교의 수가 늘어갔다. 다른 간호사들도 마찬가지였다. 곧이어 간호 부장은 자살했다. 마닐라 시의 절반이 적의 공습을 받고 불에 타 무너진 직후에, 부장이 장교 관사로 불려가 백의에 선혈이 번져 돌아온 직후의 사건이었다. 또 다른 간호사들도 장교에게 몸을 빼앗겼고 그중 2명이 자살했다. 한 간호사가 "천벌을 받을 거예요"라고 말하자, 장교는 그녀의 뺨을 치며 고함을 질렀다.

무슨 말을 하는 거야, 이 매춘부! 네 년들이 우리 기분을 알기나 해! 일본은 졌어. 일본은 이제 전쟁에서 진 거나 다름없어.

간호사 전원이 장교들의 미친 욕망의 배수구가 된 것은 마닐라 시가 완전히 포위되던 해(1944년)의 12월 중순부터였다. 적의 포탄이 쏟아지는 것을 아랑곳하지 않고 그녀들은 거의 매일 장교들의 노리개가 되고 있었다. 종군간호사란 겉으로 드러난 가명으로 일부 장교들의 노리개에 불과했다.

이와타(岩田) 부대가 전멸한 12월 8일, 간호사들은 수류탄을 들고 뒷산으로 도망쳤는데, 적병에게 발견되어 포로의 운명이 되었다. 그리고 포로시설로 보내지는 수송선에서 차례로 바닷속으로 몸을 던졌다(『현대독본』제2호, 1969년 3월).

1945년 1월 6일, 미군의 링가옌(Lingayen)만(루손섬 서부의 해안) 상륙과 동시에 일본군의 주력 부대는 루손섬 서부의 바기오 지구(산페르난도의 남쪽)에 결집하였고, 마닐라 지구 외에는 진무집단(振武集團, 전투병집단)과 건무집단(建武集團, 공병집단)이 군수품 반출 원호용으로 2만 명 정도 남아 있었다. 그래서 위안부들도 양분됐다. 상륙한 미군 7만 명은 대거 마닐라로 진입, 일본군과의 사투로 지옥의 전쟁터가 되었고, 일본군은 전원 전사하거나 자결하였다.

이와 전후해서 필리핀 게릴라(민병대)가 발생하여 일본인(부녀자)에 대한 복수가 시작되었다. 도망치려고 허둥대는 위안부를 쫓아다니며 끌어내어 곳곳에서 참살했다. 어린아이마저도 모조리 살해당했다. 그 수는 부정확하나

1,000에서 2,000명 정도라고 한다(스미 건지 「지옥 전선의 일본군」 『특집 문예 춘추』 1955년 12월).

그 무렵부터, 루손섬 북부에 남아 있던 일본군과 동행하는 500명에 이르는 위안부와 일반 부녀자가 방황하며 죽어가기 시작했다. 패주를 계속하는 일본군은 거동이 불편한 부상병을 주사를 놓아 죽였다. 밀림 속 병원에서는 미군에 쫓겨 산속으로 이동할 때 위생병과 종군간호사가 움직이지 못하는 병사를 모르핀 주사로 죽이고 다녔다. 이때 두 다리가 없는 병사는 "죽기 싫다, 싫어" 하며 땅을 기어 도망 다녔다고 한다(『주간 신조(新潮)』 1974년 8월 22일호).

1945년 1월, 군대도 위안부도 북부의 산지로 도주를 계속하여 1월 18일경 산호세, 편칸을 지나 발레타(Baleta) 고개의 북쪽 산타페 계곡에 도착하여 야자수 잎으로 만든 닛파 하우스에 살았다.

1945년 3월에 들어서니 미군은 파레티 고개 수 km를 추격해 와 포격을 개시했다. 그곳은 계곡이어서 탄알은 떨어지지 않았지만, 식량이 문제가 됐다. 거기서 병사들은 여자들에게 〈밥벌레〉라고 욕을 퍼부었다. (그해 3월 20일경, 필리핀 파나이섬(일로일로)의 일본인 부녀자 약 80명은 미군에게 추격당해 자결했다. 『마이니치신문』 1973년 6월 3일).

5월에 들어서면서, 이 여자들은 진흙투성이가 되어 미군에게 쫓겨 더욱 오지로 도망쳤다. 이때의 위안부는 기생, 댄서를 포함하여 약 400명이었다. 때는 우기에 접어들었다. 그곳의 우기는 호우의 연속이다. 우비는 아무것도 없었다. 그녀들은 담요를 둘러쓰고 진흙탕이 된 산길을 걸어갔다. 민과 군의 패주 행렬이 이어졌다. 빗속에 허기진 배를 움켜쥐고 기진맥진해도 쉴 수가 없다. 만약 방향을 잘못 잡으면 미군으로부터 전멸될 위험도 있다. 마지막 판국이었다.

400명의 위안부는 조금씩 분배한 흠뻑 젖은 생쌀을 한 알씩 씹으면서 코몬으로 향해서 갔다. 부근 일대의 정글 속에서 땅속에 파묻힌 다리는 비와 진흙으로 불어터져 볼품이 없었다. 그리고 그녀들은 흠뻑 젖은 담요를 뒤집어쓰고 잤다. 그런데 무서운 산속의 불청객 산거머리가 습격을 했다. 갑자기 여기저기서 "살려 줘!"하고 비명을 질렀다. 하나코(花香)라는 여자의 눈에는 피를 빨아들여 부풀어 오른 커다란 산거머리가 찰싹 붙어 있고, 그 눈은 귀신처럼 부풀어 올라 있었다. 옆의 여자가 칼로 산거머리 몸통을 후려치자, 똑하고 떨어졌다. 산거머리한테 눈을 물린 여자는 미쳐 있었다.

여자의 안구는 썩은 딸기처럼 돼 있었다고 한다. 이러다간 산거머리에 당해 죽을 수도 있을 것이다. 이렇게 해서 낮이 되어 겨우 태양이 뜨면 그녀들은 벌거벗고 젖은 옷과 담요를 말렸다. 그녀들은 소금에 목말라 현지인을 만나면 소금(암염)과 손목시계를 교환하려 했다. 맑은 날이면 이번에는 미군 비행기의 기총 공격에 노출됐다. 그녀들은 항상 정글에 숨어 있었다.

그녀들은 적에게 몰려 굶주림에 허덕이는 궁지에 빠졌다. 거기서 종려나무 같은 토로로 나무 일부를 돌로 문질러서 먹고 목숨을 지탱했다. 정글 근처에 미 해군기(그라맨)의 폭탄이 떨어져 즉사한 여자도 있었다. 그 시기에는 수많은 군인과 여자들이 대열에서 벗어나 정글 속을 떠돌았고 그녀들은 들짐승처럼 되어 갔다.

정글의 바위틈에서 꽃게를 발견하고 잡아서 돌멩이로 등딱지 등을 떼 내어, 허겁지겁 먹었다. 하지만 날 것이라서 설사 증세가 심해 얼굴이 부르트고 쓰러져 이틀을 고생하다 숨진 여자도 있었다. 대부분의 여자들은 피골이 상접했고, 거기에 아메바 이질에 걸려 울면서 죽었다. 이것이 필리핀에 있던 군대 위안부의 마지막 모습이었다.

목적 없이 도망 다니며 여위고 해골 같은 그들은 풀을 뜯어 먹었다. 어떤 여자는 1m나 되는 푸른 도마뱀을 이빨로 물어뜯었다. 그 입은 피로 젖어 악마 같았다. 배고픔이 그녀들을 악마로 만든 것이다. 모두 피투성이가 되어도 도마뱀을 물고 있었다.

정글을 계속 떠돌던 그녀들의 몸은 쇠약해지고 영양실조에 걸렸고 마침내 정글이 그들의 무덤이 됐다. 미군이 그녀들을 발견했을 때, 이미 많이 굶주려 뼈밖에 안남아 있었다. 물론 수많은 군인과 민간인도 모두 정글에서 죽었다. 결국 위안부들 400명 대부분이 죽었다.

그런 사이에, 여체를 매물로 삼았던 매춘 업자의 보스 중 한 명인 오코마기(大駒木, 중일 전쟁 이후 2,000명이나 되는 여자를 사냥하여 위안소를 만든 남자)는 위안부들과 함께 산중에서 방황을 계속했다. 그런데 방황 중에 한 사람의 위안부가 필리핀 사람과 결혼했다. 이 남자는 그 여자에게 매달려 비밀 장소에 오두막을 제공받아 항복의 날까지 산속에서 식량이 모자라지 않고 생활했다고 한다. 무수한 여자들을 꾀어 생활해 온 남자답게 위기 때 처신하는 법, 근성의 끈질김이 놀라웠다(카토 미키오,『숨겨진 여자의 전쟁기록』).

루손섬 패잔병의 비극 중, 이른바 인육 사건도 언급한다. 대열을 벗어나 정글을 헤맨 병사 일부는 굶주림 끝에 전우를 죽여 먹기에 이르렀다. 마닐라 최후의 일본군(진무집단) 참모장인 소장 가쿠켄 유키(角建之)는 루손섬 북부로 패주 중인 그곳 사정을 다음과 같이 말했다.

처음에는 병사체나 전사체의 대퇴부 살을 긁어내는 정도였지만, 다음에 그들은 살아 있는 자를 겨누었다. 그중 젊고 살찐 병사는 좋은 먹잇감으로 지목됐다. 그들 식인병사는 계곡 숲속에 숨어 힘 있는 자가 지나가면 거지와 같이 음식을 구걸하고, 한두 사람의 미약한 자가 지나가면 가까운 거리에서 한 발로 저격하여 쏘아 죽이고 바로 계곡물에 넣어 능숙하게 요리하여 고기와 내장을 떼어내었다.

그래서 한 사람의 단독 병사가 혼자 다니는 것은 가장 위험했다. 전령은 쉽게 살해당했다. 몇몇 척후병 순찰대원도 자주 당했다. "다른 일본군에게 먹히지 마라.", "○○ 골짜기는 통과하지 마라, 위험하다." 이것은 병사가 임무를 위해 나갈 때, 상관이 전송하면서 주의를 당부하는 말이었다.

사령부 헌병대 한 통신대의 1소대 11명은 산속에서 일본군 1명을 사살하고 계곡에 끌어들여 요리하고 인육을 각자의 밥그릇 통에 분배하고 있는 것을 보았다. 그들은 밥그릇 통을 각각 2개씩 가지고 있었고 그 속은 인육은 말할 것도 없고 간과 뇌까지 채워 넣었다.

 어떤 숲속에서는 일본군 15, 6명이 모닥불을 둘러싸고 앉아 솔 통나무에 얇게 붙인 인육을 굽고 있었다. 그 현장을 헌병 수색대가 확인한 것이다.

—『특집 문예춘추』 1955년 12월호

제13장

군대 위안부의 변모

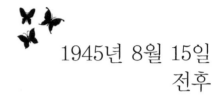

1945년 8월 15일
전후

아시아 대륙과 태평양 섬들을 전쟁의 소용돌이에 몰아넣으면서 횡포를 일삼은 일본 군대는 붕괴해 가는 모습도 잔혹성을 띠어 비참한 것이었다. 약탈과 강간을 잘하는 천황의 군대인 만큼 조선 여성들을 대량 동원하여 허리에 찬 채 싸우므로, 매춘 업자와 총독부 관헌들에게 꾀여 먹잇감이 된 군대 위안부 그 말로는 비참한 것이었다.

젊은 몸을 팔아 모은 '보수'로 수중에 남은 종이뿐인 저금(貯金)의 액수는 상당한 것이었을 것이다. 그중에는 수만 엔의 저금을 가진 여자도 있었다. 오늘날의 돈으로 환산하면 큰 재산에 해당하는 숫자이지만, 그것은 모두 가짜수표로 돌아갔다. 만일 일본군이 이겼다고 해도 군표라고 하는 '보관금' 그 자체는, 심신이 모두 황폐해져 잔해에 지나지 않았던 그녀들에게는 아무런 도움도 되지 않았을 것이다.

색 지옥의 굴레 속에 시달린 끝에 살아남은 위안부들은 결국 어떻게 되었을까? 남방 전선의 각지에서 패주를 계속하는 일본군들과 함께 도망 다니던 위안부들은 속옷 한 장으로 도하점에 외로이 서 있는 것을 본 일본인 종군 기자의 눈에도 불쌍한 것이었다.

그녀들은 아무것도 가지고 있지 않은 채, 그냥 주머니에 대량의 지폐를 쑤셔 넣고 있었다. 전선에서 악착같이 벌어 모은 돈이지만 일본의 패전으로 그 지폐는 다시 폐지로 돌아갈 것이다. 단순한 폐지에 불과한 것을 긁어모으기 위해 그녀들은 자신의 몸을 내던진 것이다. 망령처럼 여위고 값없는 지폐와 함께 패주하는 위안부의 모습은 일본군보다 훨씬 초라하단 생각이 든다.

그녀들이 일본인에게 속지 않고 고국에 있었다면 보통의 주부가 될 여자였다. 그러나 초라한 모습에 빠진 여자들은 이제 무사히 '살아 고국으로 돌아가는 것'만이 유일한 소원이었다. 하지만 무사히 고국으로 돌아갈 수 있을 것인가? 지상의 전쟁은 끝을 통지받았지만, 그녀들은 아직도 수욕의 무리에 덮쳐진 숙명의 여자였다.

패전 후, 인도네시아의 수마트라 북단 마을에 주둔하던 부대가 부대용 위안부들 수십 명을 사령부가 있는 메단(Medan)까지 송환하게 됐다. 그때 여자들을 호위했던 하사관이 인정상 여자들과 교섭이 많았던 관계로 여자들을 위로하며 기차를 타고 계속 가고 있었다. 그런데 도중의 어떤 역에서 200명 정도의 타 부대 병사가 승차했다. 이들은 동승한 여자들을 보자 눈이 휘둥그레져서 하사가 말려도 듣지 않고 여자들을 윤간했다. 그때 하사관이었던 남자는 이 말을 하면서 실로 근심스러운 눈살을 찌푸렸다.

— 이토 케이이치의 이야기

그래도 적과 싸우는 동안에는 일본 군대라는 조직과 규율이 있어서 명령과 복종의 규칙이 있었지만, 이제 부대도 계급도 존재하지 않는다. 오로지 천박한 수욕의 집단일 뿐이었다.

패주를 거듭하던 일본군 부대는 곳곳에서 무장해제돼 방콕의 수의(獸醫) 학교 등의 포로수용소에 수감 되었다. 거기서 중국인 위안부 6명이 애원했다. 그녀들도 고향 장쑤성(江蘇省)에서 잡혀 와 위안부가 됐고, 미얀마 전선으로 끌려가서 행동을 함께한 여자들이다. 그녀들은 일본 패잔병과 동행하여 태국의 방콕까지 따라갔었다. 그녀들은 각자 많은 양의 10 피아스톨 지폐(미얀마 군표)를 갖고 있었지만, 일본의 패전으로 휴지조각이나 다름없게 되었다. 난감한 이들은 일본군 수용소로 찾아와 "이 지폐(군표)를 태국 화폐 바트로 교환해 줄 수 있느냐?"고 부탁한 뒤 "만약 안 되면 우리를 일본으로 인솔해 달라. 우리들은 일본 병사와 깊이 친해져, 이미 일본인과 같이 되어 버렸다"라고 애절하게 호소했다. 그녀들은 자신의 한 몸 처리하기도 어려운 나머지 이렇게밖에 할 수 없었을 것이다.

중국과 일본은 7년간의 교전으로 적국의 관계였다. 지금쯤 그녀들의 조국 중국에서는 해방전쟁의 승리로 용솟음쳐 오랜 세월의 '동양귀(일본군대)'를 쳐부수어 평화의 마을로 되살아났을 것이다. 하지만 침략군 '동양 귀신'에게 몸을 빼앗기고 살아온 그녀들에게 돌아갈 조국은 없다는 생각을 한 것일까? 같은 운명을 거치면서 깊은 상처와 증오를 감추지 못하고 있는 조선 여인들의 심정도 착잡했을 것이 틀림없다.

이들 중국 출신 위안부의 제안에 대해서 나가세 오리(永瀬降)라는 전 헌병대 통역관이 협상 역할에 나섰지만, 그것을 해결할 수도 없어 결국 현지의 화교 단체와 상담한 끝에 그녀들은 고아원에 수용되었다고 한다(이토 케이이치 『전쟁·성·여자』).

8월 9일 소련군은 '소련과 만주'의 국경을 넘어 진격했다. 국경 거리인 쑹화강(松花江, 다칭과 헤이룽장성 사이의 강) 연안의 쓰루오카(鶴岡) 탄광은 푸순과 푸신에 버금가는 대 탄광이다. 5곳의 채탄소 중간에 회사 본부와 1,000여 명의 일본인 사원이 있었다. 이들은 수만 명의 중국인과 조선인을 채찍질하여 혹사하고, 특무대와 헌병 경찰의 감시 아래 감옥노동을 당하고 있었다. 말하자면 만주 전 국토가 바로 감옥이나 다름없었다.

그곳에선 굶주림과 피로와 린치와 재난이 되풀이돼 사망자가 속출하였다.

그 주변에 둘러친 가시 철책에는 고압 전류가 장치되어 탈주자가 있을 때마다 서치라이트로 어둠에 비추고 사이렌이 섬뜩하게 소싱안링(小興安嶺, 중국과 러시아 경계 산맥)에 메아리쳤다.

냉혹한 인간 지옥의 사슬이 끊어진 것은 소련군이 진격하던 날이었다. 이 날을 기점으로 일본 군인들은 도망치려고 남쪽으로 남쪽으로 향해 내달렸다. 오랜 세월 동안 상대편을 잔혹하게 굴었던 만큼 보복의 폭발을 우려하여, 참혹하게 죽임을 당할 것이라는 비장함에 떨었음은 말할 것도 없다. 일본인 여성은 "치욕을 당하기 전에 죽어라"하고 이미 전원이 청산가리를 건네받았다.

일본군에서는 현지에서 수행해 온 잔인한 증거를 없애기 위해 각 지역의 가스탱크를 폭발시켜 도시와 마을을 불태우며 달아났다. 도망가는 일본인 엄마들은 동행하던 아이를 차례차례 길가의 낡은 우물에 처넣었다. 한 여자는 병사에게 "아이들을 편하게 해 달라"고 부탁했고, 병사는 기관총을 우물 위에 난사해 아이들의 울음소리가 순식간에 사라졌다.

관동군의 일본 군인들은 국경의 급변사태를 조금도 내색하지 않고 맨 먼저 도망쳤고, 일반 일본인을 그대로 방치해 버렸다. 성매매 업주들조차 소련군의 남하 소식을 듣고 기겁을 했다고 한다. 그들은 황군을 영구 불패의 군대라고 굳게 믿고 있었던 것 같다. 위안부들은 말 그대로 입은 옷 그대로 우왕좌왕했다.

성난 파도처럼 몰려든 소련 군대에도 맹렬한 자가 있었던 듯, 일본 침략군을 응징할 기개도 물려받았겠지만, 전쟁터 특유의 수욕에 사로잡혀 일본인이 모인 장소로 몰려가서는 "여자를 내놓으라"고 위협했다. 일본군 악행의 인과응보라고나 할까? 정조를 빼앗긴 일본 여성도 많았다. 밤마다 소련 병사로부터 "여자를 내놔"라고 재촉당하자 어떤 일본인(위안소 주인인가?)은 조선 위안부를 찾아내 대신 내줬다고 한다.

오랜 세월 강탈당하고 모멸당하던 중국인들의 원한이 일시에 터져 나와 마을마다 괭이를 들고 일본인을 습격했다. 이때 일본 군민에 섞여 있던 조선 위안부들은 어디로 도망가야 좋은가? 그녀들은 도대체 가해자인지, 아니면 피해자인지. 또 패주 중인 한 병사는 도망치려는 조선 위안부를 계속 쫓아다니며 몸을 요구했다고 한다.

그러나 조선 위안부 여인들은 "이제 더 이상 위안부가 아니야, 이제 인간이 되었다"라고 하며 외쳤다고 한다. 저주스러운 일본군 섹스 노예로부터 해방된 자기 자신을 알게 된 것이다. 여기저기의 일본 군대에서는 약속한 듯한 사실 두 가지 있었다. 그중 하나는 현지의 조선 출신자(장병과 일반인 포함)를 몰살할 계획을 세운 것이다. 둘째는 철수 또는 패주할 때 조선 위안부에게는 한 마디도 알리지 않은 것이다.

일례로 사할린의 일본 군대는 조선인 몰살을 계획해 사할린 청장에게 허가를 구했으나 승낙받지 못하여 미수에 그쳤다. 사할린 북부 마을에 남겨진 위안부들은 나중에 절박한 상황을 알고 정거장에 뛰어들다 달리는 기차에 깔려 죽었다.

사할린 중부지역의 포로나이스크에도 젊은 조선 여자들만 있는 여랑집(위안소)이 5, 6곳이나 있었다. 1945년 8월 10일 연합군 폭격기들이 날아와 일제히 불을 뿜으면서 포로나이스크 거리는 불타기 시작했다.

방치된 위안부들은 적군 전차 소리에 놀랐고, 필사적으로 기차역으로 달려갔다. 포로나이스크를 출발하는 마지막 기차가 개미처럼 몰려든 일본인을 태우고 움직이기 시작했다. 거기로 달려간 조선인 위안부 20여 명이 기관차 쪽까지 달려가 소리를 내지르며 정차해 달라고 애원을 연발했다. 그런데 기차는 속력을 더할 뿐 정차하지 않았다. 결국 그녀들은 기관차를 추월해 철길 안으로 달려 들어갔다. 기차가 요란스럽게 경적을 울리지만, 그녀들은 뒤돌아보고 다시 뒤돌아보고 달리면서 필사적으로 "세워 달라"고 기관차를 향해 외쳤다. 그러는 동안 그녀들은 지쳐 비틀거리며 넘어졌다.

기차는 그녀들을 깔아뭉개고 지나갔다. 순간 핏방울이 튀기면서 철로 위에는 핏방울로 범벅된 젊은 몸 조각이 흩어졌고 살점이 떨리고 있었다고 한다. 이때 살아남은 여자는 4, 5명뿐이었다.

조선 시골에서 관헌들의 압력과 매춘 업자의 감언에 이끌려 사할린 끝까지 온 그녀들의 마지막 모습이었다. 이 비화는 사할린에서 홋카이도로 건너온 일본인 모 씨(혁신계)가 사할린 동포 문제를 탐색하는 장재술 씨 앞으로 보낸 편지에 쓴 것이다(장재술 「옥문도 사할린의 우는 사람들」).

1945년 8월 15일부터 며칠간 서울의 조선총독부 뒤뜰에서는 '중요서류'와 '문서' 소각에 정신이 없었다. 그 악몽 같은 '성전완수' 구호를 외치며 온갖 이름의 정신대, 지원병, 학도병, 징용 그리고 여자 애국정신대 등 그것들의 동원 기록은 죄악의 호적부였을 것이다.

일제의 관헌은 이를 소각하는 데 급급했고, 종이를 태우는 연기가 공중으로 치솟았다. 모든 증거자료는 잿더미가 되었다. 각 도의 경찰부와 각 군 경찰서도 마찬가지였음은 물론이다.

조선 전 국토에서 조선인 남녀가 얼마나 국외로 끌려나갔고 징발되었긴 정확한 숫자를 단정할 수 없다. 하지만 방대한 수가 끌려 갔음은 충분히 알 수 있었다. 결국에 조선의 여성들이 얼마나 끌려나갔는지 지금까지도 그 인원은 알 수 없다. 하지만 이 마을, 저 마을, 이 고장의 사람들, 저 고장의 사람들에서 납치당한 딸들의 어림짐작은 가능하다. 대략 그 수를 20만 명이라 보고 있다.

거기다가 조선의 남자가 전쟁터로 연행된 것을 더하면 족히 100만이 넘는다. 그들 대부분은 20대와 30대였다. 당시 조선 민족은 약 2,500만이라 말하고 있다. 2,500만 명에서 청년 남녀 100만을 외국으로 데리고 나간다면, 그 민족은 머지않아 자멸할 상태가 될 것은 자명하다. 일본 정부와 총독부는 이것을 충분히 계산한 다음 조선인 대책을 세운 것이다. 따라서 일본인 관헌들은 일체의 증거문서를 지상 곳곳에서 말소할 수밖에 없었던 것이다.

그런데 8월 15일 해방의 환희가 식을 무렵, 떠날 때 울부짖으며 집에서 끌려간 조선의 여성들이 전쟁터의 군대 창녀가 되어 대부분 죽었다는 소식이 전 조선에 퍼졌다. 이를 알게 된 그녀들의 가족 중에는 화가 나서 일본 관헌의 개가 된 순경과 면의 관리들을 습격하곤 했다. 일본인 순경들은 재빨리 종적을 감추고 귀국하기 위해 부산항에 도착했고, 그리고 맞아 죽은 조선인 순경도 다수 있었다.

세상을 떠들썩하게 했던 '일본의 전쟁' 8년째에, 청천벽력같은 조국 해방의 날이 찾아왔다. 그런데 곳곳에서 뜻하지 않은 소동이 벌어졌다. 바로 '이혼 소동'이었다. 일본 전시 중에 무제한으로 징발한 여자 애국정신대를 군대 위안부로 취급하여 조선 사회의 후유증이 되었다.

일찍이 관헌들이 젊은 여자를 전쟁터에 끌고 가던 때에, 이것을 피할 방편으로 "남자라면 누구라도 좋으니까"하고 뒤뚱뒤뚱하는 불구와 같은 남자와 조건 없이 결혼을 얻어내 주부의 위치가 되었던 것이다. 앞에서도 언급했듯이 경중의 문둥 병자와 결혼한 여자도 있었다. 유부녀가 되면 애국정신대가 되지 않아도 되었기 때문이다.

어쨌든 모든 악몽 시대는 가고 정말 잘 살 수 있는 해방을 맞이하는 날, 언제까지나 부자연스러운 부부관계를 계속할 수 없어서 곳곳에서 이혼의 파란이 일어난 것이다. 이것은 남한 사회문제라 말해도 좋을 만큼 대규모였다. 이것이야말로 과거 무제한 여자정신대에 유인됐던 두려움의 후유증을 뒷받침하는 것이다. 그 이혼 건수가 대략 1만 건이 넘었다고 한다.

일본 점령군의 "방파제"가 된 여성들

위안부는 일본군 붕괴와 함께 섹스 노예에서 해방된 것이다. 그렇지만 패전 일본의 관헌은 과거의 발상을 토대로 이번에는 일본 여성을 점령군(주로 미군 병사)의 색녀로 집어넣을 계획을 세웠다. 일본 군대가 온갖 '현지 폭행'을 다했던 만큼 일본을 점령한 병사도 일본 여성을 닥치는 대로 범할 것이라는 가정하에 세워진 것이다.

이번에는 자기 동포 여자를 구슬려 점령군용의 창녀로 만들려는 계산이다. 이른바 위안부에 대한 구상을 재생산하는 것이다. 그래서 전쟁터에서 조선 여인을 잡아먹었던 '죽음의 상인'(매춘 업자)이 다시 떠올랐다. 원래 죽음의 상인 중에서 군수산업은 일본군과 함께 사라졌으나, 매춘 업자만은 개울의 쥐처럼 유유히 살아나 다시 소생한 것이다. 그들은 전쟁에 이기든 지든 돈을 버는 불사신 같은 존재였다.

과거 매춘 업자가 총독부와 군부의 공동작업으로 조선에 있던 딸을 속여 데려다가 '군대 여랑'에 집어넣었던 것과 똑같은 수법이 일본에서 재현됐다. 즉 일본 관헌과 우익의 퇴물군인 및 매춘 업자, 세 부류가 공모해서 일본인 젊은 여자들을 느닷없이 '미군 위안부'로 투입한 것이다.

그 의도하는 바는 일본의 '상층 계급의 부녀자를 점령군 병사로부터 보호한다'는 것이었다. 결국, 특권계층의 자위책이었다. 조선 민족을 속이고 희생시키는 습성으로 자국민도 속이고 제물로 삼는 것이다. 반대로 자기 국민을 속이는 습성은 이웃 민족을 속이고 희생시킨다. 그 기만법, 희생에 던져넣은 일부의 예를 소개해 둔다.

첫 번째의 예

가와사키시(川崎市, 도쿄와 요코하마 중간에 있는 도시)의 M 군수공장은 공습으로 소실돼 여공원의 기숙사가 절반만 남았다. 거기에 패전 후 가족이 있는 사람들은 귀향했지만, 가족을 잃은 여성들은 전쟁이 끝나도 한 달째 기숙사에서 살고 있었다. 게다가 여자 학도 동원에서 끌려간 여학생도 수십 명 섞여 있고, 일할 곳도 없이 식량난으로 불안한 나날이 계속되었다. 어느 날 신생 사회사업회 관광부라는 간판을 단 트럭을 타고 4명의 퇴역군인 차림의 남자가 찾아와 "관광보국을 위해 여러분들이 일해 주기를 바라니 꼭 오시지요. 월급은 많고, 식사는 지금의 일본 어디에도 없는 훌륭한 것입니다. 우리 회장님이 인도애(人道愛)가 넘치는 자선사업으로 경영하는 큰 회사이니 당장 오십시오"하며 간곡히 권유했다.

처음에 불안해하던 자도 유혹에 넘어갔고, 30명의 여성은 2대의 트럭에 실려 '인도애로 불탄 자선회사'로 갔다. 그러나 트럭이 도착한 곳은 미군 위안소였다. 그러자 내무부의 대표라고 말하는 남자가 나타나 다음과 같은 연설을 했다.

여러분들은 자만심을 가지고 이 특별 정신의 임무를 완수할 수 있어 황공하게 생각하라. 여러분들이야말로 일본제국 역사의 천세에 남을 열부들이다.

밤이 되니 미군이 들이닥쳤다. 미군을 보자 놀란 여자들은 달아났다. 그러나 달아난 여자는 위안소를 지키는 무장 경비에게 결국 붙잡혀 끌려왔다. 한 여성은 새벽에 도망쳤다가 잡혀 린치를 당해 오른쪽 눈이 뽑혔다(고토 쓰토무 편『속, 일본의 정조』1953년 간행).

두 번째의 예

일본 군부는 중국본토 결전에 대비해 도쿄의 고토(江東) 방면에서 대량의 여군 편성을 계획했다. 15세에서 45세까지의 여성으로 부상병 간호와 죽창 전투가 임무이다. 그러나 제1중대(103명)만 편성되었을 때 패전을 맞았다.

제1중대의 여성군으로 사이타마현의 농촌 부녀자를 동원했지만, 패전 후에도 그녀들을 돌려보내지 않고, '여성군 총재'인 모 궁비(宮妃)와 구 군부의 명령으로 동원 장소인 농촌에 머무르게 하였다.

그런데 9월 9일, "제군들은 여자 특공대로서 즉각 지정된 장소로 가서 참기 어려운 고비를 견디어 내며 모든 일본 부인의 으뜸이 되어야 한다"고 하는 내무성 치안 당국의 지령에 따라 그녀들을 도쿄의 4개 미군 위안소에 분산 수용했다. 그리고 기다리던 미군에게 정조를 빼앗겼다.

세 번째의 예

히로시마 현에서는 전시 중에 동원된 여자청년단원이 바로 위안부로 투입되었다. 쿠레시(吳市)의 H 군수공장에 동원된 히로시마의 여자청년단원 12명은 애국심에 불타 성전을 위해, 우리 처녀의 몸과 마음을 황공하옵게도 천황 폐하께 바치겠다는 서약서를 3통 쓰고, 거기에 각자의 혈판(血判)을 찍어 히로시마현의 지사와 H 사장과 여자청년단장에게 제출했었다. 그러나 히로시마에 원자폭탄이 떨어져 괴멸됐고 마침내 패전했다.

히로시마 출신인 그녀들은 쿠레시의 공장에 있었으므로 원폭은 면했지만 돌아갈 집도 없어 울고 있었다. 그러자 공장장이 서약서를 들고나와 펄럭거리며 이렇게 말했다.

> 얼마 안 있으면 적군이 상륙해 온다. 일본인 남자는 모두 살해당하고 여자는 모두 정조를 빼앗기게 될 것이다. 그러나 너희는 그것을 부끄러워하며 자살해서는 안 된다. 자살하기 전에 정조를 빼앗은 적병의 혀를 물어 죽여야 한다. 그것이 동원 중에 나태했던 제군들에게 있어서 유일한 충의의 길이다.

모든 것이 끝나 히로시마의 여자청년단 본부도 벌써 해체되어 버렸지만, 이 순진한 처녀들은 일기나 소지품을 태우고, 몸을 가다듬어 최후의 봉사가 가능하기를 기다렸다. 그리고 9월, 영연방 군을 중심으로 한 점령군이 상륙했다. 그러나 며칠이 지나도 사장의 말처럼 남자들을 닥치는 대로 살해할 기미는 없었다. 오히려 여자가 강간당하고, 수병들이 간호사 기숙사에 트럭을 타고 들어와 전부를 해치고 갔다는 소문이 있었다. 이런 거리의 소문에 다음 차례는 자기들에게 닥칠 것이라 걱정하지만, 상대의 혀를 물어뜯을 수 있을 것 같지 않아서 그녀들은 면도칼이나 작은 칼날을 몸속에 숨기고 있었다.

그런데 9월 14일경, 내무부 지정 '치안 유지회' 중국 지방 간사인 요네야마 겐지로(米山源次郎)라는 명함을 든 남자가 H 공장장을 방문해 설탕통 몇 개와 영국 담배를 선물했다. 두 사람은 한 시간가량 밀담을 나눈 뒤 서약서를 쓴 여성 9명이 거주하는 기숙사로 찾아왔다. 공장장은 거기까지 그 남자를 안내하고 도망치듯 돌아갔고, 요네야마란 남자는 9명의 여성 앞에 서서 그 혈판의 서약서를 꺼내어 높이 흔들며 말했다.

좋아, 자네들이 봉사할 때가 왔다. 나는 황공한 자네들의 깊은 뜻을 받아 야마토 나데시코(일본 여성)의 모범이 될 만한 부인을 찾기 위해 오사카에서 이곳까지 왔다. … 이러한 혈판의 서약서를 바친 너희들의 충성을 하늘도 아셨으리라. 그대들이 아니면 일본 여인의 정조를 주둔군의 미수로부터 지켜낼 수 없으리라.

사내는 신들린 듯한 열변을 한바탕 퍼부어댔고, 그녀들은 쉽게 넘어갔다. 그렇게 9명의 여성은 남자가 안내하는 트럭에 태워졌다. 그녀들이 타자마자 시커먼 막이 트럭 지붕 위에서 내려왔다. 아무 것도 보이지 않게 하기 위해서이다. 여자들을 태운 트럭은 오랫동안 달린 다음, 그녀들을 목조로 된 2층집으로 끌고 들어갔다. 그곳에는 점령군의 수병들이 기다리고 있었다. 수병들은 그녀들의 관자놀이(눈과 귀 사이)에 기관총을 겨누고 신체검사를 한 뒤 칼과 면도칼을 빼앗았으며, 수병들은 번갈아 9명을 강간했고 그녀들이 완전히 정신을 잃을 때까지 그만두지 않았다.

다시 그녀들을 트럭에 태우고 커다란 콘크리트 집 앞에 정차했고 불량한 일본 남자들이 9명을 차례로 집 안으로 집어넣고 전과 같이 그녀들을 윤간했다. 한 여성은 슬픈 나머지 자신의 혀를 깨물어 죽었다고 한다.

그렇게 해서 그녀들이 마지막으로 간 곳은 위안소였다. 그 위안소에는 아까 치안 유지회 간부라는 남자가 있었는데, "어때, 야마토 나데시코의 진가를 발휘했는가?"라며 "하하"하고 웃었다고 한다. 나머지 8명의 여성은 아연실색하며 울기만 했다.

일본제국 군대가 붕괴한 뒤 성전 필승의 화두를 잃은 대신 이번에는 어떤 구실을 내걸었을까? 어떤 식으로 희생을 요구했을까?

"너희들이야말로 황족의 공주를 비롯해 일본 전국의 귀족 가문 여인들의 정조를 지키는 방파제이며, 군함도 비행기도 잃은 일본이 마지막으로 배출한 영예로운 특공대이다."라고 말했을 것이다.

패전 후에 행한 이러한 사실은, 조선에서 딸을 속여 끌고 간 관헌들과 매춘업자들의 악당 행세와 무엇이 다른 것일까?

주둔군용
위안부

　패전 직후 일본 정부(경찰)는 은행, 매춘 업자와 결탁해서 대량의 위안부 만들기를 기획했다. 그것을 조사한 고토 츠토무(五島勉)에 의하면, 점령군 당국은 적극적으로 '위안소'를 만들려고 힘을 쓴 것은 아니라고 한다. 다만 일본 정부가 "'정복자의 환심을 사서 자신들의 권력을 유지하기 위한 가장 효과적인 방법은 여자를 안겨주는 것밖에는 없다'고 생각하고, 아무 것도 모르는 순진한 여자들의 육체를 미군 병사의 짐승 같은 욕망 앞에 바쳤다"고 말했다.

　천황의 항복선언 이틀 후인 8월 17일(히가시 쿠니[東久邇] 내각 성립)에, 내무성·후생성·경시청의 국장 회의가 열려 전국의 화류계 시설을 총동원하여 미군 병사에 대한 여체 제공을 논의하였다. 그 다음 날 구체적인 방안을 건의하기 위해 내무성 경보국과 경시청 대표가 다시 상의했는데, 그 자리에는 전국 유수의 매춘 업자의 보스 2명과 일본 권업은행 대표자 2명이 참석했다.

　이리하여 ① 경시청의 지시에 따라 모든 매춘 업자가 결속할 것, ② 정부와 경찰은 매춘 업자의 편의를 도모하여 비밀지령을 내릴 것, ③ 업자가 필요로 하는 자금을 권업은행이 10분의 7 이상을 지원할 것으로 기본 방침을 결정했다. 결국 정부(경찰 관계), 은행, 매춘 업자의 숙명적 결합이 형성되었다.

패전 15일 후인 9월 1일, 아사쿠사에 57명의 매춘 업자가 집합했는데, 거기에는 경시청과 권업은행의 대표가 참가해 폭력단을 동원해 부족한 여자의 수를 시급히 준비할 것. 업자와 폭력단에 의한 일반 여성의 권유·유괴·납치 등을 경찰은 묵인하고 여러 가지로 협력을 아끼지 않을 것을 약속하였다고 한다. 그리고 권업은행은 2,400만 엔 이상을 출자할 것, 모든 매춘 업자에 의해서 RAA(Recreation and Amusement Association) 즉 특수 위안 시설협회, 통칭 '주둔군 위안 경영협회'라는 것의 설립을 결정했다(고토 쓰토무 편『속, 일본의 정조』).

일본의 매춘 업자들은 전쟁 기간 내내 일본 군부와 정부 관헌과 뒤에서 손을 잡았다는 사실은 잘 알려진 바와 같다. 그들의 보스는 전쟁터에 일본 군대 위안부의 공급을 도맡아 했다.

일본 전쟁 중에 가장 큰 이득을 본 것은 무기 제조업자(특히 미쓰이, 미쓰비시 등 재벌)와 군 위안소를 운영했던 매춘 업자였다. 그리고 일본의 패전으로 전자는 사라졌지만, 여전히 돈벌이를 하고 있는 쪽은 매춘 업자였다. 그들은 전쟁에서 이기면 이기는 대로 지면 지는 대로 돈을 버는 괴물들이었다.

패전 일본에서의 매춘 업자의 특색은 다음의 두 가지였다.

1) 전쟁 중 일본군에게 제공했던 여자를 이번에는 점령군용으로 전환하는 것.
2) 정부(경찰)의 보호 아래 일반 여성을 속여 자신들의 돈벌이 수단으로 돌리는 것.

이들은 전쟁 중은 물론 패전 일본 세상에서도 상부의 명령이라며 여성들을 꾀어서 흡혈을 일삼았다. 이들 업자가 고백하듯 "무엇보다 경찰의 협조가 말해 주는 것이다"라고 한다. 패전 후 굶주림과 불안에 떨었던 많은 여성이 속아 위안소로 보내졌다.

그것은 바로 전쟁 중 학도근로령이나 여청년단 징용령 등으로 공장이나 농촌으로 끌어낸 여성들 중, 전쟁으로 인해 돌아갈 곳이 없어진 여자들이었다. 그녀들을 속일 때 내무성, 경시청, 매춘 업자가 일체가 된 협조는 물샐틈없을 만큼 교묘히 이루어졌다고 한다. 이렇게 해서 11월 말까지 2만 명 가까운 여성이 창녀로 종사했다. 그것은 조선에서 여성을 속여 데려온 패거리와 조금도 다르지 않았다. 이렇게 정부와 업자의 교활한 선전을 믿고 많은 일본 처녀가 희생양이 되었다. 아직도 천황의 속임수 문구에 헤매며 깨어나지 못한 한 여성은 일사보국(一死報國)[80]이라고 물들인 수건으로 머리띠를 두르고, 시키는 대로 미군에게 몸을 제공했다고 한다.

어떤 여성은 한 차례 도망쳤다가 업자와 경찰에게 "나라를 위해, 천황을 위해, 동포 여성을 위해 도망치는 것은 국민이 아니다"라는 화난 소리를 듣고, 미군이 기다리는 방으로 되돌아갔다고 한다. 이렇게 일본 정부와 업체는 그녀들을 주둔군용 위안부라고 부르거나 특별 정신 대원이라 칭했다. 이 용어는 당시 경시청 관리가 이름 지은 것이라고 한다. 그리하여 일본 여성들은 관헌에 속아 정조를 빼앗기고 타락하여 매춘 업자 돈벌이의 희생양이 되었다.

그 결과 두 달 반 사이에 이들 중 전부가 성병에 감염됐고, 미군도 대부분 성병에 걸렸다. 1946년 1월, 어느 미군 부대는 68%가 성병에 걸렸고 마침내 미군 당국에서 모든 장병의 출입 금지로 인해 위안소가 폐쇄되었다.

어쨌거나 여성 제공이라는 특수장사로 큰돈을 긁어모은 것은 성매매 업주들이었다. 전쟁으로 불탄 거리에 그들의 시설만은 맨 먼저 부흥했다. 그것도 일본 오카미(천황)의 은혜라고 하며, 이들은 극우 관료와 정치인들에게 촌지를 뿌렸다고 한다.

불에 탄 도시에 직업이 없고 식량 고갈 상태에서, 점령군 병사를 상대로 한 속칭 빵빵(거리의 호객 매춘부) 가게들이 우후죽순처럼 각지의 도시에 범람했

---

80 한목숨 바쳐 나라에 보답함.

다. 여기에는 자연 발생적인 요소가 있다고는 해도, 그 주력은 해외에서 귀환한 매춘 업자라고 봐도 좋을 것이다. 전쟁터에서 위안소를 운영했던 포주 스스로 이번에는 맨주먹으로 돈벌이에 나선 것이다. 그들의 뼈에 사무친 교활함, 그 더러운 심정은 속일 수 없다.

"지금부터가 나의 본 게임이야, 패배한 것은 일본 군대, 일본의 남자다"라고 하면서 몸을 던진 것이다. 일본으로 돌아온 이들에겐 이웃이나 외부에 소문이 날 걱정도 없다. 고베, 요코하마 할 것 없이 타다 남은 산기슭에 큰 방을 얻어 차근차근 빵빵집을 차렸다.

중국대륙이나 남방 각지에서 해온 더러운 수법 그대로, 이른바 주둔군 캠프 근처에 모여 오두막 같은 것을 만들어 미군 병사 상대의 위안소가 번창했다.

패전 후 일본 각지에 빵빵집이 크게 번창한 것은 전쟁터에서 돌아온 위안소 관계자가 한 짓이라고 해도 좋다. 여기에 더하여 남방 각지에서 오랫동안 살았던 가라유키상의 귀환도 예외가 아니다.

일본군 전쟁터에서 조선의 여성과 현지 여성을 희생하며 살아온 그들은 이제 국내에서 자신의 몸을 펼친 것이다. 그리고 이번에는 일본군과는 다른 촉감을 알고 "커다란 미군의 남근을 완전히 끌고 들어와서는 해치워버리는 거야, 이렇게 저렇게…"라며 솜 사탕을 취급하듯 외국인을 다루는 방법을 궁리했을까?

그들은 미군에게서 돈 대신 담배나 초콜릿, 깡통을 받아 암시장에 보내어 현금화하며, 일반 공무원이 배급 쌀도 주어지지 않고 토란 죽을 겨우 홀쩍거리고 있을 즈음, 유유히 흰 쌀밥을 먹고 있었다. 또한, 전에 위안소에서 주인 남자 행세를 한 포주는 미군을 상대로 호객꾼이 되었다. 그리고 미군캠프 근처에 가건물을 빌려 찻집이나 간이음식점을 만들고 길거리에 배회하는 여자들을 모아서 주둔군에게 소개하여 돈을 뜯어내고 중간 차액을 챙겼다.

그들의 생활방식은 불결하고 완고했다. 성매매업자들은 한결같이 의욕이 넘쳐 단번에 집을 새로 지은 이들도 많다. 그것은 단순한 주택이 아니다. 이른바 도시의 한적한 장소를 재개척한 것이다.

이리하여 이들은 일본 땅에서 가난한 농촌이나 산골 소녀를 꾀어서 마구 모집하기도 했다. 과거 조선과 중국에서는 공공연하게, 버젓이 군대의 위엄을 빌어서 여인을 농락할 수 있었으나, 이제 그렇지 않게 되었을 뿐이다.

이제는 일본 여성의 선거권 획득과 사회적 지위 향상과 성매매 금지론이 대두되는 시절이 되었다. 교활한 그들이 여론을 살피며 세심하게 신경을 쓴 것도 사실이다.

1950년 6월, 이웃의 조선반도에 전쟁이 일어났다. 미군 부대의 출동이 시작되자 성매매업은 흥청거렸고 인육 시장은 분주해졌다. 특히 북 큐슈 부근에서는 매춘이 한창이다. 큐슈의 사창가는 조선 전쟁 덕에 '하카타 외곽에서는 처녀 한 명에 5만 엔, 10만 엔과 선불을 내놓으면 기교가 좋은 처녀가 불타나게 팔리어 성황'을 이루고 있었다. 그 뒤를 이은 것은 일본 죽음의 상인이 부활한 것이다. 그리고 전쟁으로 하치만(八幡) 제철소도 갑자기 활기를 띠었다. 이번에는 미군의 전쟁으로, 죽음의 상인이라는 돈벌이가 다시 살아난 것이다.

한국 전쟁 이후 일본 여성은 직접 또는 간접으로 미군의 위안부 역할에 뛰어들었다. 급기야 병원 일부 간호사까지 몰려들었다. 일례로, 요코다(橫田) 공군 기지의 병원에서 일하던 일본 여성 간호사 15명이 환자 수송기에 실리고 한국에 끌려가(1950년 7월 27일), 갑자기 '위안부'가 되었다.

정확히 같은 무렵, 북 큐슈에서 끌려간 남자 간호사(메스 보이)의 목격에 따르면, 이 중 8명의 간호사는 부산 북동쪽 약 41km의 동부(피치 힐)전선에서 미군 부상병을 치료한 뒤, 수백 명의 병사에 의해 몸을 망쳐 시체나 다름없었다고 한다. 이처럼 역사의 투영(投影)은 우리에게 커다란 교훈을 준다. 과거의 죄악 행위를 인식하는 데 이성이든 지성이든 그것에는 한계가 있는 것 같다. 즉 우리 몸을 꼬집어 보면 타인을 꼬집은 아픔도 알게 되는 것이 아닐까?

위안부의
행방

　　전쟁터의 한쪽 구석에서 섹스 노예의 치욕을 겪은 조선 여성의 상당수가 병으로 죽어가는 가운데, 마지막까지 살아남아 간신히 돌아온 여자들은 어떻게 살았을까? 설령 그녀들이 살아 돌아간다 해도, 그것은 날개가 뜯긴 새라고나 할까, 산 시체라고 할 수밖에 없다.

　　전쟁터에서 살아 돌아온 위안부라고 해도 일본 여자와 조선 여자는 그 사정이 아주 달랐다. 전자의 일부 여자들은 그래도 어떻게든 '벗어날(떠날) 여지'도 있었지만, 후자는 혹독하고 심한 치명상을 입고 있는 만큼 숙명적으로 어두운 길을 걸었다고 봐도 좋다.

　　조선의 여자들은 일본 여자와는 비교가 안 될 정도로 최전선에 배치되어 처참할 정도로 남근에 짓눌려 맞았으므로 인간으로서나 여자로서나 불구와 같은 흉측한 몸이었기 때문이다. 우선, 그녀들 중 일부가 살아 돌아갔다 해도 그것을 자세히 알 도리가 없다. 말하자면, 일본군의 야만적 섹스처리라는 가장 더러운 역할을 하고 있었고, 그것이 너무나 비참했기 때문에 그녀들은 자신의 전력을 조금도 입밖에 드러내지 않는 것이다.

　　전직 일본 병사조차 그 대부분은 전쟁터에서 한 일을 말하지 않을 정도다.

물론 이것은 가해자로서의 수치와 자기 혐오와 주위로부터의 단죄를 무서워하는 심리 때문이다.

마찬가지로 여현이나 위안부를 통해서 피를 빨아 온 패거리들도 '전쟁터의 위안부' 일은 숨긴 채 입 밖에 내지 않는다. 또 그것에 종사한 옛 일본군 간부들도 입을 다물고 있다. 때로는 당시 사건을 이야기하는 분이 있다고 해도, 극히 피상적인 한 단편을 말하는 것에 지나지 않는다. 그만큼 전쟁터 피해자도 가해자도 모두 인간으로서 부끄러운 일을 했다는 것이다.

필자가 전쟁기록물을 읽고 터득한 것은, 당시 피해자(위안부)와 가해자(군관계자)의 심정이 일치하는 것으로 '과거는 없었던 일'이라고 강하게 생각한다는 점이다.

예를 들어, 가장 잔학한 사건으로 유명한 관동군 방역 급수부(제731부대 본부, 구 만주 하얼빈 교외의 세균에 의한 살인 실험장)에 종사하고 있던 한 여의사의 회고에 의하면 "우리에게 과거는 없는 것입니다. 누구에게도 이야기해서는 안 될 뿐만 아니라 나 자신도 생각해 내서는 안 되는 것입니다"라고 말하고 있다. 이것이 가해자 측의 심정이다.

이와는 입장은 다르지만, 온몸에 굴욕을 받아 온 일본 여자(위안부)도 "지우개로 지울 수 있다면 지우고 싶은 과거니까. 과거에 상대한 병사와도 얼굴을 맞대고 싶지 않고 조용히 세상 한구석에서 죽은 듯이 노후를 살고 싶습니다. 어쨌든 싫은 기억입니다"라고 말하고 있다. 이것도 30년 가까이 지난 지금에야 겨우 토해낸 말이다. 조선인 위안부였다면 이 정도의 소감에 머물지 않을 것이다.

먼저 일본 여자(위안부)의 처지에 대해 일례를 들어본다. 원래 일본 여자(위안부)는 자신의 의사에 근거하고 전쟁터에서 버는 만큼 벌어서 떠난다라는 목적 의지가 작용한 사례이다.

말하자면, '중국 전선에서 처음에는 위안부를 하고, 2, 3년 돈을 저축하고 현지 제대한 정든 병사와 결혼하여 어느 시내에서 카페나 위안소를 열어서 편안하게 살고 싶다'는 희망을 품은 여자도 적지 않았다. 하지만 언제부터인가 포기해 버렸다고 하는 경우가 많다고 한다.

일본이 패전하여 귀환한 그녀들은 주둔군이 넘쳐나는 거리에서 발 빠르게 매춘(빵빵)을 하는 자도 많았다. 그리고 그녀들의 삶도 한정돼 있었다. 예를 들어 음식점, 여관, 카바레, 클럽, 바, 할팽(음식을 조리함)과 같은 곳에서 일하는 경우가 많았다.

그런데 얼마 있지 않고 '벗어난다(떠난다)'라는 의미는 두 가지가 있다. 첫째는 자신의 과거를 한결같이 숨기고 결혼해서 가정에 머무는 것이다. 둘째는 물장사(접객업)를 하여 약간의 돈을 모아서 술집을 운영하거나 요릿집 안주인으로 들어가는 것이었다. 어쨌든 자신의 해묵은 과거를 그저 숨기기만 하는 것에는 변함이 없다.

위안부가 운 좋게 결혼하고 가정주부로 정착한다 하더라도 과거 굴러먹은 몸은 정직한 것이라서 일반 여성보다 15년 넘게 일찍 생리가 끊기고 중년을 지나면 빛이 바랜 퇴물이 되는 것이다.

태평양의 트루크 섬에서 2년 가까운 위안부 생활을 마치고 1943년 12월에 귀국해 결혼 31년, 현재는 평범한 주부 생활을 하고 있는 스즈키 문(鈴木文)은 지금에야 몸의 변화를 고백했다.

> 싫은 얘기지만, 40세를 넘기니 갑자기 생리가 형편없어지는데, 그렇게 되면 남자와 여자의 기분은 하나도 생기지 않고, 그저 섹스라고 하는 게 귀찮아질 뿐이에요. 물론 남편에게는 미안한 생각이 들지만, 이것만은 안 되겠다고 하는…."
> —『주간 아사히 예능』 1973년 8월 2일호

위안부가 결혼해서 주부가 된 경우는 원래 전쟁터에서 고급 장교와 상대(하루 1명의 할당)를 하며 몸을 혹사당하지 않았던 사람이다. 그러나 하루에도 수십 명 병사의 돌진에 시달리던 조선 여성들의 경우, 그 몸은 엉망이 되어버려 '결혼'할 상황이 아니었다. 극단적으로 말하면, 국부는 흙 만두처럼 부풀어 올라 있어 쥐가 물어뜯어도 아픔을 느끼지 않는 몸이 되어 있는 것이다. 그렇지 않아도 유교 도덕관이 강한 조선 사회에서 결혼할 수 있는 가능성은 전혀 없는 것이다.

전쟁이 끝난 지 30년(1975년)이 되는 오늘날까지, 그녀들은 자신의 과거를 숨기고 어디선가 죽은 듯이 살아왔을 것이다. 이제 50세 전후가 되어가는 지금, 우연한 기회에 파란만장한 자신을 감추는 일 없이 노골적으로 말한 여성이 있다.

치바현 이치카와 시내의 아파트에서 조용히 살아온 야마우치 가오루코(山內馨子)에 따르면, 그녀는 홋카이도의 유바리 초등학교를 졸업하고 도쿄 화류계의 기생으로 들어갔다. 2년 후 1942년(18세)에 수입이 좋다는 남방 전선의 '위안부'를 지원하고 적도 아래의 트루크 섬으로 건너가서 장교 상대의 위안부가 됐다. 일본으로 돌아온 후에는 카바레나 바 등에서 일하며 살았다. 그리고 3년 전쯤, 그녀는 고독과 생활고를 견디다 못해 다음과 같은 슬픈 유서를 남기고 가스 자살을 택했다.

> 울고 싶어도 울 수 없는 생활이었습니다. 월세는 9월부터 내지 못하고 방 창밖으로 얼굴도 비치지 못하고 작은 몸을 움츠린 채 살아왔습니다. 가난하면 사람으로 취급하지 않고, 아파트의 이웃들도 밖에서 만나면 "싫은 사람을 만났다"라는 얼굴을 하고 있어요…. 내가 죽은 후, 화장한 뼈를 트루크 섬의 바다에 뿌려 주세요.

전쟁 중 '나라를 위해서…' 젊은 몸의 가랑이를 벌리고 수천이라는 남자를 받아들이고, 전쟁이 끝나고 그 일을 거저 숨긴다고 해도 숨겨지지 않았던 위안부의 애절한 말로(末路)였다(『주간 아사히 예능』 1973년 8월 2일호).

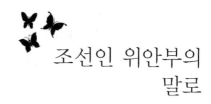

조선인 위안부의
말로

　　그래도 일본 여자는 전쟁터에서도 귀국의 편의에 있어서 어느 정도 보호받은 입장으로 있었지만, 조선 여자의 경우는 처음부터 끝까지 희생물로 투입되었다가 버려진 운명에 있었다. 이들 대부분의 여자들은 고향 땅을 다시 밟을 수 없었다고 전한다. 설령 그들 중 일부가 고국으로 돌아간다 해도 고향으로 돌아가는 것은 아니었다. 만신창이로 상처투성이의 몸을 가지고 두 번 다시 고향으로 돌아갈 수 없다. 그러다 보니 그녀들은 부산이나 서울과 같은 대도시 주변 지역의 판잣집에 들어가 정착하고 암시장 등으로 몰려들었다.

　　오랜세월이 지났지만 그녀들의 얼굴에는 노인처럼 깊은 주름이 새겨져 있다고 한다. 몸의 일부는 원폭 환자의 켈로이드(화상으로 아문 상처) 같은 살덩어리로 되어 있으며, 머리는 하얀 백발이다. 과거 수만 군인의 맹렬한 남근을 받아들여 이상 체질이 된 결과일 것이다. 그녀들은 자신의 과거가 세상에 알려지는 것이 두려워 자기의 출신지를 결코 입에 담지 않는다.

　　그녀들에게 있어서의 고국은 다시 돌아갈 수 없는 환상의 고향이며 천진난만하게 놀던 소녀 시절의 옛날이야기와 같은 나라이다. 그래도 조선 동포가 많이 거주하는 일본에 도착한 여자는 불행 중 다행스러운 부류일지도 모른다.

　　시베리아 폭풍이 휘몰아치는 사할린에 보내진 후 전쟁이 끝나도 버려져 누구도 상대해 주지 않은 채 수십 년, 지금은 백발노인이 된 여자들이 가득하다.

또는 남방 열대의 각지에 버려져, 언어도 습관도 통하지 않는 이국의 땅을 떠돈 끝에 몸을 붙이고 산 여자도 있다. 이들은 결국 태국의 방콕이나 베트남의 호치민, 혹은 필리핀 마닐라 일대에서 계속 살았다.

패전 이후 일본인은 경제 부흥 덕분에 이른바 동남아 각지에 여행 갔다가 현지의 일식집에서 일하는 '위안부 같은 여성', 즉 '액센트가 조금 이상한 일본어'를 말하는 조선 여성을 봤다고 한다. 그녀들은 젊은 날 일본군의 색녀로 몰렸다가 고물처럼 버려진 여자가 된 것이다. 그녀들은 누구에게도 알려지지 않고 늙어서는 이국땅에서 사라질 것이다. 그 일례를 들어본다.

1964년 2월 14일의 『한국일보』(서울)에서 베트남에 남겨진 위안부인 조선 여성이 고독 속에 죽은 것을 알리고 유산 문제를 다룬 기사가 실렸다. 기사 내용은 〈월남(베트남)에서 숨진 일본 전쟁 때의 한국인 위안부의 재산 문제 ,유산 20만 달러의 김 여인, 상속인 없음.〉이였다. 베트남 정부의 요청으로 20여 만 달러의 재산을 남긴 채 베트남에서 죽은 김춘희(44세)의 재산 상속인을 조사 중인 검찰은 8개월간의 검사 결과 한국에서는 상속인이 없다고 2월 13일 결론을 내렸다.

김춘희(金春姬)는 일본 제국시대, 소위 애국정신 대원 즉, 군대 위안부로 남방으로 연행되고 그대로 남방에 남겨지고 베트남에 거주하다가 사망한 것이다. 그리고 한국에는 상속권을 주장하는 자가 전국 각지에서 무수히 나타났지만 조사해 보니 모두 허위임이 드러났다. 따라서 김 여인의 유산은 한국에 돌아올 경우, 전액 국고로 귀속된다고 한다.

그녀의 중요한 유산 품목은 다음과 같이 다이아몬드 18개, 미화 1천 8백 35 달러의 동산과 카페, 목장 등 부동산까지 합쳐서 20여만 달러(한화 2억4천여만 원)라고 한다. 그녀가 이국땅에서 맨몸으로 온갖 수모와 부딪히며 살았음이 분명하다. 떨어지는 데까지 떨어져서 버림받은 그녀는, 자신의 처지와 모습에 개의치 않고 정신없이 살았을 것이다. 그래서 현지에서 물장사로 돈을 저축하여 토지를 매입하고 재산을 모았다고는 하나, 어차피 돌아가야 할 고향은 없고 집 없이 자식 없이 모두 남겨둔 채 쓸쓸한 이국땅에 묻힌 것이다.

일본 사회는 고도의 경제성장을 이룬 후, 공해문제·사회복지·주민운동 그리고 사회부정에 대한 고발 등 다양한 형태의 파동이 일어나, 낡은 사회구조나 발상 방법까지도 엄하게 따져서 새롭게 씻어내려 하고 있다. 이것도 일본의 사회 전진을 위한 적절한 자세일 것이다.

일본과 일본인은 경제 목표를 어느 정도 달성했기 때문에 전후좌우를 둘러볼 여유가 생겼다는 증거일까? 불과 1970년대 까지는 옛 일본 군대의 전쟁터에서의 잔학행위를 솔직하게 인정하려고 하지 않고, 거기에 언급하는 것을 암묵적으로 금기시하고 약속한 듯이 입을 다물고 있었던 것이다.

그런데 1973년, 중국과 국교를 개시한 계기로 드문드문 신문이나 잡지 등도 '중국에서의 죄악'을 크게 인정하게 되었다. 30년 가까이 지난 오늘날, 지금 그것을 솔직하게 이야기한다고 해서 어떻게 되는 것도 아니다. 하지만 예외적인 일로서 과거의 군대 위안부에 관한 실상에 대해서는 당시의 관계자도 체험자도 들추어내어 언급하려고 하지 않는다. 그런 가운데 이미 전쟁터 위안부에 대해서 많이 서술했던 작가 이토 케이이치 씨의 다음 문장이 인상적이다.

나는 야스쿠니 신사의 경내에 종군간호사와 종군 위안부의 충혼탑 정도는 세워도 되는 것이 아닌가 하고 생각한다. 특히 위안부의 경우 병사처럼 생명을 바쳤기 때문이다.

분명히 일리 있고 양심 있는 식자의 의견이다. 그렇다고 해도 그것이 당사자인 여성에게 있어서 바라는 것인지 아닌지는 별개의 문제이다. 오히려 망신거리가 될 수 있기 때문이다. 그녀들이 한결같이 토하듯, "지우개로 지울 수 있다면 지워버리고 싶다" 할 만큼 치욕의 과거였기 때문이다. 그것은 아무리

사실을 기록하는 것이 역사라고 해도, 여성사에 담기조차 꺼리는 정도의 비참함과 굴욕적인 것이었기 때문이다.

필자는 「조선인 군대 위안부」라고 이름을 붙였지만, 실은 조선에서는 위안부라는 용어조차 모른다. 그것은 통용되지 않는 용어다. 단, 일본 전시 중의 여자정신대라고 하면 알 수 있는 것이라고 말하는 것은, 조선총독부 관헌들은 내선 일체를 떠들어대면서 전쟁터에서 일한다고 하여 여자정신대 모집을 한 것이지 결코 군대 위안부(창녀) 같은 명목으로 여자들을 모으지는 않았기 때문이다. 결국, 전부 새빨간 거짓말을 늘어놓아 짜고 데려갔음을 뜻한다. 따라서 위안부라고 해도 조선에서는 알 수 없다.

마지막으로 필자는 이 책을 마무리하면서 전 일본군 모리모토 에이씨(森本榮氏, 도쿄도 스기나미구 거주)의 글을 소개한다.

그는 1941년 11월 말, 27세 때 병사로 징집되어 중국 전선을 전전하면서 전쟁터에서 일본군의 온갖 잔인하고 비참하게 저지른 만행을 세심하게 체험하였고, 또 젊은 조선인 위안부를 품은 경험이 있었다. 그리고 자신을 포함한 옛 일본군을 전쟁 노예로 규정하여 다음과 같이 후손들을 위하여 글을 남겼다. 참고로 본인은 징병 전에는 잡지 기자였다.

자녀들이여, 나 자신의 가장 오욕에 찬 생활의 기록을 너희들을 위해서 글로 써 남기고자 하는 것은, 그것이 너무나 추악하고 비열하고 음탕하고 난잡한 것이라서, 그러한 체험을 겪은 남자는 어떠한 기적을 이루었다 해도 그것을 부정할 수 없다는 사실을 알았기 때문이다. 너희들의 혈관 속에는 확실히 이 아버지의 피, 그런 파렴치한 행위의 얼룩과 비굴한 진흙투성이인 나의 피를 이은 너희들에게 이 아버지의 오욕을 다시 되풀이하지 말라고 충고하는 것이 어리석음 일지도 모른다. 그래도 너희가 아버지 같은 오욕에 물들지 않고 자라 주길 바라지 않을 수 없다. 나의 나쁜 행동은 나 자신의 책임임과 동시에 전쟁이라는 오염된 괴물의 초인간적인 괴력에 휘둘린 불쌍한 인간의 몸부림이기도 했다.

적을 죽이기 위해 다섯 발의 총알이 담겨 있는 총을 나는 당장 집어던지고 군인이 아닌 한 인간이 되고 싶은 충동을 느끼고 있었다. 설령 중국인의 노동자가 되어도 좋으니 총과 검을 들지 않는 인간이 되고 싶었다.

또한, 수천 명에 이르는 살인 실험장(관동군 방역 급수부 이시이 부대)의 일원으로 일한 한 여의사는 일본으로 귀국하여 다음과 같이 쓰고 있다.

제게는 18세 되는 아들과 16세 되는 딸이 있습니다. 장남은 대학에 들어갔고, 장녀는 고등학교에서 공부하고 있습니다. 우리가 보낸 젊은 시절과 달리 느긋하게 공부하는 것을 보면 나는 무슨 일이 있어도 이 두 아이를 전쟁터에 내보내서는 안 된다는 생각이 들었습니다. 국가는 어떤 목적이라도, 그리고 그로 인해 국민에게 어떤 위험이 닥쳐오더라도 절대로 전쟁만은 하지 말아야 한다고 생각합니다. 그래도 피할 수 없을 때는 우리 가족만큼은 국외로 도망가거나 불구자, 폐인을 가장하거나 산속으로 도망치거나 숨거나 해서라도 전쟁에 참여하는 것만은 그만두고 싶습니다. … 그런 전쟁이 일어나지 않게 하기 위한 노력을 해야 한다고 생각합니다.

저자·역자후기

저자후기

　본서에 기술한 『조선인 위안부』란 〈천황의 군대〉에 관한 실상을 진솔하게 말한 것이다. 따라서 이 책은 일본 군대와 그 전쟁터의 비사(祕史)에 속한다. 일본 군대가 패배해서 전쟁이 종결되기까지 대부분의 일본 국민은 몰랐던 부분이다. 일본군이 가는 곳마다 부대와 진지에 방대한 수의 전속 여랑(창녀)을 숨겨두고 있을 것이라고는 꿈에도 상상하지 못했던 일이다. 이것을 군의 기밀이란 이름으로 그저 숨기기만 한 것이다.

　원고를 다 쓸 때쯤, 절실하게 생각된 것은 〈천황의 군대〉가 갖고 있는 괴기성(怪奇性)과 수욕성(獸慾性)이다. 원래 일본 국민은 평화와 안주를 좋아하는 백성일 것으로 생각되지만 메이지(明治) 시대에 〈천황의 군대〉를 창설한 이후 지독하게 무섭고 모질고 사나운 잔혹성을 띠었다고 생각한다.

　일본 군대가 중국과 전쟁을 하면서 일본의 재벌과 상사가 유착되어 약탈과 강간에 몰두하였다고 말해도 좋을 것이다. 그래서 가는 곳마다 전쟁터의 한쪽 구석에 위안부라고 하는 군대 창녀를 두고 있었다. 이것은 세계의 군대 역사에서도 그 유례를 찾을 수 없는 일이다.

　일본 군대는 전쟁터에서 20만 명에 달한다고 생각되는 위안부를 껴안고 있었고, 그 8~9할까지는 16~20세의 조선인 처녀를 속여서 투입한 것이다. 이 씻을 수 없는 죄업은 일본의 매춘 업자, 일본 군부, 조선총독부가 공동 연계와 분업 하에서 실현한 것이다. 그 처녀들의 대다수는 희생되었다. 그리고 살아남은 소수의 여자들도 다시 고향 땅을 밟은 것이 아니다.

천황 군대의 공포에 눌려 소위 일본 군대의 위안부가 설치된 배경에는 다음 다섯 가지의 요소가 있었다.

1. 일본은 여성을 극도로 멸시하여 인권이 조금이라도 있을 수 없었던 점.
2. 일본 국내에서 부녀자의 인신매매가 공공연하게 행해져서 매춘시설(유곽)이 각 도시에 번창해 있었고, 더욱이 해외에까지 매춘 업자가 많이 진출해 있었다는 점. 그래서 심지어 중국대륙에 침투한 일본 군대의 주변에 모였던 점.
3. 일본의 매춘 업자는 '황군의 사기 고무'라고 말하며, 군의 위세를 빌어서 조선반도의 처녀들을 속여 대량으로 데리고 온 점.
4. 일본 군대가 매춘 업자들의 부녀자 유괴행위를 의도적으로 조장하고 그것을 계획적으로 답습해서 은밀하게 제도화한 점.
5. 조선총독부는 전쟁이라는 광기에 편승하여 식민지의 미혼 여자를 일본군대용 '창녀'로 투입해서 조선 민족의 쇠망을 도모한 점.

인권의 확립을 목표로 하는 세계사적인 사조의 일본식 개화는 「다이쇼(大正) 시대의 데모크라시—」라 할 수 있다. 그러나 일본 군부와 국수주의자들은 관동대지진이 한창일 때, 헛소문을 만들어 대량학살을 자행하여 그것으로 세계의 조류에 역행하는 길을 차근차근 진행한 것이다. 말하자면, 20세기의 전반부에 일었던 세계사적 과제인 노동자의 해방, 여성의 해방, 식민지의 해방에 역행한 것이었다.

이러한 세계사적 과제에 도전해서 역행의 길을 진행하기 위해 온갖 만행을 저질렀던 것은 주지의 사실이다. 그리고 세계대전의 종결과 동시에 이들 과제는 거의 전부 달성하기에 이르렀다. 원래 노동자—여성—식민지라고 하는 해방 사상은 한 덩어리라서 끊으려야 끊을 수 없는 관계이다. 그래서 세계사의 과제는 외형의 큰 줄기는 해결했다고 하지만 완전히 해소한 것이라고 말할 수 없다.

진짜 새로운 일본의 출발은 구태(舊態)와 구폐(舊弊)의 적발과 분석 및 청산에서 시작한다고 생각한다. 고름은 결코 혈액과 함께 있어서는 안 된다. 고름을 뽑아낼 수 없는 역사, 민중, 국가는 어딘가 성장하지 못한 미성년과 같은 것이다.

약 3년 전에 아사히(朝日) 신문 기자인 혼타(本多) 씨가 일본이 중국에서 행한 여러 가지의 잔혹 행위를 신문에 연재하였다. 그런데 어떤 사람들로부터 "당신, 정말 일본인인가?"라고 말한 투서를 받았다고 한다. 결국, 일본 군대의 만행을 나타내지 않고 숨겨놓는 것이 일본인으로서 당연하다고 생각하고 있을 것이다. 옛날로 말하면 애국심이 될 것이다. 착각도 심한 것이다. 말하자면 구시대의 역사에 병든 보균자의 체질이다.

본 원고를 쓰기 위해 일본 전쟁기록을 접하여 관찰하고 있던 초기에는 책상에 앉아 30분 정도 지나면 암울함에 사로잡혀 글을 써 나갈 수 없었다. 그만큼 대상의 내용은 심각한 것이었다. 그러다 보니 조선에서 일본에 온 젊은 예술단 여성들의 얼굴들이 떠올랐다. 그래서 만약 그녀들이 '일본 군대의 위안부'가 되어 왔다면 어떤 모습일까? 그런 연상의 버릇이 반년간이나 몸에 붙어서 떨어지지 않았다. 그렇게 생각한 나머지 "당신들은 좋은 시대에 태어나서 다행이다"하고 눈시울을 적셨다.

1975년은 세계 여성의 해였다. 전 세계의 여성의 지위 향상을 의미하며 그 인식과 자각의 상징이다. 여기에 도달하기까지 여성의 모습은 강한 희생과 눈물과 가시밭길 같은 아픔의 삶이었다. 적어도 30년 전(제2차 세계대전의 종말)까지의 여자는 인류의 일원이라기보다는 남성들의 '노예물' 혹은 '성적인 대상'으로 밖에 여기지 않았다. 여자에게는 선거권도 없고 재산권도 없었다. 게다가 자녀를 낳지 못하면 쫓겨났다. 그래서 여자들은 시집을 갈 때 "시집에 가면 그것을 죽음의 장소로 생각한다"라고 까지 말하였다. 이러한 여자 천시의 풍조와 노동자의 멸시관, 약탈 전쟁을 국시로 하는 〈천황의 군대〉 하에 군대 위안부라고 하는 것을 포용하고 있었던 것이다.

본서에서 설명한 것들은 빙산의 일각이지만, 전체의 윤곽은 취급되었다. 곰곰이 생각하면 할수록 몸의 털이 곤두서는 소름 끼치는 자료뿐이다. 일본군의 패배가 결정적일 때 현지의 부대에서는 위안부들을 방공호에 밀어 넣은 채 학살할 것을 계획하여 실행했다. 그 사실을 알리고자 저자는 이 책을 쓰게 되었다. 비록 얕은 소견이기는 하지만 이것으로 증거 인멸과 죄업에 대한 뒷날에 있을 비난을 두려워했기 때문이다.

일본군 수뇌부, 조선총독부, 매춘 업자들은 패전과 동시에 모든 자료를 말소하고 입을 굳게 닫은 채 있었다. 이리하여 전후 20수 년이 지나고 소위 경제 대국으로 자부하는 지경에 이르러서 "이제 괜찮다"라고 하는 심정으로, 또는 전쟁 향수에서부터 제멋대로 그 증거의 한 장면씩을 드러내었다. 그것도 증언임이 틀림없지만, 그저 피부를 스친 정도로써 좋게 가감한 것이 많았다. 어떻든 나 자신은 이러한 자료들을 하나의 '신기한 흥밋거리'로 기술하는 것이 아니다. 과거 인간세계의 불순물로서 저장된 전쟁행위를 통해서 발전적인 역사적 교훈을 얻기 위함이다. 이 책에 수록되지 않은 부분도 꽤 남아 있다. 금후의 숙제로 남기고 싶다.

끝으로 전쟁터의 비사가 될『천황의 군대와 조선인 위안부』의 집필을 권해 주셨던 아오지신(靑地晨) 씨, 본서 간행의 의의를 깊이 이해하여 편집에 힘써 주신 산가쿠쭈(三角忠) 씨께 감사드린다. 그리고 그저 운수를 잘못 타고 난 세상에서 자라 묘령(20살 안팎의 여자)이 된 조선 소녀들, 어디에도 항의할 수 없고 강제로 희생물이 되어서 수욕을 당하고 목숨을 끊었던 십 수만의 영령에 이 무미건조하고 미흡한 기록을 바치고 싶은 마음 간절하다.

1975년 12월

저자 김일면(金一勉)

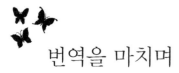

번역을 마치며

이 책에서 보였듯이, 저자는 1장에서 군대 위안부의 배경으로 조선 시대의 여성에 관한 이야기를 열어가고, 2장부터는 만주사변, 중일 전쟁과 함께 위안부의 발족으로 만주사변과 중일 전쟁을 소개한다. 4장에서 여자 애국봉사대란 이름으로 조선의 처녀들을 모집하여 속여 전쟁터로 데려간 내용을 담고 있다. 그리고 천황 군대는 병사 29명에 위안부 1명이란 비율의 규칙까지 만들어 색 지옥의 현장을 만들었다. 그리고 천황 군대의 잔혹성과 함께 조선인 위안부의 수욕에 대한 실태, 사정 및 상황을 상세하게 전개하였다.

이 과정에서 이 분야의 작가, 종군 기자는 물론 당시의 고위 장교들과 병사 그리고 위안부에 이르기까지, 수많은 기록과 증언을 바탕으로 실제 상황이었음을 밝히고 있다.

이와 같이 당시의 가혹한 현실을 파헤쳐서 한일 관련 비사에 매진하고 있는 점을 걱정하여, 부모로부터 귀국할 것을 강력하게 독촉받았다. 그러나, 임종의 그 날까지 60년 이상을 그의 이름 뜻 그대로 오로지 한 가지에 매달려 조국 조선을 향한 애국심과 일본을 향한 저항심으로 한평생 교훈적 필적을 남겼고,

김일면 저자 가족사진과 편지

이를 후세에 전하고 싶었던 것이리라.

역자는 뜻있는 몇몇 사람들과 함께 저자의 저술에 관한 연구 활동을 시작하고자 연구소를 열었다(『재일한국인 평론가 김일면 연구소』). 이 책은 그 첫 번째 이룬 하나의 성과다. 향후 번역 작업이 계속되어 저자의 조국을 향한 숭고한 뜻을 널리 전한다면, 하늘나라에 계신 고국의 부모, 형제는 물론 그 후손들이 이해하며 감사하리라 믿는다. 번역에 있어서 저자의 뜻을 제대로 들추어내었는지는 알 수 없으나 나름대로 최선을 다하였다. 그러나 단원의 제목들은 그 단원의 내용에 부합하도록 제목을 수정한 부분이 있고, 원본 내용 중 잘못 표기되었거나 서로 다른 숫자들은 바르게 통일하여 나타내었으며, 중복된 문장들은 중복되지 않도록 편집하였다. 나아가 이해를 돕기 위해 어려운 용어나 지명에 대하여 괄호 또는 미주로 표시하고, 이 책에서 제시된 위안소의 위치를 찾아서 「천황의 군대와 위안소의 위치도」를 만들어 첨부하였다.

하지만 많은 인명과 광활한 지명 등 어휘의 음독과 훈독의 모호함 그리고 변경된 지명 등으로 인해 바르게 표현하지 못한 부분들이 있으리라 짐작된다.

김일면 저자 딸(岩本秋子)과 역자

독자 여러분들의 고견과 편달을 간절히 기대한다.

이 책을 읽고 번역함을 통해서 망국의 희생양이었던 조선인 위안부들의 고통과 한, 비애를 통감하며 나라 잃은 국민만큼 어리석은 자가 없음을 새삼 깨닫게 한다. 또한, 천황 군대가 태평양 연안 국가들과 수많은 태평양 섬들에서 심지어 미국까지 점령하겠다는 침략 근성과 포학성을 확인하였다.

한편으로는 무능하고 연약했던 우리 조국을 돌아보며 국력의 중요성, 국론의 통일과 화합성을 다시 한번 상기시킨다. 이 시대를 사는 우리는 이 책을 통하여 지난날을 회고하고 반성하는 역사적 교훈으로 삼아 불행한 과거가 두 번 다시 반복되지 않도록 뼛속 깊이 새겨야 할 것이다.

마지막으로 코로나 19 발생 전인 2019년 11월 20일 도쿄를 방문하여 극적으로 원서를 받았고 번역하기까지, 고대하고 후원해준 아내(정은실)와 동생들(옥화, 영래, 대성) 그리고 사랑하는 자녀들(강원, 성원, 성준)에게 감사드린다. 또한 역자는 저자를 생전에 한 번, 묘소에서 두 번 만났으며 묘비명도 리본으

김일면 저자 묘지에서

로 만들어 딸과 함께 벌초를 하며 사진을 남겼다.(별첨) 그리고 엄마의 성함을 따라 귀화한 딸(岩本秋子)에게 이 역서를 드린다 백부(저자)께서도 하늘나라에서 기뻐하시리라 믿으며 또한 감사드린다.

2022년 4월

편역자 김종화(金鍾華)

참고문헌 및 자료

저자·역자소개

참고문헌 및 자료

1. 단행본

田村泰次郎(1948). 『춘부전』, 동방사.

伊藤桂一(1966). 『살아 있는 전쟁터』, 남북사.

池田佑(1954). 『비록, 대동아 전사(말레이시아, 미얀마 편)』, 부사서원.

宮崎淸隆(1967). 『쇠사슬과 여자와 군대』, 궁천서방.

宮崎淸隆(1967). 『헌병·군법회의』, 궁천서방.

伊藤桂一(1963). 『물과 미풍의 세계』, 중앙공론사.

近代戰史硏究會(1965). 『여자의 병기 어떤 조선인 위안부의 수기』, 랑속서방.

加藤美希雄(1968). 『숨겨진 여자의 전쟁기록』, 청풍서방.

伊藤桂一(1969). 『병사들의 육군사』, 반정서방.

伊藤桂一(1965). 『황토의 낭자』, 강담사.

西口克己(1969). 『곽』, 동방출판사.

津山章作(1967). 『전쟁 노예』, 양신서원.

伊藤桂一(1973). 『슬픈 전기』, 강담사문고.

長尾唯一(1969). 『옥쇄』, 일본문예사.

神吉晴夫(1957). 『삼광―일본인의 중국에서의 전쟁 범죄의 고백』, 광문사.

淺田晃彦(1965). 『말라리아 전기―어떤 청년 군의관의 기록』, 홍문당.

醫療文藝團編(1968). 『흰색의 묘비명―종군 간호사의 기록』, 동방출판사.

千田夏光(1973). 『종군 위안부』, 쌍엽사.

鹿地桓(1962). 『일본 병사의 반전운동』, 동성사.

高村暢兒(1968).『악녀가 달릴 때』, 청수사.

金 王丸(1966).『검은 꽃 무리−특무기관의 여자』.

每日新聞社(1967).『일본의 전력(사진편)』.

熊澤京次郎(1974).『천황의 군대』, 현대평론사.

楳木捨三(1969).『미얀마 방면군』, 경제왕래사.

2. 관련 참고서

宮岡鎌二(1968).『창녀 − 해외 유랑기』. 삼일서방.

森 克己(1959).『인신매매 − 해외 이주 여자』. 지문당.

小林大治郎·村瀬明(1961).『아무도 모른다−국가매춘명령』, 웅산각출판.

五 島 勉(1968).『전후 잔혹 이야기−죄지은 사람들의 전후사』, 대화서방.

汁 政信(1950).『15대 1』, 감등사(酣燈社).

이화여자대학교(1972).『한국 여성사·연표』, 서울.

國策研究會 研究報告(1943).『대동아 공영권 건설 대책안』프린트·극비인 전 4권, 불명.

大石 操(1956).『군속 이야기 − 전쟁 제조공장』, 준서방.

장재술(1966).『옥문도 사할린의 우는 사람들(팸플릿)』, 비매품.

入江寅次(1942).『일본인 발전사』, 정전서방.

吉永玲子(1966).『인체실험의 공포−어느 관동군 여자 군속의 수기』, 랑속서방.

五 島 勉(1953).『속, 일본의 정조』, 창수사.

神崎 淸(1953).『밤의 기지』, 하출서방.

中國 歸還者 編(1958).『침략 − 중국에서의 일본 전범의 고백』, 독서사.

牧 英正(1971).『인신매매』

문정창(1967).『조선강점 36년사−중, 하권』

靑江舜二郎(1970).『대일본 선무관』, 부용서방.

高稿 義(1970).『아아, 라바울』, 일신 보도출판부.

安藤彦太郎編(1965).『만철−일본 제국주의와 중국』, 오차노미즈의 서방.

3. 잡지

고성호(1953년 3월).「잃어버린 역사는 호소한다」, 조선평론 제7호.

重村 実(1955년 12월).「특요원이라는 이름의 부대」, 특집 문예춘추.

辻 政信(1955년 12월). 「상하이요정 화재사건」, 특집 문예춘추.

藤井治夫(1971년 8월). 「전쟁에 몰려든 죽음의 상인」, 신 평.

伊藤桂一(1971년 8월). 「대륙을 떠도는 위안부들」, 신 평.

能村 恭(1946년 6월). 「장군과 여자들」, 진상 제1권 제3호.

김혜영(1971년 10월). 「한국출신 장병 학살 명령의 내막」, 세대(서울).

村岡八重(1969년 3월). 「매춘부가 되었던 육군 간호사들」, 현대독본(제2호).

須藤正和(1969년 3월). 「요시하라 창녀 잔혹 400년사」, 현대독본(제2호).

좌담회(1969년 3월). 「소름 끼치는 처녀군인의 이야기」, 현대독본(제2호).

野坂昭如(1971년 6월). 「소설 창녀 3대」, 별책 문예춘추.

신문기사(1964년 2월 14일). 「베트남에 남겨진 한국인 위안부」, 한국일보(서울).

김일면(1972년 4월). 「황선 폭언」, 현대의 눈.

임종국(1974년 3월). 「여자정신대」, 아시아 공론.

4. 주간지(週刊誌)

리포트(1956년 5월 5일호). 「북만주에 흩어진 처녀군인의 비화」, 전모 제4호.

千田夏光(1970년 6월 27일호). 「일본 육군위안부」, 주간 신조.

劇 畵(1970년 10월 9일호). 「군수품의 여자」, 주간 독본.

도큐먼트 태평양 전쟁(1971년 3월 18일호). 「필리핀의 위안부」, 아사히 예능.

_____(1971년 5월 27일호). 「병사를 격려한 영의 전사, '위안부 부대'」.

_____(1971년 6월 17일호). 「위안부 모집에 광분한 오키나와의 일본군」,

_____(1971년 7월 15일호). 「정글을 헤매는 뉴기니아의 종군 간호사」,

_____(1971년 8월 12일호). 「전쟁터의 기생, 키쿠 간이 26년 만에 밝히는 파란」, 아사히 예능.

도큐먼트(1973년 8월 2일호). 「전쟁터 위안부가 살았던 인고의 28년」, 아사히 예능.

리포트(1973년 11월 22일호). 「라바울의 종군 위안부(나는 병사 3만 인의 욕망을 처리했다)」, 주간 대중.

리포트 特輯(1974년 8월 22일호). 여자 군속들이 집단 위안부에 넘어간 전쟁 체험」, 주간 신조.

終戰回想特輯(1971년 8월 23일호). 「'性戰'에서 '聖戰'의 희생물, 종군 위안부」, 주간 실화.

伊藤桂一(1971년 8월 30일~10월 29일). 「전쟁과 여자(연재)」, 주간 산케이.

증언(1971년 1월 14일~11월 18일). 「난징 대학살과 삼광 작전(연재)」, 아사히 예능.

新名丈夫(1970년 10월 8일~1월 5일). 「종군 간호사 40인을 범한 부대장 사건(연재)」, 주간 현대.

田中陽造(1970년 10월 19일호). 「여자를 삼킨 중사가 고백하는 루손섬 기아지옥」, 주간 산케이.

도큐먼트(1971년 4월 29일호). 「인육을 탐내는 과달카날섬의 유령 부대」, 아사히 예능.

도큐먼트(1971년 6월 3일호). 「처녀의 위안부도 있었던 라바울」, 아사히 예능.

도큐먼트(11971년 10월 14일호). 「미군과 기아에 쫓긴 단말마의 필리핀 전선」, 아사히 예능

永松淺造(1958년 9월 5일호). 「삼천 명이 마루타 제물이 된 세균 작전의 전모」, 일본 주보.

저자 : 김일면(金一勉, 본명 김창규)

약력

1920년 경남 진주 출생

1939년 도일(渡日)

1950년 법정대학 철학과 졸업.

1954년 메이지대학(明治大學) 대학원 문학연구과 수료

재일한국인 평론가. 조선과 일본의 근·현대관계사 연구

2002년 도쿄(분쿄구 자택)에서 사망. 사이타마현 이루마시 오고세의 지산묘원에 안장.

저서

朴 烈(255p. 合同出版, 1973)

日朝關係의 視覺(269p. 다이아몬드社, 1974)

日本人과 朝鮮人(263p. 三一書房, 1975)

天皇의 軍隊와 朝鮮人 慰安婦(285p. 三一書房, 1976/1991)

1945年의 原點(233p. 三一書房, 1977)

軍隊 慰安婦 : 戰爭과 人間의 記錄(259p. 現代史出版會, 1977/1992)

李承晩·朴正熙와 韓國 : 試鍊의 歷史와 朝鮮人(193p. 타이마츠사, 1977)

朝鮮人이 왜 '日本 名'을 써야 하는가 : 民族意識과 差別(275p. 三一書房, 1978/1989)

日本人 妻와 살다 : 在日朝鮮人의 生活記錄(213p. 三一書房, 1979)

日本女性哀史(339p. 現代史出版會, 1980)

韓國의 運命과 原點: 美軍政·李承晩·朝鮮戰爭(257p. 三一書房, 1982)

朝鮮으로의 謀略·侵略과 後遺症(239p. 成甲書房, 1983)

天皇과 朝鮮人과 總督府(229p. 田畑書房, 1984)

遊女·카라유끼·慰安婦의 系譜(317p. 雄山閣, 1997)

편역자 : 김종화(金鍾華)

약력

1953년 경남 함안 출생

마산고등학교 졸업

부경대학교 및 동 대학원(학사, 석사)

부산대학교 대학원(공학박사)

부경대학교 해양생산시스템관리학부 교수

영국 Univ. of Bradford 객원교수

일본 동경해양대학교 객원교수

미국 Iowa State Univ. 객원교수

부경대학교 실습선 선장·실습과장 및 선박실습운영센터 소장

한국수산해양교육학회 회장

대학수능·중등교원임용 및 공무원채용시험 출제위원 등

해양환경 관련 논문, 저서 및 용역 보고서 등 110편

대한민국 황조근정훈장 수훈

(현) 부경대학교 명예교수, 수필가(부산문학 등단)

재일한국인 평론가 김일면 연구소장

부산시 남구 신선로 365, 부경대학교 용당캠퍼스 제1공학관 314호

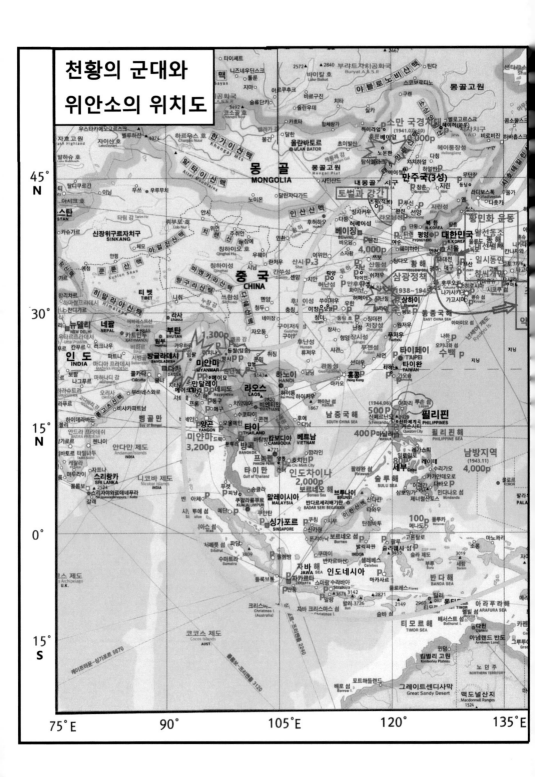

북 태 평 양
NORTH PACIFIC OCEAN

1910 일본의 조선 강제병합
1931 만주점령, 만주국 건립
1932 상하이 사변
1937 중일전쟁, 난징대학살
1938 육군 위안소 개설
1941 태평양 전쟁(진주만 공습)
1945 일본의 항복과 연합국 통치
(히로시마, 나가사키 원폭투하)

선 여자 정신대 모집
(처녀 사냥)

20만 명(1931~1945)

[표시의 설명]

🗾 : 천황군대의 최대 침공선
(굵은 황색선)

P : 위안소 또는 위안부의 수
(소수 인원은 제외)

✴ : 연합군과의 주 격전지역

재일한국인 평론가 김일면 연구소 제공

150°　　　165°E　　　180°　　　165°W

조선인 위안부

초판 1쇄 인쇄일	2022년 11월 16일
초판 1쇄 발행일	2022년 12월 20일

지은이	김일면
옮긴이	김종화
펴낸이	한선희
편집/디자인	우정민 김보선 정구형
마케팅	정찬용 정진이
책임편집	정구형
인쇄처	으뜸사
펴낸곳	국학자료원 새미(주)
	등록일 2005 03 15 제251002005000008호
	경기도 고양시 일산동구 중앙로 1261번길 79 하이베라스 405호
	Tel 02 442 4623 Fax 02 6499 3082
	www.kookhak.co.kr
	kookhak2001@hanmail.net

ISBN	979-11-6797-094-7 *03910
가격	18,000원